国家社科基金
后期资助项目
GUOJIA SHEKE JIJIN HOUQIZIZHU XIANGMU

区块链
创新演化路径

科学与技术的联动视角

余德建　著

社会科学文献出版社
SOCIAL SCIENCES ACADEMIC PRESS (CHINA)

图书在版编目（CIP）数据

区块链创新演化路径：科学与技术的联动视角 / 余
德建著. -- 北京：社会科学文献出版社，2024.12
国家社科基金后期资助项目
ISBN 978-7-5228-3162-6

Ⅰ.①区… Ⅱ.①余… Ⅲ.①区块链技术-研究
Ⅳ.①F713.316.3

中国国家版本馆 CIP 数据核字（2024）第 026514 号

国家社科基金后期资助项目

区块链创新演化路径：科学与技术的联动视角

著　　者 / 余德建

出 版 人 / 冀祥德
组稿编辑 / 陈凤玲
责任编辑 / 田　康　李真巧
责任印制 / 王京美

出　　版 / 社会科学文献出版社·经济与管理分社（010）59367226
　　　　　　地址：北京市北三环中路甲 29 号院华龙大厦　邮编：100029
　　　　　　网址：www.ssap.com.cn
发　　行 / 社会科学文献出版社（010）59367028
印　　装 / 三河市龙林印务有限公司

规　　格 / 开　本：787mm×1092mm　1/16
　　　　　　印　张：15.25　字　数：242 千字
版　　次 / 2024 年 12 月第 1 版　2024 年 12 月第 1 次印刷
书　　号 / ISBN 978-7-5228-3162-6
定　　价 / 98.00 元

读者服务电话：4008918866

国家社科基金后期资助项目
出版说明

后期资助项目是国家社科基金设立的一类重要项目，旨在鼓励广大社科研究者潜心治学，支持基础研究多出优秀成果。它是经过严格评审，从接近完成的科研成果中遴选立项的。为扩大后期资助项目的影响，更好地推动学术发展，促进成果转化，全国哲学社会科学工作办公室按照"统一设计、统一标识、统一版式、形成系列"的总体要求，组织出版国家社科基金后期资助项目成果。

全国哲学社会科学工作办公室

前　言

　　科技尤其是区块链等新兴技术的创新演化路径，是目前技术预测领域的重要关切，而创新演化路径识别则是国民经济决策的重要依据。本书基于科学与技术演化理论，融合主路径分析、PageRank 算法以及耦合、共被引和语义分析方法，构建了一套创新演化路径识别方法体系，从科学与技术联动的视角研究区块链领域的创新演化路径。

　　技术演化路径识别的重要性体现在多个方面。首先，它帮助研究人员和工程师了解技术发展的历史和趋势，从而准确预测未来技术的演进方向。例如，手机的发展经历了从早期的移动电话到如今的多功能智能设备，通过识别这一路径，可以了解关键技术的迭代和创新点。其次，通过识别技术演化路径，可以揭示技术创新背后的驱动力和关键节点，促进跨学科合作和知识共享。例如，互联网技术的演变，从初期的基础网络架构到今天的云计算、大数据和物联网，揭示了各技术模块的互补和融合。技术演化路径识别为政策制定者提供了科学依据，帮助他们制定合理的科技政策和产业战略，推动技术创新和经济发展。例如，美国政府对人工智能和可再生能源技术的支持政策，极大地推动了这些领域的技术进步和市场应用。最后，在商业领域，技术演化路径的分析能够指导企业制定研发战略，优化资源配置，提升市场竞争力。特斯拉公司通过对电动车技术演化路径的深度理解，从电池技术到自动驾驶系统，不断创新，成功引领了电动汽车市场的发展。这些事实表明，技术演化路径识别在科学研究、政策制定和商业实践中都具有极其重要的作用。

　　然而，现有方法在推广时面临多个问题，如传统模型常假设引用的均质性并侧重于显性引用。本书结合 PageRank 算法，提出了一种基于影响力差异的主路径分析方法，并将之应用于区块链领域的引用网络，揭示了该领域的创新演化路径。鉴于技术融合、迭代和分化导致的环境不确定性，本书还整合了耦合网络、共被引网络和语义网络，形成了一个叠加网络，以解决直接引用网络难以探测区块链知识扩散的问题。此外，鉴于区块链技术的来源异质性、研发风险和复杂的架构，本书利用随机网络生成了一个主题演化模型，识别了该领域科技的融合趋势和转移模式，并将主路径分析方法扩展到跨学科领域，研究了具有技术融合特点的多路径抽取方法，实现了从跨维度视角对区块链领域科学和技术主题扩散路径的识别。

目　录

绪　论

第一节　研究背景与意义

一　研究背景

在人类社会的发展过程中，从政府机构、公司制度的建立，到数字世界和网络世界的发展，都保持着中心化机制。然而，随着科学和技术的不断进步，中心化体制却在某种意义上制约了社会经济的发展（付金华，2020）。随着物联网和第五代通信技术的发展，数据作为一种重要的生产要素，已经渗透到人们工作和生活中的方方面面。对大量的用户数据进行分析和处理，能够挖掘出有价值的信息（卢云龙，2020）。然而，随着用户数量的不断增加，数据使用的成本也越来越高。此外，在处理大量数据的同时，对数据安全与隐私的保护面临挑战。因为所有交易信息及用户信息存储于中心节点，容易被篡改、泄露和伪造。最终，由于所有权归属于中心节点，对其他节点缺乏激励，其他节点效率低下。

区块链作为比特币的底层技术，整合了分布式数据存储、P2P网络平台、共识机制、非对称加密算法和智能合约等基础的计算机技术，具有去中心化、去信任化、保护数据安全和不可篡改、多方维护以及公开透明等特征，弥补了中心化体制的不足。自问世以来，区块链技术经历了三个发展阶段。（1）区块链1.0：作为比特币的底层技术，区块链技术被广泛应用于数字货币的交易过程中。（2）区块链2.0：随着智能合约的加入，区块链技术不再局限于加密货币领域的应用，也被广泛应用于股票、清算、私募股权等金融领域，使传统金融行业产生颠覆性的改变。（3）区块链3.0：区块链技术被广泛应用于诸多领域，如公益、教育、医疗、数字身份识别及认证、食品安全，这一阶段是区块链技术全面应用的时代。

区块链技术的广泛适用受到了世界各国的高度关注。在国外，区块链技术受到了英国、俄罗斯、美国、德国、日本、韩国和新加坡等多个国家政府的关注。2016年1月19日，英国政府办公室发布了由政府首席科学顾问 Mark Walport 牵头完成的报告《分布式账本技术：超越区块链》，它强调了分布式账本技术可以实现完全透明的信息更新与共享。2017年12月20日，俄罗斯联邦储蓄银行 Sberbank 宣布将与俄罗斯联邦反垄断局合作，采用区块链技术来转移和保存文件。此次决策代表俄罗斯正式落实首个政府区块链项目，也是政府直接部署区块链技术的首个案例。2018年10月，美国国家科学技术委员会发布的《先进制造中的美国领导战略》指出，需要开展新的研究工作来制定或更新标准，以便在制造系统中实施新的网络安全技术，其中包括用于保证制造领域信息安全的区块链技术等。2019年9月18日，德国经济与能源部和财政部联合发布了《德国国家区块链战略》，展示了联邦政府在区块链技术方面的目标和原则，并从五个方面提出了具体的行动措施。2020年1月，新加坡出台新法案，允许全球加密公司在新加坡当地扩展业务。2020年3月，日本金融监管机构宣布启动其全球区块链治理倡议网络，旨在促进"区块链社区的可持续发展"。同年，印度最高法院推翻了中央银行实行的为期两年的加密货币交易禁令。2021年1月30日，韩国政府发布了世界上首个由政府主导的 DeFi 研究报告——《基于区块链的创新金融生态系统研究报告》。综上所述，随着区块链技术的不断发展，各国政府对其研发及应用的态度已逐渐从观望转向鼓励。

在国内，2019年10月24日，习近平总书记在主持中共中央政治局第十八次集体学习时发表讲话："要抓住区块链技术融合、功能拓展、产业细分的契机，发挥区块链在促进数据共享、优化业务流程、降低运营成本、提升协同效率、建设可信体系等方面的作用。"2020年4月21日，国家发改委首次明确新基建范围，区块链被正式纳入其中。区块链技术由此进入一个新时期，迎来多行业场景布局和加速落地应用的新阶段。2020年7月7日，中国证监会发布《关于原则同意北京、上海、江苏、浙江、深圳等5家区域性股权市场开展区块链建设工作的函》。下一步，北京市金融监管局将按照中国证监会的统一部署要求，指导北京股权交易中心更好地开展区块链建设试点工作。2020年7月22日，中国人民银行下发了《推动区块链技术规范应用的通知》及《区块链技术金融应用评估规则》，这是最高权威机构首次发布的区块链相关规范文件。2020 年 12 月 22 日，由中国信息通信研究院、中国通信标准化协会、可信区块链推进计划共同主办的"2020 可信区块链峰会"在北京举行。2021 年是我国"十四五"规划的开局之年，我国将区块链重点专项列入"十四五"国家重点研究计划。此外，地方两会期间，"数字化"和"区块链"成为各地政府工作报告和发展规划中的高频词，31 个省（自治区、直辖市）中，超过 20 个将区块链写入 2021 年的政府工作报告中。综上所述，近年来我国政府对区块链技术的发展给予高度关注，并已将之上升为国家战略。

得益于各国政府的重视，及其在去中心化和数据安全等方面的优势，近些年区块链技术被广泛应用于科学、工程技术等方面的诸多领域，使得相应的学术论文与专利数量显著增加。因此，高效地获取区块链领域的关键信息，过滤非关键信息，厘清科学和技术视角下的区块链创新演变过程显得尤为重要。这不仅可以帮助研究人员清晰地理解和掌握这一领域主要的发展态势及知识流动规律，还能够为其科学研究提供参考。目前，大部分研究人员仅凭借个人经验对该领域的研究进展及发展现状进行概括和总结，这虽然在一定程度上能够得出有价值的研究结论，但主观因素较强，因此在对结果进行解读时存在一定的误差。此外，也有研究者基于定量化的文献计量方法剖析区块链领域的发展现状及趋势，但他们在创新演化路径方面的分析与研究仍有所欠缺。

创新演化路径是指某一领域科学与技术创新内容及主题的产生、发展、扩散乃至动态演化过程（武华维等，2018）。创新演化路径的识别能够帮助研究者全面、客观地把握某一具体领域的创新发展规律，为探测科技发展前沿、把握科技演化过程、识别创新机会提供决策建议（郭俊芳，2016）。创新演化路径有助于全面系统地解构、梳理和分析某一领域以往的科技发展趋势和轨迹，对科学技术预测、科技发展动向把握具有重大意义。对创新演化路径的识别和研究可用于对比不同科研主体的科研实力、掌握科技发展和传播轨迹以及资源传播和流动等。

此外，科学与技术有不同的内涵和概念，且两者在成果形式、知识形态、实现目的和管理方法等方面也有所不同。其中，科学注重对理论方法的探索，目的是在现象中寻求本质而完成知识创造的过程，是对自然现象进行阐述的理论成果；技术是人类在解决实际问题中所采用的方法和手段，是以物质形态呈现的技术、工艺和方法等，通过改造客观世界来满足人们的需求。在理论层面，科学与技术的起源和发展脉络有所不同，但在实践过程中，两者相辅相成、联系密切。技术能够推动科学的发展，科学也能为技术的进步提供理论指导，从而形成良性循环（王馨平，2020）。

现代科学和技术研究中，尤其是在复杂的高新技术领域，技术环境的不确定性要求创新演化路径识别方法能更全面地探测技术之间的复杂关联关系。直接引用分析常被用于探索出版物中科学或技术间的关联。其中，主路径分析方法是基于引用关系，呈现某一领域科学与技术发展轨迹的有效方法。然而，现有的基于主路径分析方法研究区块链领域问题的相关文献多从科学或技术单一视角呈现其创新演化路径，未能从科学与技术联动的视角对该领域的创新演化路径进行识别和研究。

因此，一方面，本书将以科研论文和专利为研究对象，从科学与技术联动的视角对区块链领域的创新演化路径识别展开研究，客观反映知识演变过程，呈现领域研究热点，满足领域发展的需求；另一方面，旨在扩展现有主路径分析方法的研究，为创新演化路径识别方法提供新的研究思路。本书将融合科学视角下对科研论文的分析和技术视角下对专利的分析，基于定量化的主路径分析及其改进方法，对区块链领域的创新演化路径识别展开研究。

二　研究意义

为了弥补传统创新演化路径研究视角不够全面、难以有效针对区块链领域进行分析的不足，图1展示了如何基于学科和方法的交叉融合，挖掘创新演化路径识别研究的新方法，从科学与技术联动的视角对区块链领域创新演化路径的识别进行系统、全面的研究。

（1）为区块链的创新演化路径识别提供科学指导。本书从科学与技术联动视角识别了区块链领域的创新演化路径，为深入理解现有的区块链发展、抢先布局未来的区块链应用提供了全面、客观的决策依据。这不仅对科研人员把握技术变革具有导向作用，也为研发专家识别区块链

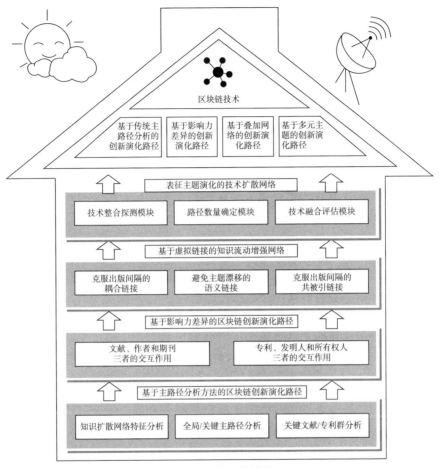

图 1　研究内容结构

领域的创新演化路径提供了新的研究方法与思路。

（2）丰富并完善现有创新演化路径识别方法体系。围绕区块链的领域特征，本书在传统主路径分析方法的基础上提出了考虑影响力差异、潜在关联和多元主题的优化主路径分析方法，实现了对主路径分析方法体系的进一步创新。为了增强主路径分析方法对不同群体的适用性，本书还提出了一种客观的路径数量确定方法，以实现对区块链领域创新演化多路径的识别。

（3）为区块链相关企业和部门提供科学、有效的决策支持。本书对比了科学与技术不同视角下区块链发展的差异性和趋同性，为政府宏观调控、企业自主创新、专家科学研究提供了科学、有效的决策支持。本书进行的创新演化路径识别、网络对比分析、领域演化评估从宏观和微观两种层面为政府部门制定调整产业政策、相关行业把握技术变革新机遇提供了有力的支撑。

第二节　研究方法

本书将企业管理、技术管理、网络科学、计算机科学等学科融合，结合文本挖掘、网络爬虫、社区检测、主路径分析以及随机网络生成等方法，有助于弥补传统创新演化路径识别方法难以有效针对区块链领域进行分析的不足。学科和方法的交叉融合，将产生用于路径识别研究的新概念、新方法和新手段，有利于发展和完善面向区块链领域的技术扩散路径识别方法。本节着重介绍主路径分析方法和 PageRank 算法。

一　主路径分析方法

引用网络不仅能够反映文献之间的引用关系，还能体现知识的传递与交流（杨雨华，2018）。在引用网络中，节点表示文献，连线表示文献间的引用关系。Hummon 和 Dereian（1989）提出的主路径分析方法，是基于引用网络呈现目标领域知识扩散路径的主要方法之一。该方法旨在降低引用网络的复杂度，通过抽取关键的路径来研究知识的扩散过程。该方法的实施基于三个步骤（Kuan，2020）。（1）引用网络的构建。根据一系列的文件（主要包括文献或专利）以及文件之间的引用关系，构建有向的引用网络。（2）遍历权值的确定。依据某种算法，将构建的网络转化为有向加权网络，且连线取值在一定程度上反映了该条引用关系在引用网络中的重要程度。目前的算法包括 SPC、SPLC、SPNP 和 NPPC（Batagelj，2003；Hummon and Dereian，1989）等，其中前三种算法较为常用。（3）主路径的确定。依据某种搜索原则选择一系列重要的引用关系，将这些引用关系连接起来形成该网络中具有代表性的路径，即主路径。目前，主要的搜索方法有局部搜索方法、全局搜索方法和关键路径搜索方法等（Liu and Lu，2012）。

图 2 为引用网络示意图，箭头指向施引文献，代表了知识流动的方向。在该网络中，共有四种类型的节点构成，即源点（入度等于 0）、汇

点（出度等于 0）、中间点（入度和出度均不等于 0）和孤立点（入度和出度均等于 0）。相应地，会产生四种类型的引用关系，即源点→中间点、源点→汇点、中间点→中间点和中间点→汇点。网络中的一些参数及其含义如表 1 所示。表 2 列举了不同场景和不同算法下连线 ab 的遍历权值计算公式。

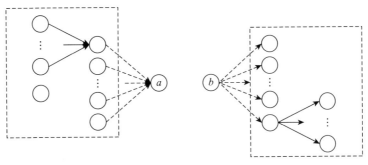

图 2　引用网络示意

表 1　各类参数及其含义

参数	含义
n	沿着箭头方向，可以到达节点 a 的节点数量（包括节点 a 本身）
m	沿着箭头方向，从节点 b 出发可以到达的节点数量（包括节点 b 本身）
s	网络中源点的数量
t	网络中汇点的数量
U_s	源点的集合
U_t	汇点的集合
L_{ij}	节点 i 到节点 j 的路径数量

表 2　连线 ab 的遍历权值

算法	$a \in U_s,\ b \in U_t$	$a \in U_s,\ b \notin U_t$	$a \notin U_s,\ b \in U_t$	$a \notin U_s,\ b \notin U_t$
SPC	1	$\displaystyle\sum_{j=1}^{t} L_{bt_j}$	$\displaystyle\sum_{i=1}^{s} L_{s_i a}$	$\displaystyle\sum_{i=1}^{s} L_{s_i a} \cdot \sum_{j=1}^{t} L_{bt_j}$
SPLC	1	$\displaystyle\sum_{j=1}^{t} L_{bt_j}$	$1 + \displaystyle\sum_{i=1}^{n} L_{n_i a}$	$\left(1 + \displaystyle\sum_{i=1}^{n} L_{n_i a}\right) \cdot \displaystyle\sum_{j=1}^{t} L_{bt_j}$
SPNP	1	$1 + \displaystyle\sum_{j=1}^{m} L_{bm_j}$	$1 + \displaystyle\sum_{i=1}^{n} L_{n_i a}$	$\left(1 + \displaystyle\sum_{i=1}^{n} L_{n_i a}\right) \cdot \left(1 + \displaystyle\sum_{j=1}^{m} L_{bm_j}\right)$

下面通过图 3 所示的一个小型引用网络示意图，来更加直观地展示主路径的抽取过程。该引用网络由 10 个节点和 13 条连线组成，且源点、中间点、汇点和孤立点的个数分别为 2、5、3 和 0。源点集合 $U_s = (s_1, s_2) = (A, H)$，汇点集合 $U_t = (t_1, t_2, t_3) = (D, G, J)$。以连线 BC 为例，$B \notin U_s$ 且 $C \notin U_t$，$\sum_{i=1}^{s} L_{s_i a} = L_{AB} + L_{HB} = 2$，$\sum_{j=1}^{t} L_{b t_j} = L_{CD} = 1$。[①] 因此，在 SPC 算法下，连线 BC 的值为 2；在 SPLC 算法下，$n = 2$，连线 BC 的取值为 $\left(1 + \sum_{i=1}^{n} L_{n_i a}\right) \sum_{j=1}^{t} L_{b t_j} = (1 + 2) \times 1 = 3$；在 SPNP 算法下，$n = 2$ 且 $m = 1$，取值为 $\left(1 + \sum_{i=1}^{n} L_{n_i a}\right) \left(1 + \sum_{j=1}^{m} L_{b m_j}\right) = (1 + 2) \times (1 + 1) = 6$。[②] 以连线 FG 为例，$F \notin U_s$ 且 $G \in U_t$，$\sum_{i=1}^{s} L_{s_i a} = L_{AF} + L_{HF} = 1 + 2 = 3$。因此，在 SPC 算法下，连线 FG 的值为 3；在 SPLC 和 SPNP 算法下，$\sum_{i=1}^{n} L_{n_i a} = L_{AF} + L_{HF} + L_{EF} + L_{IF} = 5$，连线 FG 的取值为 $1 + \sum_{i=1}^{n} L_{n_i a} = 6$。

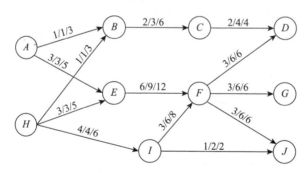

图 3　小型引用网络示意

注：数值依次由 SPC、SPLC 和 SPNP 算法得出。

转化为加权的引用网络后，可通过不同的搜索方法抽取出引用网络中的主路径。局部搜索方法强调局部最优，即在当前节点选择所有出链（或入链）中遍历权值最大的连线，该连线所连接的节点将作为下一次搜索的起始点，重复此步骤直至汇点（或源点）结束。以图 3 中 SPC 算

---

① s_i 指可以到达节点 a 的源点，t_j 指节点 b 可以到达的汇点。

② n_i 指可以到达节点 a 的节点，m_j 指节点 b 可以到达的节点。

法下的网络为例，局部搜索方法以源点 *A* 和 *H* 发散出的五条连线，即 *AB*、*AE*、*HB*、*HE*、*HI* 为基础，选取权值最大的连线 *HI*。于是，选取节点 *I* 为下一次搜索的起始点，以此类推，直到汇点结束，得到的结果如图 4 中的实线所示。

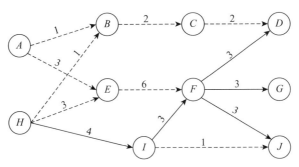

图 4　引用网络的局部主路径

全局搜索方法则强调全局最优，即选出遍历权值之和最大的路径，形成全局主路径。在该引用网络中的 12 条路径中，路径 *A—E—F—D*、*A—E—F—G*、*A—E—F—J*、*H—E—F—D*、*H—E—F—G* 和 *H—E—F—J* 的权值之和最大，它们构成了全局主路径，所得结果如图 5 中实线所示。在关键路径搜索方法中，权值最大的连线称为关键路线。该方法的基本思想是，以关键路线所连接的节点为起始点进行搜索，搜索过程中可以采用局部或全局方法，形成关键局部主路径或关键全局主路径。该搜索方法可通过调节关键路线个数来控制所展现细节的多少。例如，如果设置关键路线的个数为 2，则可从排名靠前的两条连线 *EF*、*HI* 开始搜索。采用局部或全局方法，得到的结果如图 6 中的实线所示。

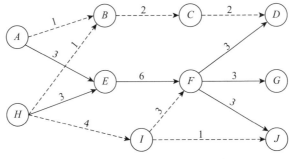

图 5　引用网络的全局主路径

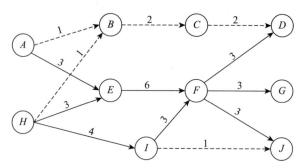

图6　引用网络的关键主路径（关键路线个数为2）

以上介绍的这三种主路径具有不同的作用，可以从不同角度揭示一个领域的知识扩散过程（Liu and Lu，2012）。局部主路径能够使得吸引后续研究的文献在路径上占有一席之地，可以识别研究的最新进展；全局主路径能够探测网络中遍历权值之和最大的路径，而关键主路径则可将关键路线包含在内，且有利于展现领域较多的细节。

二　PageRank 算法

PageRank 算法最早由 Brin 和 Page（1998）提出，目前已成功应用于谷歌搜索引擎的网页排名。该算法的基本思想是：若网页 j 被许多网页链接到，说明该网页比较重要；若它被 PageRank 值较高的网页链接到，则该网页的 PageRank 值会相应提高；指向网页 j 的 PageRank 值将平均分配给它引用的所有网页。该算法通过同时考虑网页的引用数量与引用质量，对网页进行排名。

在计算过程中，网络结构可表示为 $N \times N$ 阶的邻接矩阵 $\mathbf{P}$：

$$P_{ij} = \begin{cases} 1, \text{if } i \rightarrow j \\ 0, \text{otherwise} \end{cases} \tag{1}$$

获得邻接矩阵后可将之进一步表示为状态转移概率矩阵 $\tilde{\mathbf{P}}$。网页的 PageRank 值可由下列矩阵形式表示：

$$\mathbf{X}_{n+1} = \tilde{\mathbf{P}}\mathbf{X}_n \tag{2}$$

其中，列向量 $\mathbf{X}_n$ 表示第 n 次循环时的 PageRank 向量。

在实际网络中，某些网页没有出链或仅包含指向自身的出链，在这种情况下会出现两种问题，分别是终止点问题和陷阱问题。以下结合示意图进行说明，如图 7（a）所示，由于页面 B 不指向任何一个网页，所以用户在访问该页面后，下一步不知如何跳转，该页面被视为终止点。这种情况下，经过无穷次跳转，所有页面的 PageRank 值都会变为零。在图 7（b）中，页面 B 有且仅有指向自身的出链，在这种情况下，所有"随机游走"的用户在进入这个网页后，一直在里面"打转"，这就将页面 B 变成陷阱并且该页面的最终 PageRank 值会变为 1。

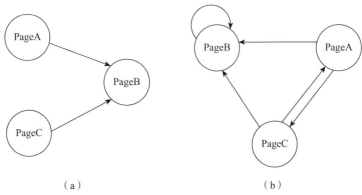

（a）　　　　　　　　　　　　　　　（b）

图 7　网页示意（终止点和陷阱问题）

针对以上两种情况，对最初的矩阵公式进行修正，以确保最终 PageRank 向量的存在性、唯一性且为正值。最终修正后的谷歌矩阵可表示为：

$$\overline{\mathbf{P}} = \theta \left(\tilde{\mathbf{P}} + \mathbf{d}_r \frac{\mathbf{e}^{\mathrm{T}}}{n} \right) + (1-\theta) \frac{\mathbf{e}\mathbf{e}^{\mathrm{T}}}{n} \tag{3}$$

其中，$\mathbf{d}_r$ 为 $N \times 1$ 阶的向量，取值为 1 或 0，用来表示悬挂节点，即对外没有链接的网页。若网页为悬挂节点，则表示为 1，否则表示为 0。n 代表网络结构中的网页数量，$\mathbf{e}$ 代表列向量。θ 为阻尼因子，即表示用户依据互联网的超链接进行网页浏览的概率，$1-\theta$ 则表示用户不根据网络链接，而是随机挑选网页进行浏览的概率。通常，阻尼因子设置为 0.85。下面以图 8 为例进行详细解释。

用邻接矩阵表示各网页间的链接关系，其中第 i 行、第 j 列的元素值表示从节点 i 到节点 j 是否存在链接，如果是，那么这个值为 1，否则就为 0。基于对图 8 的分析，邻接矩阵为：

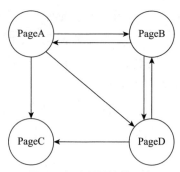

图8   小型网页链接示意

$$
\begin{array}{c}
\quad A \quad B \quad C \quad D \\
\begin{array}{c} A \\ B \\ C \\ D \end{array}
\begin{bmatrix}
0 & 1 & 1 & 1 \\
1 & 0 & 0 & 1 \\
0 & 0 & 0 & 0 \\
0 & 1 & 1 & 0
\end{bmatrix}
\end{array}
$$

分别对每一行进行归一化之后的状态转移概率矩阵为：

$$
\begin{array}{c}
\quad A \quad\quad B \quad\quad C \quad\quad D \\
\begin{array}{c} A \\ B \\ C \\ D \end{array}
\begin{bmatrix}
0 & 1/3 & 1/3 & 1/3 \\
1/2 & 0 & 0 & 1/2 \\
0 & 0 & 0 & 0 \\
0 & 1/2 & 1/2 & 0
\end{bmatrix}
\end{array}
$$

有了上述矩阵，就可以开始最简单的 PageRank 计算。这里每个网页被访问的概率是 1/4，原始计算 PageRank 值的过程如下。

第一次迭代：

$$
\begin{bmatrix}
0 & 1/3 & 1/3 & 1/3 \\
1/2 & 0 & 0 & 1/2 \\
0 & 0 & 0 & 0 \\
0 & 1/2 & 1/2 & 0
\end{bmatrix}
\times
\begin{bmatrix}
1/4 \\ 1/4 \\ 1/4 \\ 1/4
\end{bmatrix}
=
\begin{bmatrix}
1/4 \\ 1/4 \\ 0 \\ 1/4
\end{bmatrix}
$$

第二次迭代：

$$
\begin{bmatrix}
0 & 1/3 & 1/3 & 1/3 \\
1/2 & 0 & 0 & 1/2 \\
0 & 0 & 0 & 0 \\
0 & 1/2 & 1/2 & 0
\end{bmatrix}
\times
\begin{bmatrix}
1/4 \\ 1/4 \\ 0 \\ 1/4
\end{bmatrix}
=
\begin{bmatrix}
1/6 \\ 1/4 \\ 0 \\ 1/8
\end{bmatrix}
$$

......

上面的步骤是基于最初提出的 PageRank 值的求解思路。考虑到网页中的不合理现象，对最初的矩阵进行修正，经过修正之后的 PageRank 值求解公式也是可以通过矩阵的点乘来实现的，修正后的谷歌矩阵为：

$$\overline{\mathbf{P}} = 0.85\left(\begin{bmatrix} 0 & 1/3 & 1/3 & 1/3 \\ 1/2 & 0 & 0 & 1/2 \\ 0 & 0 & 0 & 0 \\ 0 & 1/2 & 1/2 & 0 \end{bmatrix} + \begin{bmatrix} 0 & 0 & 0 & 0 \\ 0 & 0 & 0 & 0 \\ 1/4 & 1/4 & 1/4 & 1/4 \\ 0 & 0 & 0 & 0 \end{bmatrix}\right) + 0.15$$

$$\times \begin{bmatrix} 1/4 & 1/4 & 1/4 & 1/4 \\ 1/4 & 1/4 & 1/4 & 1/4 \\ 1/4 & 1/4 & 1/4 & 1/4 \\ 1/4 & 1/4 & 1/4 & 1/4 \end{bmatrix}$$

最终，反复迭代矩阵直至收敛，网页的 PageRank 值如图 9 所示。

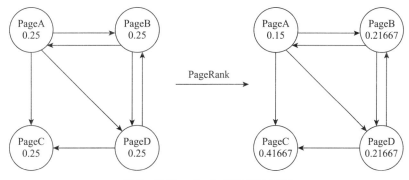

图 9　经 PageRank 排序后的网页

第一章　国内外研究现状综述

区块链技术因在去中心化及安全性等方面的优势，近些年被广泛应用于诸多领域。随着区块链技术的不断发展，该领域科研论文与专利的数量不断增加，为了更加全面和清晰地呈现领域发展现状，帮助研究者和实践者掌握知识传播轨迹，有效识别创新机会，本书从科学与技术联动的角度，对区块链领域的创新演化路径识别展开研究。本章首先对区块链相关范畴进行概述，帮助读者了解区块链技术的构成基础与应用范围。其次，对区块链领域的科学与技术研究现状分别进行介绍。最后，从传统科学计量与主题模型两个维度，对创新演化路径识别研究的相关文献进行总结与分析，并深入剖析了主路径分析方法的研究进展。

第一节　区块链的概念范畴

本节将从区块链的基本概念、主要类型、技术构成、发展阶段、基础架构、主要特征及区块链与其他领域的融合七个方面对区块链进行全面概述。

一　区块链的基本概念

区块链作为数字资产交易系统的底层技术，解决了在不可信环境中实现可信信息交互的问题。区块链的概念起源于比特币，由中本聪（Satoshi Nakamoto，2008）提出。基于去中心化和安全性强等特征，区块链受到多领域研究者的广泛关注，且智能合约的接入使区块链具有可编程特性，从而使它从加密货币领域的专属技术逐步应用于医疗、金融、教育等诸多领域（郭苏琳，2020；曹雪莲等，2021）。然而，区块链却始终没有统一的定义（崔红蕊，2019）。付豪（2020）在对国内外学者相关定义进行整合后提出，区块链是借助密码学和数学算法保证数据安全以实现不同节点共同参与的开放的、去中心化的分布式数据库。从技术角度来看，区块链基于 P2P 网络和共识算法解决数据库一致性的问题；采用哈希函数、Merkle 树和时间戳等技术进行数据块连接，保证数据的完整性和安全性，并基于密码学原理来保证数据安全，防止数据泄露。郭苏琳（2020）认为区块链和区块链技术是两种概念。其中，区块链是基于数学算法将数据信息打包形成区块并连接起来形成记录的方式，而区块链技术则是去中心化的数据交互、验证及存储的技术方案。崔红蕊（2019）从数据、经济学领域、记账、协议和技术等多角度更加全面地介绍了学者关于区块链的定义，并认为区块链整合了多种计算机技术，是一种去中心化、集体维护、去信任化和不可篡改的基础架构和分布式计算范式。

综上所述，区块链是利用加密链式、树形和区块结构进行数据存储，采用密码学理论进行数据校验，基于分布式的共识机制进行数据生成与同步，利用自动化的脚本系统进行数据操作的一种去中心化和去信任化的分布式计算范式（薛腾飞，2019）。

二 区块链的主要类型

基于不同的准入规则，区块链主要分为三种类型，分别为公有链（public blockchain）、私有链（private blockchain）和联盟链（consortium blockchain）。其中，公有链不受官方组织的管理，允许系统中的成员自由进出网络，并具有数据的读写权限。但由于采用去中心化的分布式账本和去中介化的数字信任机制，公有链在交易速度和资源利用效率等方面有所欠缺（薛腾飞，2019）。私有链的运行规则是基于所有者的需求确定的，具有传统信息技术架构的"中心化"特征。相比公有链，它去中心化和去中介化的程度较低。系统中成员进出网络的权限及数据的读写权限也由组织内部控制，适用于特定单位和机构内部系统的数据管理与审计。联盟链处于两者之间，是多个私有链连接起来形成的各机构共同参与的分布式账本系统。联盟中成员加入系统需要其他成员的许可，成员对数据的读写权限按照联盟的规则执行。

三 区块链的技术构成

区块链的技术构成包括 P2P（peer-to-peer）网络技术、哈希函数、

Merkle 树、时间戳、共识算法和智能合约等。其中，P2P 网络技术指对等计算机网络。网络中相互连接的节点具有平等的地位，无主从之分，每个节点都可以发送请求，同时也需要对其他节点的请求进行响应。P2P 网络结构是区块链去中心化架构的决定性因素。基于 P2P 网络，区块链系统能够在不依赖中央服务器运行的情况下，实现数据的快速同步并达到共识机制一致性的目的（武岳和李军祥，2019；付豪，2020）。哈希函数是一种压缩映射的加密算法，可将任意长度的输入通过散列算法转换为固定长度的输出。哈希输出几乎无法反推输入值，因此能保证区块上的映射数据完整且不被篡改。此外，还可应用于共识机制工作量证明和数据块连接等（付豪，2020）。Merkle 树是一种树形结构数据，其叶子节点值逐层保存了每次计算得到的哈希值，能够使用少量空间快速归纳和校验区块数据的一致性，可应用于快速验证、快速定位修改和零知识证明等场景，从而大大增强和提升区块链的应用扩展性和计算效率（付豪，2020；薛腾飞，2019）。时间戳将区块链的数据结构按照时间维度排列，为数据载入提供了时间证明。拥有记账权利的节点要在区块头处加盖一个时间戳来明确数据写入的时间。在维护一致性共识原则的同时，也保证了数据的不可篡改和不可伪造（崔红蕊，2019；付豪，2020）。

共识算法是实现区块链"自信任化"的核心创新点，能够约束区块链中节点的记账权，解决记账行为和账本一致性的问题。基于区块链的共识算法最早出现在 2008 年由中本聪发表的文章中，此后面向比特币和以太坊等公有链环境的共识算法逐渐兴起。常见的主要包括工作量证明（proof of work，PoW）、权益证明（proof of stake，PoS）、股份授权证明（delegated proof of stake，DPoS）和实用拜占庭容错算法（practical Byzantine fault tolerance，PBFT）等。

其中，PoW 的主要思想是基于分布式节点的算力来竞争记账权，以达成共识。其安全性的保证以牺牲性能为代价。随着区块链应用的需求不断增长，它们对算力资源的需求也不断增长，导致能耗升高。为了解决高耗能的问题，King 和 Nadal（2012）实现了 PoS 共识算法。该算法的主要思想是将记账权赋予系统中拥有最高权益而非最高算力的节点，其中最高权益体现为货币总量和币龄总和（袁勇等，2018）。BitShares 项目提出了 DPoS 共识算法（BitShares，2018）。相比 PoW、PoS 共识算法中算力最强和权益最高的节点具有记账权，这种共识算法类似"民主集中制"的计算方式。DPoS 共识算法采用各节点轮流记账来产生新区块的方法，其提出者认为该方法更为快速、高效和灵活。

此外，PBFT 算法是指随机选择主要节点来生成区块。当超过 2/3 的节点在网络中处于正常工作状态时，系统正常运行。这种共识算法能够保证数据的一致性和安全性。智能合约的概念最早由密码学家 Nick Szabo（1997）提出，他采用数字代码来定义合约，是一种在区块链上自动编码运行的机制。然而，由于缺少在无第三方的情况下确保合约执行的可信环境，智能合约在提出后未得到有效的应用。作为去中心化的分布式数据库，区块链的出现为智能合约的应用提供了一个去中心化的、可信任的环境（曹雪莲等，2021）。同时，智能合约赋予区块链可编程特性，当区块链系统中的所有节点基于共识机制达成协议时，合约执行条件一旦被触发，预定义的代码逻辑就能够自主履行合约内容，无须依赖中心机构。智能合约的加入使区块链不再局限于数字货币的交易中，大大延展了区块链在各类分布式人工智能系统中的应用价值，推动区块链由 1.0 阶段迈入 2.0 阶段和 3.0 阶段（崔红蕊，2019；付豪，2020）。到目前为止，智能合约已经应用于许多区块链平台中，比如开源公有链平台以太坊和面向企业应用的联盟链平台 Hyperledger Fabric 等。

四　区块链的发展阶段

区块链的发展过程可以归纳为三个阶段，即以可编程货币为标志的区块链 1.0 阶段、以可编程金融为主要特征的区块链 2.0 阶段和以可编程社会为目标的区块链 3.0 阶段。其中，区块链 1.0 阶段主要研究区块链技术在数字货币支付中的去中心化问题，此时区块链的主要功能包括货币的汇兑、转移以及支付等（蔡晓晴等，2021）。崔红蕊（2019）认为该阶段的主要特征为：（1）账本为全网共享，即网络中没有中心化服务器运行，网络中的节点享有相同的权利与义务；（2）链状数据块状结构，即节点的交易信息打包存储在区块中，且交易记录呈链式分布，保证数据的不可篡改；（3）源代码开放，即对于区块中内容更改需要提供源代码，并通过验证；（4）非对称加密技术，即保证区块中数据的安全性。

以以太坊为代表的区块链 2.0 阶段加入了更为复杂的分布式合约记录，即智能合约。相比区块链 1.0 阶段，2.0 阶段主要解决的是市场的去中心化问题。智能合约能够克服复杂的条件限制实现价值转移，从而保证复杂的、带有触发条件的数字化承诺能够按照参与者的意志被执行。也正是智能合约的加入使区块链技术可以广泛应用于金融交易中。这一阶段的主要特征则为分布式应用、虚拟机和智能合约（崔红蕊，2019）。3.0 阶段是区块链全面应用的时代，该阶段的核心是它提供了一个安全、自建信任的数据库，使这个数据库可根据不同场景选择不同的数据结构，从而不局限于在金融领域。通过对账本和共识算法的改造与应用，区块链技术被更加广泛地应用于诸多领域，如公益、教育、医疗、数字身份识别及认证、食品安全等（崔红蕊，2019；蔡晓晴等，2021）。

五　区块链的基础架构

区块链发展到 3.0 阶段，其实现与应用的方式各有不同，但具有共同的基础架构模型。参考学者对区块链基础架构模型的划分方法（崔红蕊，2019；薛腾飞，2019；王群等，2020），在此从六个层级对它进行详细介绍，基础构架模型如图 1-1 所示。其中，数据层整合了区块链的各项技术要素，涵盖数据结构、数据存储模式以及分布式数据库等内容。作为区块链基础架构的最底层，数据层可以保障区块链中数据的可靠性和稳定性。其运行过程主要是将接收到的数据信息存放在区块中，利用哈希函数和 Merkle 树对数据进行封装，并基于时间戳和非对称加密技术形成区块链数据的存储模式，从而保证数据的可追溯、不可篡改和安全透明。

网络层由 P2P 网络系统、数据的验证及传播机制组成。网络层使区块链系统具有自动组网的能力，从而形成不受权威节点约束的完全的去中心化网络。其运行过程主要是，节点在生成新区块后，会通过通信机制将消息传播给其他节点，从而让其他节点对消息进行验证，验证后在原有区块的基础上生成新的区块。共识层由共识算法组成，能够在去中心化的分布式系统中使各节点快速达成共识，以解决分布式系统的一致性和有效性问题。其中，区块链中所有节点保存的主链交易数据与已确

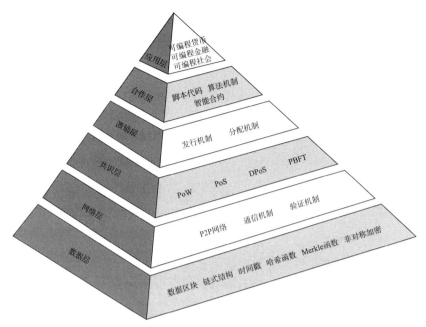

图 1-1　区块链的基础架构模型

认的区块相同能够保证分布式系统的一致性，而所有交易数据被存储在新的区块，且生成的新区块能够连接到区块链的主链上从而可确保有效性（王群等，2020）。

激励层主要包含区块链的发行机制和分配机制，是在区块链中引入经济因素，即视贡献获得奖励，从而激励系统中的节点不断消耗算力来进行数据的记录与维护工作，而奖励以代币形式发放。激励层有利于维护区块链系统的安全。此外，激励层与共识层具有相同机制，节点参与达成共识来实现利益最大化目标，从而获取系统分配的奖励。合作层封装了算法、脚本以及编译执行智能合约的虚拟机（薛腾飞，2019），是保障区块链系统实现可编程的重要基础。其中，智能合约能够采用计算机程序来执行合同条款、进行用户间的数字资产转移。比特币的脚本系统是图灵不完备的，属于不允许或限制循环的简单脚本语言，因此不支持智能合约。而以太坊则包含一套图灵完备的编程语言，支持编写复杂的智能合约，因此实现了区块链在更多领域的广泛应用。

应用层包含区块链的各种应用场景。其中，可编程货币主要应用于以比特币为代表的去中心化数字资产交易中；可编程金融是指区块链技术可结合链式区块结构、共识算法、激励机制以及智能合约等计算机技术，支持各类去中心化应用；可编程社会是通过对账本和共识算法的改造与应用，将区块链技术扩展到公益、教育、医疗、食品安全等诸多领域。

六　区块链的主要特征

参考其他学者的相关研究（王群等，2020；薛腾飞，2019；周李京，2019），从五个主要方面概述区块链的主要特征。（1）去中心化：区块链基于 P2P 网络架构，网络中的每个节点拥有平等的权利与义务。区块链系统中的功能由网络中的每个节点共同维护，不需要借助第三方中介机构来进行数据的传输、存储、验证和维护。（2）去信任：区块链技术在不可信环境中基于非对称加密技术实现交易签名，同时采用哈希函数和 Merkle 树结构形成数据的存储格式，保证了数据的不可伪造和不可篡改。此外，通过共识算法和激励机制保证交易的一致性和有效性，从而实现在无信任环境中的交易。（3）可扩展性：区块链采用开源技术，其参与者能够获取项目的源代码、数据结构等，并对交易数据进行查询。同时，嵌入以太坊中图灵完备的脚本代码系统支持用户编程、创建合约，从而增强了区块链技术的可扩展性。（4）安全性：一方面，数据层中各项计算机技术的综合应用，比如哈希函数和非对称加密技术，保障了数据的单向抗扰性和隐私性。另一方面，时间戳技术的应用赋予了区块链中数据存储时间维度的信用背书，保证了数据的安全性和不可篡改。（5）匿名性：基于非对称加密技术，区块链系统采用公钥来识别和确认用户身份。交易过程中，用户无须公开自己的真实身份就可进行交易与协作。

七　区块链的相关应用

区块链整合了多项计算机技术，已被广泛应用于诸多领域。参考 Casino 等（2019）对区块链应用领域的分类，本小节从金融、物联网、医疗、供应链管理四个领域对区块链的应用研究进行国内外文献综述。

（一）金融领域

目前，区块链技术已经成为工业 4.0 中最核心和最具发展潜力的技术之一，能够在一定程度上改变金融体系的运作方式（Pal et al.，2021）。当前，区块链技术已经广泛应用于各金融领域，包括商业服务、金融资产结算、金融监管以及金融包容等。如何将区块链技术应用于证券、法定货币和衍生合约等金融资产中是全球金融系统广泛关注的话题。从商业服务以及金融资产结算的角度来看，区块链技术推动了全球汇款、智能合约、自动银行分类账和数字资产的发展，但同时也对银行产生了一定影响。Peters 和 Panayi（2016）讨论了银行背景下，开发分类账技术需要考虑的关键问题。与他们不同的是，Nijeholt 等（2017）聚焦解决中小企业资金融通问题。针对第三方金融机构提供的保理业务中存在的风险，该研究提出了区块链技术在此种商业模式中应用的框架，并对框架性能展开了分析。从金融监管角度，Paech（2017）提出了一个在金融市场中治理区块链网络的概念框架。该框架就如何设置区块链技术在金融市场中的边界问题，为金融监管部门和司法部门提供相关建议，从而为市场参与者和整个社会提供保障，也为区块链技术的创新提供必要的空间。此外，从金融包容的角度，Schuetz 和 Venkatesh（2020）总结了关于印度农村金融排斥性的四个挑战，并对区块链技术如何缓解金融排斥问题，实现印度农村与全球供应链网络的连接问题进行分析。综上所述，区块链技术在为资本市场带来了巨大变化的同时，也为执行证券和衍生品交易等操作提供了更有效的方式。

（二）物联网领域

一方面，区块链技术已迅速发展成为构建分布式应用程序的新基础架构；另一方面，物联网技术在智能城市、智能家居、智能医疗保健等环境中的应用越来越广泛。在两个新兴领域的交汇处，基于区块链技术的物联网系统备受关注。Chen 等（2020）通过对已有的相关文献进行回顾、总结和归类，将该领域的研究划归为四种，即访问控制平台（access control platform）、数据安全平台（data security platform）、可信赖的第三方（trusted third party）和自动支付平台（automatic payment platform）。从访问控制平台角度，Novo（2018）基于区块链技术提出了用于裁定物联网中角色和权限的新架构，从而将区块链技术应用于物联网场景中的访问管理。Singh 等（2019）提出了一种智能家居访问控制架构。该架构采用云计算为智能家居网络提供安全的管理服务。从数据安全平台角度，

Song 等（2018）建议使用超级账本来保护物联网云架构中数据的完整性和可用性。从可信赖的第三方角度，Zhang 等（2019）认为区块链技术在供应链管理的质量控制中起到重要作用，且在存储和追踪原材料来源信息、生产、运输以及分配等各环节提高了数据的透明度，简化了设备管理，扮演了可信第三方的角色。从自动支付平台角度，Hou 等（2019）建议使用区块链技术来保护私人能源交易的隐私，并提出一种优化算法，在进行自动支付的过程中，实现数据量、传输损耗和经济效益间的平衡。综上所述，区块链本身的基础构架及其性能的改进有助于丰富物联网在各种场景的应用。

（三）医疗领域

数据可用性的增强不仅为医疗保健领域的患者、医护人员和监管者提供了前所未有的机遇，也带来了一定的挑战。Abu-Elezz 等（2020）从利益和风险的角度，对区块链技术在医疗领域应用的相关文献进行分类。利益方面，可分为患者相关利益和组织相关利益。其中，患者相关利益分为安全性和授权、个性化医疗保健、患者健康数据追踪和患者健康状况检测。而组织相关利益包括健康信息交换、药品供应链、临床试验和医疗保险管理。在患者相关利益方面，考虑到医疗保健领域患者无法控制其病例访问权，且无法从中获取数据真实价值的问题，Mamoshina 等（2018）提出了可用于加速生物医学研究的创新解决方案，使患者能够基于新的工具从个人数据中获利，并通过获利来进行持续的健康检测。该研究提出的透明的分布式个人数据市场能够应对监管机构面临的挑战，交还患者的个人数据控制权。Alonso 等（2019）则针对区块链技术在应对 eHealth 中电子健康档案及电子病历中的互操作性和安全性方面的挑战进行研究。在组织相关利益方面，Borioli 和 Couturier（2018）从临床试验领域入手，采用公开访谈的方式对区块链技术是否能为临床试验的进行带来潜在的好处进行研究，从研究人员、行政人员和医院患者的角度为区块链技术在医疗领域的成功应用提供相关建议。此外，生物医学研究和临床决策越来越依赖许多权威数据库。因此，确保检索到的数据的完整性和不可否认性是十分重要的。综上所述，区块链技术基于去中心化、透明性和可追溯等特征，能够改善医疗保健行业的数据共享及存储系统，从而便于个人及组织医疗信息的高效管理。

（四）供应链管理领域

传统的供应链活动涉及中介、信任以及绩效问题，区块链技术基于去中心化、公开透明以及可追溯性等优势，能够提升供应链管理性能，实现分布式治理及供应链流程自动化等。因此，区块链技术在近年来也被广泛应用于供应链管理中。Chang 和 Chen（2020）对基于区块链技术的供应链相关研究展开综述分析，对区块链技术在供应链管理中的发展现状、潜在应用以及未来的方向进行介绍。潜在的应用方向主要包括食品行业、物流行业、制造业以及医药行业等。区块链技术在食品供应链中的应用仍处于早期阶段，但对于农业食品公司向智能方向发展具有重大意义。Rana 等（2021）对区块链技术在食品供应链中的可持续应用进行研究，指出从减少食品供应链的环境影响和更关注人工需求的角度来看，区块链技术的应用面临挑战。在物流行业中，从提高物流效率、质量以及改善智能运输系统的角度来看，随着国际贸易的增加和经济的不断发展，中国港口的集装箱吞吐量迅速增加，但大多数中国港口拼箱集装箱的业务流程仍旧复杂且低效。Tan 等（2018）基于区块链技术整合了参与者信息，构建了 LCL 出口平台（LCL export platform，LEP），通过在代理机构与其客户之间集成和共享信息来优化国际贸易的拼箱集装箱操作。上述文章对区块链技术在供应链管理中的应用展开研究，从而有助于提升供应链管理性能，但基于区块链技术的供应链管理与实践研究仍具有进一步发展的潜力和空间。

第二节　区块链领域相关研究

本节针对区块链领域的相关文献展开研究。首先基于相关综论和文献计量分析对该领域进行介绍，其次从科学与技术的角度分别阐述区块链领域的研究现状。

一　区块链领域的综述

由于在去中心化、数据安全性等方面的优势，区块链技术被广泛应用于金融、医疗、物联网和物流与供应链等诸多领域，相关研究显著增加。为了更加全面地了解区块链领域的发展现状，许多学者对该领域的相关文献展开综述分析。Tandon 等（2020）对区块链技术在医疗领域应用的 42 篇文章展开综述分析，对当前区块链技术在改进医疗保健服务过程中的影响进行研究，并指出未来可能的研究方向。研究结果表明，区块链技术应用于医疗保健行业的价值还在不断提升，而当前的限制主要是区块链系统的性能和部署过程中的约束及成本问题。因此，通过加强区块链应用程序的广泛部署能够解决关于医疗诊断、欺诈和患者护理等的关键问题。区块链及智能合约已在各领域广泛应用，为了满足它们在应用过程中高性能、可伸缩和安全性的要求，需要对区块链应用程序进行精心设计和全面测试。为了更清晰地了解此类应用程序的研究现状以及区块链软件在开发、测试和质量评估中所面临的挑战，Vacca 等（2020）对软件工程相关的 96 篇文献展开综述分析，从而确定未来可能的研究方向。区块链技术在物流与供应链管理中的应用越来越受到学术界和工业界的关注，但目前尚未有研究将组织理论与其相关文献系统性地联系起来以研究特定的区块链问题。Kummer 等（2020）对 LSCM 中基于组织理论的区块链领域文献进行综述分析，从而识别该领域有价值的研究问题。

上述文章仅针对区块链的某一个子领域展开综述分析，也有学者从整体角度展开相关研究。Casino 等（2019）针对区块链在各领域的应用展开综述分析，并对供应链、医疗保健、物联网、隐私等不同领域基于区块链的应用程序进行全面分类，从而找出关键主题、趋势和新兴的研究领域。Cong 和 Zi（2020）则将区块链领域的相关文献归纳为四个部分。第一部分为基本技术总结，如授权、激励和共识等；第二部分介绍了区块链技术的应用，尤其是在人工智能和社交网络中的应用；第三部分介绍了当前的研究挑战；第四部分则重点介绍了区块链的评估指标。该研究通过系统地对区块链领域文献进行总结和综述，帮助研究人员从技术角度全面了解区块链的应用、挑战和评价。

上述文章都基于定性分析方法，对区块链领域整体或某一子领域展开综述分析，在呈现领域发展现状的同时，为研究者提供今后可能研究方向的参考。然而，由于定性分析没有严格的操作规范，因此在选择用于综述分析的相关文献时很难将全部或大部分文章包含进来，使得研究者不得不依赖自身的研究经验及主观判断选择对领域发展具有重大意义的文献展开研究。此外，随着区块链领域的不断发展，文献数量的不断增多，研究内容及方法的不断丰富和更新，仅依靠研究者的研究经验及主观判断往往会存在一定的误差，从而在一定程度上减弱研究结果的准确性和说服力。文献计量作为一种定量化的研究方法，不仅能够从数据库中提取所研究领域的大部分文献，还能基于科学的指标和算法在众多文献中快速准确地筛选出重要文献展开分析，从而可以更加全面客观地呈现领域发展现状和未来趋势，并在一定程度上增强研究结果的准确性和说服力。

二　区块链领域的文献计量分析

采用定量化的分析方法能够在一定程度上增强研究结果的客观性和准确性。因此，也有学者基于定量化的分析方法如文献计量分析方法来研究区块链领域的相关文献。Ante 等（2021）结合共被引分析和探索性因子分析方法对区块链在能源领域应用的相关文献进行研究，并归纳出六个不同的研究方向。Niknejad 等（2020）采用关键词共现、耦合分析、共被引分析等文献计量工具对区块链技术应用于食品和农业领域的相关研究进行分析，从而全面客观地呈现区块链技术在该领域的发展现状及未来趋势。区块链技术能够解决物联网领域的隐私和安全性问题，它在物联网中的应用催生了一个新领域，即物联网中的区块链（blockchain in Internet of things，BIoT）。Kamran 等（2020）针对 BIoT 领域的相关文献展开文献计量分析，呈现其主要的研究领域、最具影响力的期刊及未来可能的研究方向等。Moosavi 等（2021）结合文献计量和社会网络分析方法对区块链技术应用于供应链管理的相关文献进行分析，并基于研究结果为研究者和实践者提供相关建议。

上述文章针对区块链领域的某个子领域展开了文献计量分析，也有学者从整体的角度对区块链领域的相关文献展开文献计量分析。Miau 和 Yang（2018）将基本的文献计量分析划归为时间和空间两个维度，对区块链领域的相关文献进行研究。其中，空间维度包括对文献类型、高产和高影响力国家和机构的分析；时间维度是针对区块链研究发展的三个阶段，对其发文量、研究主题、高被引期刊以及关键词的动态演化分析。Dabbagh 等（2019）对从 WoS 数据库中提取的 1030 篇与区块链相关的文献展开文献计量分析，呈现了该领域年度发文量及被引量趋势、热门的研究领域、有影响力的文献等，从而为该领域的研究者提供相应的建议。Guo 等（2021）基于 CiteSpace 和 VOSviewer 两个文献计量分析工具，对 2013~2020 年从 WoS 核心合集数据库中提取出来的 3826 篇文章展开研究。其中，对发文趋势及学科领域的研究能够阐明该领域的发展趋势；最具影响力的作者、机构、国家和期刊较为全面地呈现了其发展现状；对关键词的聚类分析能够指出研究的热点主题，找到新兴的研究趋势和前沿领域，从而帮助研究者和实践者全面了解区块链领域的发展情况。

综上所述，部分学者基于文献计量分析方法研究了区块链领域的基本结构体系，从宏观角度展示了该领域的发展现状，并基于定量化的研究结果指出未来可能的研究趋势；还有部分学者将文献计量与社会网络分析方法相结合，进一步扩展了对区块链领域研究的范围，将各研究主体的合作网络分析纳入所形成的基本结构体系中，从而更加全面地呈现领域发展态势。然而，一方面，上述文章仅从宏观角度呈现区块链领域的发展概况，没有深入挖掘其知识扩散路径；另一方面，上述文章仅基于区块链领域的相关文献展开研究，缺少对技术专利的介绍。此外，上述文章中的研究主要从静态角度展开，缺少对区块链领域创新的动态演化研究。

三　科学视角下区块链领域发展现状

发文量和被引量是体现科研产出和贡献、衡量研究成果学术影响力的两个重要指标（刘凤仪和叶继元，2022；胡东滨等，2021）。在此基于上述两个指标研究区块链领域科研产出及影响力的年度变化情况（如图 1-2 所示）。2017 年以前，该领域的发文量始终低于 100 篇。2018 年，发文量显著增长为 456 篇。此后，年发文量一直维持高速增长的趋势，在 2020 年达到 2638 篇。这说明，以 2017 年为拐点，区块链领域在近些年受到越来越多研究者的关注，导致其发文量显著增长。同时，被引量也有相似的变化趋势。2017 年以前，区块链领域被引量始终低于 10000 次。2018 年，被引量显著增长为 18188 次，在 2019 年达到峰值，为 19939 次。由于被引量需要较长的时间来积累，因此 2020 年发表的作品被引量相比之前年份呈现下降趋势。总的来说，区块链领域发文量和被引量都呈现不断增长的趋势，尤其是在 2017 年之后，越来越多的学者关注到区块链领域并展开相关研究。

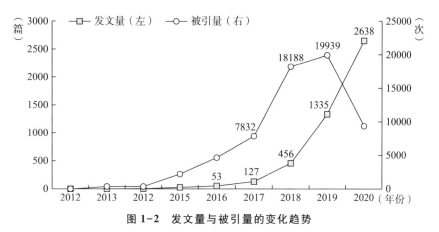

图 1-2 发文量与被引量的变化趋势

数据来源：Web of Science。

此外，还基于被引量指标从作者、机构和国家/地区三个角度对区块链领域强影响力主体进行研究，结果如表 1-1 所示。从作者角度来看，Elie Bouri 所发表的 33 篇文章累计被引量最高，为 1522 次。排名第二的是 David Roubaud，发表 24 篇文章，被引 1476 次。此外，Konstantinos Christidis 与 Michael Devetsikiotis 仅合作发表一篇文章，但其被引量达到 1033 次。这篇文章研究了区块链技术是否适用于物联网领域。其研究结果表明，区块链与物联网的结合具有更强大的功能，能够引起多个行业的重大变革（Christidis and Devetsikiotis, 2016）。从机构角度来看，北京邮电大学发表的 93 篇文章累计被引量最高，为 1656 次。Montpellier Business School 排名第二，发表 35 篇文章，约为上述机构所发表文章数量的 1/3，但其被引量为 1651 次。此外，被引量排名前 10 的机构中有三个属于中国，分别为北京邮电大学、广东工业大学、电子科技大学。这表明，中国机构在区块链领域的研究具有重大的影响力。从国家/地区角度来看，China、USA 和 UK 在该领域的发文量及被引量都排名前三。此外，被引量排名前 10 的国家/地区中，80% 为发达国家。尽管中国的发文量和被引量都排在第一位，但对前 10 个国家所发表文章的平均被引量进行计算后可以发现，中国和韩国所发表文章的平均被引量最低，而发达国家所发表文章的平均被引量相对较高。其中，法国排名第一位，其文章的平均被引量为 24.82 次。

表 1-1　强影响力研究主体

作者	被引量（次）	机构	被引量（次）	国家/地区	被引量（次）
Elie Bouri（33）	1522	北京邮电大学（93）	1656	China（1507）	16481
David Roubaud（24）	1476	Montpellier Business School（35）	1651	USA（938）	16086
Konstantinos Christidis（1）	1033	广东工业大学（37）	1254	UK（547）	9407
Michael Devetsikiotis（1）	1033	University of Oslo（24）	1218	Australia（335）	5143
Kim-Kwang Raymond Choo（45）	951	Holy Spirit University of Kaslik（27）	1186	France（146）	3623
Andrew Urquhart（14）	943	电子科技大学（64）	1165	South Korea（336）	3549
Brian Lucey（17）	903	North Carolina State University（6）	1042	Canada（234）	3433
Khaled Salah（32）	874	University of Southampton（32）	1016	Germany（199）	3300
Shaen Corbet（24）	815	University of Texas-San Antonio（51）	1015	India（262）	3015
Jiawen Kang（8）	805	Nanyang Technological University（41）	1013	Spain（199）	2908

注：括号内表示发文数量。

数据来源：Web of Science。

接下来对区块链领域各科研主体合作模式的分布情况进行研究。从作者角度来看，五个及以上作者合作是发文的主要模式，三个作者合作的文章数量占总文章数量的 21.78%，而单一作者发文量仅占总数的 10.01%（如图 1-3 所示）。谌微微等（2019）和 Peng 等（2017）分别对图书馆学领域和大数据领域的作者合作模式展开研究。其研究结果表示，图书馆学领域独著文章所占比重最高，达 52.51%，五人及以上作者合著文章仅占 2.22%。然而，大数据领域作者合作模式与区块链领域类似，五人及以上作者合著文章所占比重最高，为 22.89%；独著文章所占

比重最小，为 15.70%。综上所述，与图书馆学和大数据领域相比，区块
链领域的作者合作水平更高。从机构角度来看，区块链领域文章的机构
合作率为 64.66%。相比中国管理科学领域文章的机构合作率始终维持在
75%~85%，区块链领域的机构合作仍有待进一步加强。此外，两个机构
间的合作为合作发文的主要形式。从国家/地区的角度来看，两个国家/
地区间的合作是合作发文的主要模式，其文章数量占总数量的 26.36%。
较强的合作倾向意味着区块链领域的跨学科性，因此在研究区块链创新
演化路径时需要考虑主题的多样性。

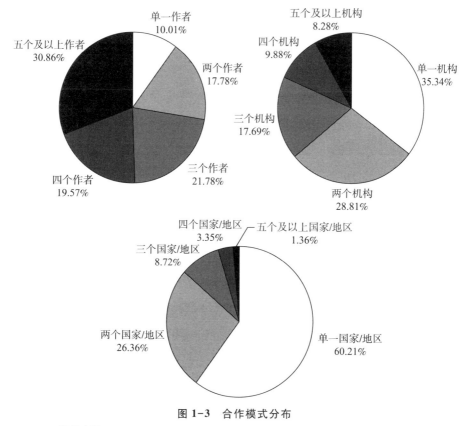

图 1-3 合作模式分布

数据来源：Web of Science。

四 技术视角下区块链领域发展现状

首先从 Derwent 专利数据库中检索 17970 项专利的相关信息，然后从

中提取机构信息进行聚类，结果如图 1-4 所示。图中的每一行代表特定的主要聚类，过小的聚类社区（8 和 9）被算法自动过滤。节点的大小代表机构所持有的专利数据，而节点所在的实线则表示特定主题的时间跨度。规模最大的聚类为系统节点（system node），而计算机系统（computing system）是存在的时间跨度最长的主题聚类。说明这两个主题持续受到相关机构的关注。从时间线来看，早期的区块链领域机构往往不涉及多个主题，而如今主题之间联系紧密。目前，区块链通行证在技术发展中仍未受到较多机构的关注，或许它在今后会成为创新技术发展的新的突破口。

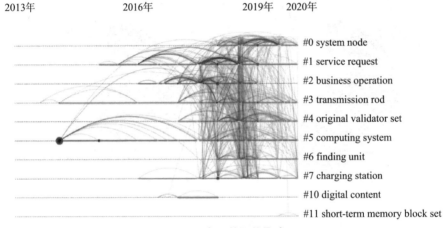

图 1-4　专利的机构聚类

　　表 1-2 呈现了专利的机构聚类信息，其中 Cluster ID 为聚类标签；Size 为聚类规模，即每个聚类中所包含的专利数量（件）；Silhouette 是用来衡量网络同质性的指标，该指标值越接近于 1，网络的同质性越强。Silhouette 值在 0.5 以上，则聚类结果合理，当 Silhouette 值为 0.7 时，聚类结果具有最高的可信度。从表 1-2 中可以看出，所有聚类的 Silhouette 值都大于 0.5，且大多数聚类的 Silhouette 值在 0.7 以上，说明聚类结果较好。CiteSpace 提供了三种标签（Label）提取算法，分别为 LSI、LLR 和 MI，其中 LLR 是目前比较常用的算法。因此，选择 LLR 算法来提取标签。与系统节点（system node）相关的主题标签有工业物联网设备和区块链技术等，与智能资产（smart asset）相关的主题标签包括最新消息块、产生数字标记和基于区块链的程序等。与电子标签（electronic tag）相关的主题标签包括记账节点、追踪信息等。

表 1-2　专利机构聚类信息

Cluster ID	Size	Silhouette	Year	Label（LLR）
0	47	0.66	2019	system node；mounting pipe；side wall；iiot device；block chain technology
1	46	0.86	2018	smart asset；latest block；generating digital mark；electronic mail；blockchain-based program
2	42	0.74	2018	electronic tag；accounting node；tracing information；request message；locking tongue
3	34	0.79	2018	transaction party；user account；memory device；target business data；processing device
4	32	0.76	2019	first blockchain；state hash value；voting right；anti-counterfeiting qr code；data transaction request
5	30	0.67	2018	digital asset；off-chain private computing cluster；computing system；first database；readable instruction
6	25	0.77	2019	locking rod；connecting rod；main body；gateway node；transmission chain
7	2	0.90	2019	transaction request；digital watermark；test script；certificate deposit service；blockchain server
10	4	1.00	2017	providing blockchain transaction；comprising set；encrypted digital asset；performing exchange；comprising output
11	4	1.00	2020	blockchain pass certificate；releasing final release price；reminder message；price difference value；judging value

第三节　创新演化路径相关研究

对某一领域展开科学与技术创新演化路径研究能够帮助研究者和实践者全面、客观地掌握领域创新发展规律和演化趋势、探测前沿科技、预测科技发展潜力、系统规划创新发展轨迹，从而推动领域的高效、健康发展（Huang et al.，2020）。目前，关于科学与技术创新演化路径的相关研究已形成较为成熟的方法体系。现有研究方法大致分为两大类，分别为主题模型分析方法和传统的科学计量方法（王燕鹏，2016；李晓曼，2020）。因此，本节从上述两个视角对科学与技术创新演化路径的相关国内外文献进行介绍。

一 主题模型分析方法

主题模型是生成模型的一种，是通过文本建模，实现文本降维的模型的统称（关鹏，2018），它弥补了传统文本挖掘模型无法反映词语间语义关系的缺陷，被广泛应用于自然语言处理、文本分类、信息检索和机器学习等诸多领域（陈虹枢，2015）。Salton 等（1975）提出的向量空间模型是最早的主题挖掘方法，该方法将文本以向量形式表示，从而使文本相似度计算更为方便。但这种方法在面对长文档时会产生高维向量，影响文本挖掘效果，且很难关联采用不同词语表达相同语义的文本。Salton 和 Buckley（1988）提出 TF-IDF（term frequency-inverse document frequency）方法，用以评估字词对文件的重要程度。其中 TF 为词频，IDF 为逆向文档频率，字词的重要性与它们在文件中出现的频次成正比，与它们在其他语料库中出现的频次成反比。尽管 TF-IDF 方法因方便易操作的优势而被广泛应用于搜索引擎的检索与匹配工作中，但仅依靠词频来衡量重要性也会导致一定的偏差，且该方法仍无法识别表示相同含义的不同字词。

Deerwester 等（1990）提出的隐性语义索引是主题模型的起源，其基本原理是通过对词项-文档矩阵的奇异值分解解决潜在语义的检索问题。Hofmann（1999）提出的概率隐性语义索引（probabilistic latent semantic indexing，PLSI）采用期望最大化算法（expectation-maximization algorithm，EM 算法）学习模型参数，显式地构建了文本及其隐含主题模型。然而，PLSI 并不是完备的生成式模型，且 EM 算法需要反复迭代，计算量较大。Blei 等（2003）引入狄利克雷先验分布，提出了隐含狄利克雷分布（latent Dirichlet allocation，LDA）模型。LDA 模型继承了 PLSI 的优势，也弥补了其不足之处。近年来，主题模型在科学与技术文献的主题发现及演化研究中扮演着越来越重要的角色。作为自然语言处理中主题挖掘的主流模型，LDA 模型也被广泛应用于诸多领域进行科学和技术主题的演化趋势分析（王燕鹏，2016）。

从科学角度来看，赵杰等（2019）基于概率主题模型，对中国知网数据库中收录的 14235 篇有关京津冀协同发展的相关文献展开主题演化趋势分析，从而为推动京津冀协同发展的科学决策提供相应的建议。针对中国知网及 WoS 数据库中收录的 1998～2018 年数据挖掘领域的相关文献，谭春辉和熊梦媛（2021）基于 LDA 模型提取其中的主要研究主题，并从理论和应用两个维度分析国内外研究热点及主题演化的区别和联系，为分析该领域热点问题的演化过程提供了一种新的研究思路。张斌（2020）基于 LDA 模型，从中国知网数据库中提取我国 2010～2019 年共享科研数据领域的相关文献，对其主题演化情况展开研究，其研究结果为相关部门规范科研数据共享行为提供了参考意见。谢世敏和丁敬达（2019）基于从 WoS 核心合集数据库中提取的 1997～2007 年 998 篇英文文献，从引用网络分析和 LDA 模型两个角度分别对科学信息交流领域的研究主题和发展演化趋势进行研究。从技术角度来看，李子彪和张莉（2020）基于 LDA 模型对我国钢铁材料领域的 11308 件发明专利和实用新型专利主题内容和强度的动态演化过程展开深入研究，从而提炼我国钢铁材料领域的发展特征和未来发展方向。丰米宁等（2020）以 3D 打印领域为例，基于 LDA 模型识别不同时间窗口下的技术主题，从产业链视角展开主题识别和技术演化分析。

此外，共词分析作为一种文本分析技术，能够反映某一领域的概念结构（Cobo et al.，2012）。共词研究方法基于研究主题的共现关系呈现科学领域的学科结构，从而可以用于研究主题的演化研究，已被诸多领域广泛应用（郝心宁，2013）。Gu 等（2020）对云医疗保健领域的相关文献进行知识图谱和共词分析，以确定其研究热点的演变趋势。策略图和概念演化作为共词分析的表达方式，可以基于不同阶段关键词的相似性来呈现研究主题聚类的演化趋势。Wang 等（2020）针对 1979～2018年发表在期刊 Omega 上的文章进行共词分析和策略图分析，从而揭示期刊内的主题演化趋势。

然而，大多数已有的主题模型仅考虑文本信息，科学和技术文献中不仅包含文本信息，还包括引文、合作等文献计量信息。这些非文本信息也是科学和技术创新演化路径分析的重要影响因素。

二　社会网络分析方法

传统的科学计量方法中的（社会）网络分析方法是从关键词、论文和作者等不同层次对其节点间的网络关系进行分析，探讨网络结构和属性的方法。其网络节点关系包括共被引关系、合著关系和共词关系。

Gu 等（2019）对新兴技术驱动的慢性病相关研究进行共被引分析，在呈现其知识结构和当前发展现状的同时，为研究者提供了该领域未来可能的研究方向。Fang 和 Lee（2022）基于从 WoS 和 Airiti Library 两个数据库中提出的文献数据，对技术教育（technology education，TE）领域各时间阶段的中英文文献进行共被引及聚类分析，探索了 TE 研究子领域的类型、特征以及主题演化轨迹。

随着科学技术的不断发展，学科专业化程度逐渐提升，合作已经成为科学研究中的普遍现象（高旭，2016；曾娟，2018）。对合作网络特征及其动态演化规律的深入研究，能够呈现某一具体领域科研主体及研究团队合作关系的发展变化规律，从而从合作角度呈现其创新演化路径。Kong 等（2019）针对图灵奖获得者所发表的相关文献展开了作者合作网络研究，来探索计算机科学领域学术合作网络的演化。Yu 和 Chen（2021）结合文献计量和社会网络分析方法对区块链领域的作者合作网络展开动态演化分析。其研究结果不仅呈现了领域内核心作者的变化情况，还呈现了作者合作模式及合作集团的动态演化趋势。

基于社会网络分析方法对技术创新演化路径进行分析主要包括技术网络的开发和分析两类（李晓曼，2020）。已有文献大多数基于引用信息来开发技术网络。具体地，将两个专利共同引用的专利数量作为耦合强度，表示和量化它们之间的相似度。专利的耦合分析能够提供有关专利的当前和即时的信息，凸显密集引用范围。因此，Chen 等（2013）基于与燃料电池相关专利的耦合关系确定其技术主题的演化过程。但基于引用关系的专利网络存在一定的局限性。由于引用关系具有时间偏好，即引用随时间积累，新的专利引用次数较少，专利的引用关系相对稀疏以及针对引用关系的分析较难扩展到内容层面。因此，也有学者从专利关键词的角度对某一科学领域的技术创新演化路径进行分析。

Yoon 和 Park（2004）在分析专利引用分析的局限性后，提出了以网络为基础的专利分析方法。该研究在将与波分复用（wavelength division multiplexing，WDM）相关的原始的专利数据转变成结构数据后构建专利网络，并采用文本挖掘方法提取专利关键词，再利用网络分析方法对专利网络进行中心度分析和关键词聚类分析，将语义信息纳入专利网络分析中来呈现该领域的技术演化趋势。与上一篇文章相似，Kim 等（2008）在对专利分析的可视化方法进行改进时，提取了专利文献的关键词，并采用 K-Means 算法对它们进行聚类，从而构建了基于关键词的专利语义网络，帮助研究者更清晰地了解新兴技术的进步，并对其未来趋势进行预测。针对专利数据从申请到授予时间间隔过长和专利文本挖掘有效性较差等问题，Ma 和 Porter（2015）探索了如何从专利中提取更准确、有用的主题信息，从而更准确地找出纳米药物递送（nano-enabled drug delivery，NEDD）领域潜在的创新途径和技术机会。

同时，也有研究者基于网络分析方法进行专利挖掘及专利技术演化研究。其中，专利网络的分析指标包括中心度和密度、技术集群识别和中介中心度等（李晓曼，2020）。面对主体-行动-对象（subject-action-object，SAO）网络分析方法在解释主体间关系及关系强度时可能会出现错误的问题，Yang 等（2018）对 SAO 网络分析方法进行改进，使该方法可以基于主体的行动信息计算主体间关系强度，并基于网络结构洞、节点分布的变化情况以及网络中心度的变化来分析某项技术的发展趋势。

此外，也有文章从科学与技术联动视角，对某一具体领域的创新演化过程进行分析。科学计量方法采用科学与技术知识的载体作为分析对象，基于定量化的分析方法对科学和技术知识间的关联性及创新演化的规律性进行探索。武华维等（2018）将围绕科学与技术关联的计量分析划归为以下三类，包括基于引用关系的科技关联探测、基于其他特征的科技关联探测以及科技关联模式探测。其中，基于引用关系的科技关联探测分为论文引用专利和专利引用论文两个角度。Narin 和 Noma（1985）从专利引用论文的角度对生物技术领域的科学与技术关联展开研究。其研究结果表明，科学与技术之间的联系较为紧密，领先的生物技术与现代生物科学之间具有紧密的关联关系。Huang 等（2015a）研究了燃料电池领域论文与专利之间的交叉引用关系，并认为近年来科学与技术之间渐趋融合，且论文引用专利比专利引用论文更具时间的敏感性。

赖院根和曾建勋（2010）从领域层面和主题层面对专利和文献进行异构资源整合，前者通过建立分类体系在类目上的映射关系，将专利和文献按领域和学科分类连接起来，后者则基于主题词表对文献和专利进行标引，来计算其主题相似性，实现二者的对接。Guan 和 He（2007）基于美国专利商标局的数据库对中国科学和技术联系的特征和模式进行分析。其研究结论认为，科学与技术之间并非单项的线性模式，而是相互促进的双螺旋模式。

社会网络分析方法中，共被引分析和共词分析能够反映科学领域研究热点的分布情况及热点主题的动态演化趋势，而合著关系则能反映科研合作主体的合作模式及合作网络的动态演化规律。然而，上述文章在从大量的文献中快速定位关键文献，呈现科学领域的创新演化过程等方面仍有不足。主路径分析方法能够从复杂的引用网络中提取关键文献，客观、高效地识别目标领域的创新演化路径。因此，本书将主路径分析方法作为演化路径分析方法的代表，从科学与技术角度对相关文献进行研究。

三 主路径分析方法

20 世纪 60 年代后，通过引用分析研究科学发展史的方法逐渐进入人们的视野。但随着文献数量的增长，引用网络变得庞大和复杂，在此网络中追踪知识的流动变得更加困难。为了解决这一问题，Hummon 和 Dereian（1989）首次提出了主路径分析方法，即在引用网络中只抽取主要的路径，用以揭示知识的发展过程。该研究首先提出了三种遍历权值算法，即节点对投影统计数（node pair projection count，NPPC）、搜索路径节点对统计数（search path node pair，SPNP）和搜索路径链接统计数（search path link count，SPLC），将网络转化为加权的网络。其次，基于图论中的深度优先等算法，对 DNA 领域知识发展的主干路径进行了识别。通过这两个步骤，原始的复杂网络被转换为简单的路径，从而有效揭示了知识随时间的演变过程。这一方法在被提出后，引起了学者们的广泛关注。目前，研究主要集中在方法研究与应用研究两个层面。主路径分析方法包括两种算法。一是权值算法，主要包括经典遍历权值算法、权值加权调节和权值重新设计三个方面，用以将引用网络转化为加权的引用网络。二是搜索方法，用以抽取网络中的主干路径。

（一）主路径分析的权值算法

（1）经典遍历权值算法。基于 Hummon 和 Dereian（1989）提出的三种算法，Batagelj（2003）提出了搜索路径统计数（search path count，SPC）算法并验证了其有效性。Verspagen（2007）基于 SPC 算法提出了最优主路径演化网络（network of the evolution of top path，NETP）算法。Choi 和 Park（2009）设计了前向引证节点对统计值（forward citation node pair，FCNP）算法，即两点之间连线的权值由该连线所连接的前向引证的节点对数相乘得出。张娴和方曙（2016）认为 SPC、SPNP、NPPC、NETP、FCNP 是主路径分析的主流算法。

（2）权值加权调节。基于上述主流算法，学者们从不同角度对算法进行了优化，以达到不同的分析目的。上述列出的大部分主流算法，如 SPC、SPNP 和 NPPC，均假设引用网络中的引用关系是同等重要的。为了修正这一假设，Liu 等（2014）将引证相关度考虑在内，在对连线的 SPC 值进行相关度加权后再抽取主路径；彭泽等（2020）融入了知识流量、引用行为的情感倾向和发生位置等引用相关性因素，基于 SPC 算法提出了一种计算遍历权值的新方法。考虑到研究对象的跨领域特征，Yu 和 Pan（2021a）综合考虑了时间偏好、领域偏好以及数据库覆盖偏好三种现象，基于 SPC、SPLC 以及 SPNP 算法设计了新的遍历权值算法。

（3）权值重新设计。除了上述介绍，还有一些学者突破主流算法的思维模式，结合已有理论对权值算法进行了重新设计。Liu 和 Kuan（2016）认为当知识沿着引用链接传递到另一文献中时，存在知识衰减的现象。该研究定义了三种衰减模型，即算术衰减、集合衰减和谐波衰减。Lathabai 等（2018）结合流动收敛指数（flow vergence index），通过迭代计算节点值并进一步取差值对连线进行了赋权。程洁琼（2019）则基于 PageRank 算法，提出并设计了基于边影响力流的权值计算方法。

（二）主路径分析的搜索方法

在路径搜索方面，基于 Hummon 和 Dereian（1989）的研究，Liu 和 Lu（2012）进一步提出了全局、局部向后、关键和多重路径搜索方法，并通过 H 指数相关文献构成的引用网络进行了实证分析。为了解决传统方法对技术路径涵盖不足的问题，陈亮等（2015）将文本相似度引入主路径分析过程中，通过 TF-IDF 方法与 LDA 模型相结合，计算专利之间的主题相似度，并基于动态规划策略将抽取的权值排名靠前的主路径进行叠加，形成技术主题骨架；万小萍等（2019）基于 Liu 和 Lu（2012）

的研究，提出了多源前向局部、多汇逆向局部以及全局组合路径，以增加路径的多样性；王婷等（2020）则基于 Girvan-Newman 等多种算法提出了一种主路径—衍生路径的方法。

（三）主路径分析的具体应用

演化路径分析方法能够较好地弥补社会网络分析方法中的不足，快速定位目标领域的关键文献，从而呈现科学与技术发展中关键的演化过程。Ma 和 Liu（2016）在从金融和法律的期刊中提取出关于股东行为主义的文献后，采用主路径分析方法呈现了该研究主题的发展演化路径和研究前沿。Xiao 等（2014）综合使用局部、全局、关键和多重主路径分析方法，研究了数据质量领域的知识扩散路径，并识别了较为活跃的四个子领域。Fu 等（2019）以物联网领域为研究对象，分析了该领域的历史发展过程。Liu 和 Lu（2012）在原有主路径分析方法的基础上，提出几种变体来增强主路径分析的能力，其中包括多重全局主路径（multiple global main path）分析方法。该方法弥补了传统主路径分析方法在研究具有多个子领域的学科时存在的不足。Liu 等（2013a）在基于传统主路径分析方法呈现数据包络分析（data envelopment analysis，DEA）领域知识传播路径和发展轨迹的同时，采用多路径分析方法对其子领域知识扩散的分布情况进行研究。Yu 和 Pan（2021b）结合 Louvain 聚类算法和主路径分析方法呈现了"technique for order preference by similarity to an ideal solution"（TOPSIS）领域的多路径演化轨迹。

专利主路径分析旨在识别核心的技术专利，研究技术的发展过程。鉴于现代科学技术的灵活性和复杂性，传统的统计分析很难捕捉技术演化的细节。作为追踪技术发展历史进程、探索知识传播轨迹和预测未来发展趋势的有力代表，基于引用网络的技术创新演化路径研究已经逐渐引起学者的研究兴趣。Verspagen（2007）最早将主路径分析方法应用到专利引用网络中，识别并绘制了燃料电池的技术演进过程。Lucio-Arias 和 Leydesdorff（2008）对富勒烯和纳米管技术发展轨迹进行了识别研究。此后，Fontana 等（2009）基于专利引用网络对以太网中技术的发展演化轨迹展开动态研究。孙冰等（2009）对手机芯片的相关专利展开了分析。Martinelli（2012）将专利引用网络应用到电信交换领域。李健和韩毅（2014）与张丰等（2017）分别以太阳能领域和燃料电池领域为分析对象研究其技术演化路径。程洁琼等（2019）基于专利引用网络，分析了海水淡化领域的技术发展过程。

Huang 等（2015b）结合文本分析和自身专业知识，识别 NESTsDE 子领域的关键技术，并利用主路径分析方法追踪该领域技术的发展进程。Huang 等（2016）在上一篇研究成果的基础上，以染料敏化太阳能电池为例，基于引用网络的连通性和模块化指标来确定该领域的技术发展阶段。此外，还通过在不同技术节点间采用主路径分析方法来识别其技术创新路线、辨识研究重点，以帮助决策者更好地进行技术管理。王婷等（2020）以重要产业为例，提出一种基于主路径—衍生路径的技术创新演化路径识别方法。该方法基于 AHP-TOPSIS 模型构建引用网络，结合 Girvan-Newman 算法和 SPNP 算法识别专利引用网络主路径。最后，基于主路径技术节点的路径通用性和新颖性来识别技术创新演化路径，为中医药领域的相关企业有效把握技术发展方向提供相应的参考和借鉴。

也有一些学者应用主路径分析方法对区块链领域科学或技术的创新演化路径展开研究。从科学的角度，Yu 和 Sheng（2020）采用主路径分析方法探索了区块链领域整体的知识扩散路径，并针对物联网、医疗以及供应链管理等相关子领域展开创新演化路径的研究。Meng 等（2021）采用主路径分析方法对区块链领域的科学创新演化路径进行研究。其研究结果表明，该领域研究的发展经历了一个渐进的过程，智能合约、物联网和数字货币都是其中的重要节点，且总体发展呈现 π 形变化趋势。从技术的角度，Kim 等（2021）对主路径分析方法进行改进，提出了基于知识持久性的主路径分析方法，对区块链领域的技术发展轨迹和潜在研究方向进行深入的挖掘和追踪。Yu 和 Pan（2021c）将之应用于区块链领域专利引用网络中，研究了区块链技术的演化路径。

然而，这些文献大多基于传统主路径分析方法展开研究，且未能从科学与技术联动视角分析区块链领域创新演化路径的识别。

小　结

本章从区块链和创新演化路径两个角度出发，对其国内外相关文献展开分析。首先，本章对区块链的基本概念、主要类型、技术构成、发展阶段、基础架构和主要特征进行介绍。其次，本章研究了区块链与其他领域融合的国内外相关文献，其中包括金融领域、物联网领域、医疗领域和供应链管理领域。随着区块链技术的不断发展，区块链相关科学与技术文献的数量不断增加。为了厘清该领域发展现状及未来研究趋势，许多学者对区块链领域展开定性化的综述研究。然而，由于定性分析没有严格的操作规范，因此在选择用于综述分析的相关文献时很难将领域全部或大部分文献包含进来，使得研究者不得不依赖自身的研究经验及主观判断选择对领域发展具有重大意义的文献展开研究。但是，由于文献数量的不断增多、研究内容及方法的不断丰富和更新，仅依靠研究者的研究经验及主观判断往往会存在一定的误差，从而在一定程度上减弱研究结果的准确性和说服力。

文献计量作为一种定量化的研究方法，不仅能够从数据库中提取所研究领域的大部分文献，还能基于科学的指标和算法在众多文献中快速准确地筛选出重要文献展开分析，从而可以更加全面客观地呈现领域发展现状和未来趋势，并在一定程度上增强研究结果的准确性和说服力。参考基于定量化的文献计量方法研究区块链领域的相关文献，本章从科学与技术两个视角，分别对区块链领域的发展现状进行介绍。此外，创新演化路径的研究方法大致分为两类，分别为主题模型分析方法和传统的科学计量方法。本章从上述两类方法出发，分别介绍了从科学或技术视角对创新演化路径的识别展开研究的国内外相关文献。传统的科学计量方法包括社会网络分析方法和主路径分析方法。

通过上述研究可知，主路径分析方法在呈现知识扩散及创新知识传播轨迹方面具有显著优势，因此，本章在简单介绍主路径分析方法研究进展后，对基于该方法研究区块链领域的相关文献进行介绍。然而，这些文献大多基于传统主路径分析方法展开研究，且未能从科学与技术联动视角分析区块链领域创新演化路径的识别。为了克服传统创新演化路径研究视角不够全面、难以有效针对区块链领域进行分析的问题，本书拟基于传统及改进的主路径分析模型，从科学与技术联动的视角，对区块链领域的创新演化路径识别进行系统、全面的研究，以基于学科和方法的交叉融合，提出创新演化路径识别的新方法，从而更加全面、系统地呈现区块链领域科学与技术的创新演化路径。

第二章 基于主路径分析方法的区块链创新演化路径

本章基于主路径分析方法，从科学和技术两个视角研究区块链的创新演化路径。首先，本章获取区块链领域的文献和专利数据并构建其引用网络，接着对网络的知识扩散特征展开了分析。其次，本章基于 SPC 算法以及全局和关键路径搜索方法获得了区块链领域的全局和关键主路径。最后，本章通过提取关键文献群和关键专利群，研究了关键文献和关键专利之间的知识和技术流动。

第一节 文献和专利引用网络

一 数据来源

Web of Science（WoS）数据库是目前世界上最大的文献数据库之一，覆盖超过 8800 种 SCI 期刊和 3200 种 SSCI 期刊。考虑到区块链相关论文和专利的数量正在快速增长，本书研究选择 WoS 核心数据库并且子数据库限制在 SCIE 和 SSCI 期刊中作为检索范围，同时限定文章类型为 Article 和 Review 以保证文章质量。

Derwent 创新索引是世界上最大的专利数据库之一。它整合了家族专利和相关的引用记录，从而为建立专利引用网络提供了可能。鉴于某些专利通常在多个国家/地区申请并拥有多个专利编号，本书研究将引用更改为相同的专利，但将其不同的专利编号更改为主要专利号，并使用主要专利号作为专利的唯一标识符，建立符合真实引用的专利引用网络。值得注意的是，对于家族专利中其他专利的引用将在匹配唯一标识符后不复存在。

Nakamoto（2008）发表了《比特币：一种点对点的电子现金系统》。该文被认为是区块链技术的开篇之作，因此本书研究的搜索范围起始于

2008 年。此外，考虑到研究的可重复性，数据检索范围截至 2020 年底。WoS 核心库和 Derwent 专利库在不同时间段返回的结果存在些许差异，确定检索的时间范围并留有一定的收录间隔，可以保证潜在误差不会影响主要的发现和结论。

本书研究的数据检索式为：

Topic Search（TS）=（"blockchain＊" OR "bitcoin" OR "ethereum" OR "smart contract" OR "cryptocurrenc＊" OR "cryptographic ledger＊" OR "digital ledger＊" OR "distributed ledger＊" OR "Hyperledger＊"）

其中，区块链是比特币的底层技术，后者是目前最受关注的电子货币之一。以太坊和智能合约是区块链的重要应用，前者是能够执行智能合约的电子货币之一。加密货币和加密货币账本是电子货币的相关别名，而超级账本和分布式账本是区块链的相关别名。超级账本是 IBM 等 IT 企业开发的一种联盟链。相比比特币和以太坊这样的公有链，超级账本具有更好的性能和更高的效率。这些关键词能够较好地概括区块链领域，即使类似智能合约这样的名词并非区块链领域独有，在先前的研究（Yu and Pan，2021a）中已经证明在控制时间范围后误差可控。

根据上述检索策略，总计返回论文 4650 篇，专利 17970 项。考虑到中本聪的《比特币：一种点对点的电子现金系统》对整个领域的发展具有重大影响，因此笔者手动加入相关文献，并对可能的引用格式进行整理，以保证建立的引用网络能反映真实的知识流动。具体来说，首先提取了论文的引用信息，其次对引用格式进行清洗，包括以下几种引用格式：

◇ [Anonymous]，2008，BITCOIN PEER TO PEER
◇ ＊Nakamoto S，2008，BITCOIN PEER TO PEER
◇ 1Nakamoto S，2008，BITCOIN PEER TO PEER
◇ Nakamoto S，2008，BITCOIN PEER TO PEER
◇ なかもと さとし，2008，BITCOIN PEER TO PEER

◇ 2008，BITCOIN PEER TO PEER

除了考虑正常的引用格式外，还分别考虑了缺失作者信息、包含引文序号、非英文引用等情形。基于这几大类引用格式，笔者手动添加相关的直接引用链接，以确保数据的完整性。这里 BITCOIN PEER TO PEER 是完整书名 *Bitcoin：A Peer-to-peer Electronic Cash System* 的缩写。通过上述方法，共构建了 2112 条引用关系。研究中论文与专利数据的处理过程如图 2-1 所示。

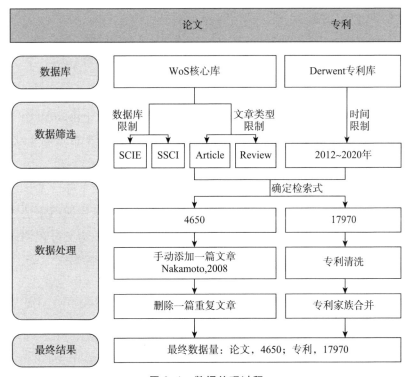

图 2-1　数据处理过程

二　网络构建

构建文献和专利引用网络是进行主路径分析的第一步。本章基于 WoS 数据库和 Derwent 创新索引数据库，获取了区块链领域的相关文献和专利。基于这两个数据库，可获得每条记录的各项特征。例如，通过 WoS 数据库可获得每篇文献的作者、期刊和参考文献等信息；通过 Derwent 创新索引数据库可获取每项专利的各项特征，如发明人、公开日期和引用专利等。在引用网络中，文献（专利）通常由节点表示，连线代表节点之间的引用关系。若两者之间存在引用关系，则存在一条有向边；若两者之间不存在引用关系，则两者之间不存在任何边。因此，在构建文献和专利引用网络时，只需要关注每条记录的参考文献（参考专利）信息。基于此，可构建文献和专利引用网络矩阵，进而进行可视化，获得文献和专利引用网络。例如，由 n 篇文献（专利）构成的引用网络矩阵可表示为：

$$\begin{pmatrix} C_{11} & C_{12} & \cdots & C_{1n} \\ C_{21} & C_{22} & \cdots & C_{2n} \\ \vdots & \vdots & \ddots & \vdots \\ C_{n1} & C_{n2} & \cdots & C_{nn} \end{pmatrix}, 其中\ C_{ij} = \begin{cases} 1, 如果文献\ j\ 引用文献\ i \\ 0, 如果文献\ j\ 没有引用文献\ i \end{cases}$$

在检索了区块链领域的文献和专利数据后，获得一个由 4650 个节点和 29182 条有向边构成的文献引用网络和一个由 17970 个节点和 4302 条有向边构成的专利引用网络。

引用网络赋权和主路径抽取是进行主路径分析的第二步。基于所构建的文献和专利引用网络，首先提取出最大弱组元，以保证网络的连通性。其次提取出强组元并进行去环处理，网络最终转化为无环网络。借助 pajek 中的主路径功能，最终获得了区块链领域的主路径。

以文献数据为例，操作过程如图 2-2 所示：

（1）登录 WoS 数据库；

（2）设置数据获取条件，包括子数据库、年份等；

（3）获得检索结果；

（4）导出检索结果，包括保存结果（send to other file formats）、选择导出数量（number of records）、导出内容（一般为 full record and cites references）和文件格式（plain text）；

（5）点击发送，下载得到一个包含每篇文献各项特征记录的 txt 文件；

（6）依据 txt 文件中每条记录的参考文献信息，构建文献引用网络矩阵；

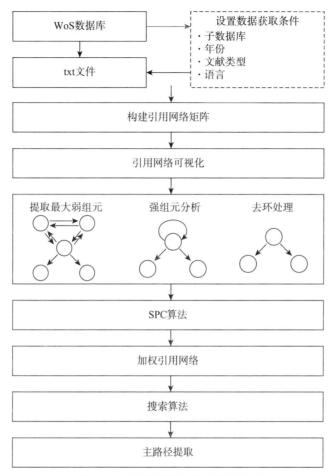

图 2-2　文献引用网络的主路径分析

（7）提取文献引用网络的最大弱组元；

（8）对最大弱组元进行强组元分析；

（9）去环处理，生成有向无环网络；

（10）计算每条链接的遍历权值，生成加权的引用网络；

（11）抽取主路径。

表 2-1 列出了区块链领域文献和专利引用网络的一些重要指标，如平均度、密度、网络直径、平均聚类系数与平均路径长度等，这些都是一些常见的衡量网络特征的指标。

表 2-1　文献和专利引用网络指标

指标	文献引用网络	专利引用网络
引用网络节点	4650	17970
引用网络边	29182	4302
平均度	6.276	0.239
密度	0.001350	0.000013
网络直径	9	6
平均聚类系数	0.097	0.002
平均路径长度	2.630	1.546
最大弱组元节点	4290	2793
最大弱组元边	29180	3578
最大强组元节点	4290	2793
最大强组元边	29180	3578

注：部分指标没有单位，或者单位没有实际意义，为了保持一致，不列示单位。

在由 n 个节点、m 条连线组成的有向网络中，网络的平均度可表示为 $D = \sum_{i=1}^{n} (X_{i1} + X_{i2})/n$，其中 X_{i1} 和 X_{i2} 分别代表了节点 i 的入度和出度（李文静，2020）。如表 2-1 所示，文献引用网络的平均度为 6.276，表明每篇文献大约与六篇文献存在引用与被引用关系。虽然区块链领域专利数量较多，但节点之间的引用关系较为稀疏。相比文献引用网络，专利引用网络的平均度仅为 0.239，表明专利之间的引用现象不明显。密度用公式可表示为 $m/n(n-1)$，其中分子代表网络中已有的边的数量，分母代表该网络中可能存在的边的数量，能够反映网络的稀疏程度。两个网络的密度分别为 0.001350 和 0.000013，均表示较为稀疏。两个网络的网络直径分别为 9 和 6，表示网络中任意两点间最短路径的最大距离分别为 9 和 6。平均路径长度能够反映网络内部的连通性，由结果可知，两个网络的平均路径长度分别为 2.63 和 1.546，且文献引用网络中节点之间的连通性相比专利引用网络较强。平均聚类系数能够反映与某个节点邻接的节点之间的连接情况，由结果可知，两个网络的平均聚类系数均较小。

第二节　知识扩散网络特征分析

本节基于文献和专利引用网络，采用网络分析方法中的点度中心性、中间中心性以及接近中心性指标来评估节点在网络中的地位，以了解节点在整合和传播知识或技术过程中扮演的角色。

一　文献引用网络特征分析

（一）点度中心性

点度中心性可以衡量与节点直接存在引用或被引关系的节点数量，包括出度和入度。其中，出度是指节点的被引次数，入度是指节点在网络中所引用的参考文献数量。表 2-2 列出了度数（出度+入度）、出度和入度排名前 20 的文献。由结果可知，度数和出度指标排名前 20 的文献一致，但排名顺序略有不同。

表 2-2　点度中心性（排名前 20 文献）

文献	度数	文献	出度	文献	入度
Nakamoto S whitepaper	2112	Nakamoto S whitepaper	2112	Dutta P 10.1016/J.Tre.2020.102067	103
Christidis K 10.1109/Access.2016.2566339	481	Christidis K 10.1109/Access.2016.2566339	480	Bhushan B 10.1016/J.Scs.2020.102360	93
Urquhart A 10.1016/J.Econlet.2016.09.019	259	Urquhart A 10.1016/J.Econlet.2016.09.019	250	Flori A 10.1016/J.Ribaf.2019.05.007	86
Zheng ZB 10.1504/Ijwgs.2018.095647	245	Zheng ZB 10.1504/Ijwgs.2018.095647	241	Paliwal V 10.3390/Su12187638	84
Tschorsch F 10.1109/Comst.2016.2535718	230	Tschorsch F 10.1109/Comst.2016.2535718	227	Yu DJ 10.1007/S11192-020-03650-Y	79
Yli-Huumo J 10.1371/Journal.Pone.0163477	209	Yli-Huumo J 10.1371/Journal.Pone.0163477	206	Chang SCE 10.1109/Access.2020.2983601	75
Dyhrberg AH 10.1016/J.Frl.2015.10.008	207	Dyhrberg AH 10.1016/J.Frl.2015.10.008	206	Peng CR 10.3390/S20185079	69
Cheah ET 10.1016/J.Econlet.2015.02.029	203	Cheah ET 10.1016/J.Econlet.2015.02.029	202	Leng JW 10.1016/J.Rser.2020.110112	65

续表

文献	度数	文献	出度	文献	入度
Khan MA 10. 1016/J. Future. 2017. 11. 022	190	Khan MA 10. 1016/J. Future. 2017. 11. 022	189	Ante L 10. 1007/S11192-020-03492-8	64
Böhme R 10. 1257/Jep. 29. 2. 213	182	Böhme R 10. 1257/Jep. 29. 2. 213	181	Liu YM 10. 1109/Comst. 2020. 2975911	61
Bouri E 10. 1016/J. Fri. 2016. 09. 025	177	Yue X 10. 1007/S109 16-016-0574-6	174	Gai KK 10. 1109/Comst. 2020. 2989392	57
Yue X 10. 1007/S109 16-016-0574-6	174	Aitzhan NZ 10. 1109/Tdsc. 2016. 2616861	172	Nguyen DC 10. 1109/Comst. 2020. 3020092	57
Corbet S 10. 1016/J. Econlet. 2018. 01. 004	174	Bouri E 10. 1016/J. Fri. 2016. 09. 025	171	Varriale V 10. 3390/Su12229400	55
Aitzhan NZ 10. 1109/Tdsc. 2016. 2616861	173	Corbet S 10. 1016/J. Econlet. 2018. 01. 004	158	Kyriazis N 10. 1016/J. Ribaf. 2020. 101254	55
Nadarajah S10. 1016/J. Econlet. 2016. 10. 033	161	Novo O 10. 1109/Jiot. 2018. 2812239	156	Corbet S 10. 1016/J. Irfa. 2018. 09. 003	53
Katsiampa P 10. 1016/J. Econlet. 2017. 06. 023	159	Kang JW 10. 1109/Tii. 2017. 2709784	155	Nguyen DC 10. 1016/J. Jnca. 2020. 102693	53
Novo O 10. 1109/Jiot. 2018. 2812239	158	Nadarajah S 10. 1016/J. Econlet. 2016. 10. 033	154	Syed F 10. 1002/Ett. 4133	53
Kang JW 10. 1109/Tii. 2017. 2709784	155	Katsiampa P 10. 1016/J. Econlet. 2017. 06. 023	153	Bhushan B 10. 1007/S11276-020-02445-6	51
Reyna A 10. 1016/J. Future. 2018. 05. 046	152	Reyna A 10. 1016/J. Future. 2018. 05. 046	147	Kayikci Y 10. 1080/09537287. 2020. 1810757	51
Dyhrberg AH 10. 1016/J. Frl. 2015. 10. 025	147	Dyhrberg AH 10. 1016/J. Frl. 2015. 10. 025	146	Bedi P 10. 1016/J. Ribaf. 2019. 101087	50

标签为 Nakamoto S 的文献（Nakamoto，2008），具有最高的出度和度数，这表明该篇文献与大多数节点之间存在直接被引关系，在网络中的影响力较大。排名第二和第三的文献分别为 Christidis K（Christidis and Devetsikiotis，2016）和 Urquhart A（Urquhart，2016），它们分别从区块链技术在物联网中的应用以及比特币市场的有效性方面展开了研究。基于入度指标，排名靠前的五篇文献中有两篇综述性论文，包括 Bhushan B（Bhushan et al.，2020）和 Paliwal V（Paliwal et al.，2020），它们对区块链技术在智能城市和可持续供应链管理中的应用展开了详细分析；排名第五的文献为 Yu DJ（Yu and Sheng，2020），该研究借助主路径分析方

法，以区块链领域及其三个活跃的应用子领域，包括物联网、医疗和供应链管理领域为分析对象，研究了区块链领域的知识扩散路径。

（二）中间中心性

中间中心性能够衡量节点对资源的控制能力。若该节点处于许多节点之间的路径上，则该节点的中间中心性较高。表 2-3 列出了中间中心性排名前 20 的文献。由结果可知，Panarello A、Hawlitschek F 和 Casino F（Panarello et al.，2018；Hawlitschek et al.，2018；Casino et al.，2019）的中间中心性排名较前，表明这些文献对其他文献之间的知识扩散控制能力较强。其中，Panarello 等（2018）聚焦区块链技术与物联网技术的整合；Hawlitschek 等（2018）研究区块链技术用于解决共享经济中信任问题的潜力；Casino 等（2019）对区块链技术可能应用的领域展开了详细分析，其中包括医疗、教育和数据管理等。

表 2-3　中间中心性和接近中心性（排名前 20 文献）

文献	中间中心性	文献	接近中心性
Panarello A 10. 3390/S18082575	0.000408	Nakamoto S whitepaper	0.597185
Hawlitschek F 10. 1016/J. Eler-ap. 2018. 03. 005	0.000376	Christidis K 10. 1109/Access. 2016. 2566339	0.433211
Casino F 10. 1016/J. Tele. 2018. 11. 006	0.000375	Yu DJ 10. 1007/S11192－020－03650－Y	0.414731
Risius M 10. 1007/S12599－017－0506－0	0.000309	Tschorsch F 10. 1109/Comst. 2016. 2535718	0.409834
Khezr S 10. 3390/App9091736	0.000296	Zheng ZB 10. 1504/Ijwgs. 2018. 095647	0.409071
Corbet S 10. 1016/J. Irfa. 2018. 09. 003	0.000248	Casino F 10. 1016/J. Tele. 2018. 11. 006	0.406174
Dai HN 10. 1109/Jiot. 2019. 2920987	0.000239	Yli-Huumo J 10. 1371/Journal. Pone. 0163477	0.403194
Li X 10. 1016/J. Dss. 2016. 12. 001	0.000217	Bhushan B 10. 1016/J. Scs. 2020. 102360	0.400704
Ali MS 10. 1109/Comst. 2018. 2886932	0.000217	Dai HN 10. 1109/Jiot. 2019. 2920987	0.399409
Salah K 10. 1109/Access. 2018. 2890507	0.000182	Ali MS 10. 1109/Comst. 2018. 2886932	0.399047
Ferrag MA 10. 1109/Jiot. 2018. 2882794	0.000181	Böhme R 10. 1257/Jep. 29. 2. 213	0.398645

续表

文献	中间中心性	文献	接近中心性
Yli-Huumo J 10. 1371/Journal. Pone. 0163477	0.000160	Fernandez-Carames TM 10. 1109/ Access. 2018. 2842685	0.398043
Fernandez-Carames TM 10. 1109/Access. 2018. 2842685	0.000155	Reyna A 10. 1016/J. Future. 2018. 05. 046	0.398003
Wang WB 10. 1109/Access. 2019. 2896108	0.000149	Xie JF 10. 1109/Comst. 2019. 2899617	0.397164
Tschorsch F 10. 1109/Comst. 2016. 2535718	0.000144	Liu YM 10. 1109/Comst. 2020. 2975911	0.396408
Holbl M 10. 3390/Sym10100470	0.000129	Ante L 10. 1007/S11192 − 020 − 03492 − 8	0.396131
Chen RY 10. 1016/J. Future. 2017. 09. 077	0.000127	Bhushan B 10. 1007/S11276 − 020 − 02445 − 6	0.395972
Alladi T 10. 3390/S19224862	0.000127	Zhu QY 10. 1145/3359982	0.395458
Cocco L 10. 1371/Journal. Pone. 0164603	0.000125	Wu ML 10. 1109/Jiot. 2019. 2922538	0.393374
Conti M 10. 1109/Comst. 2018. 2842460	0.000121	Ferrag MA 10. 1109/Jiot. 2018. 2882794	0.393335

（三）接近中心性

接近中心性是衡量节点可达性的指标，即节点与网络中其他节点间的距离越近，则节点在网络中越能够发挥其影响力，将信息快速传播到网络中的任一位置。表2-3列出了接近中心性排名前20的文献。由结果可知，标签为 Nakamoto S、Christidis K 与 Yu DJ（Nakamoto, 2008；Christidis and Devetsikiotis, 2016；Yu and Sheng, 2020）文献的接近中心性较高，它们在文献引用网络中处于核心位置。

二 专利引用网络特征分析

（一）点度中心性

表2-4列出了点度中心性排名前20的专利。与文献引用网络结果相似，基于度数和出度指标，获得的排名靠前的专利基本保持一致。US2016321654-A1排名第一，它与网络中41项专利存在被引关系，在专

利引用网络中占据相对重要的位置，影响力较大。基于入度指标，排名靠前的专利为 US2019205558－A1、CN110263089－A 和 US2019205870－A1，所引用的专利数量分别为 18 项、16 项和 15 项。

表 2-4　点度中心性（排名前 20 专利）

专利	度数	专利	出度	专利	入度
US2016321654－A1	41	US2016321654－A1	41	US2019205558－A1	18
WO2016015041－A1	33	WO2016015041－A1	33	CN110263089－A	16
WO2017011601－A1	33	US9298806－B1	32	US2019205870－A1	15
US9298806－B1	32	WO2015085393－A1	29	WO2019072277－A2	13
WO2015085393－A1	29	WO2017011601－A1	27	WO2019072275－A2	13
WO2017004527－A1	28	US9397985－B1	26	CN110266644－A	12
US9397985－B1	26	US9774578－B1	26	US2020059361－A1	11
US9774578－B1	26	WO2016022864－A2	24	WO2019179533－A2	10
WO2016022864－A2	24	WO2017004527－A1	24	US10454677－B1	10
WO2017066002－A1	24	WO2017066002－A1	24	US10805085－B1	10
WO2017136956－A1	23	WO2017136956－A1	23	WO2019101227－A2	9
US10102265－B1	22	US10102265－B1	22	US10540654－B1	9
WO2017145019－A1	21	WO2017145019－A1	21	US10540640－B1	9
US2017230189－A1	20	US2016292672－A1	19	US2020074389－A1	9
US2016292672－A1	19	US9679276－B1	18	WO2019228564－A2	8
US9679276－B1	18	US2017230189－A1	17	US10540653－B1	8
US2019205558－A1	18	US9858781－B1	17	US10586062－B1	8
US9858781－B1	17	EP2634738－A1	16	US10833843－B1	8
EP2634738－A1	16	US2016342976－A1	15	US10373129－B1	7
WO2018019364－A1	16	WO2017021154－A1	15	CN110245490－A	7

（二）中间中心性

表 2-5 列出了专利引用网络中中间中心性排名前 20 的专利。由结果可知，专利 WO2017011601－A1 以及 WO2017004527－A1 的得分较高。这两项专利分别涉及区块链交易数据审核设备开发以及电子资源追踪和储存系统开发方面。这些具有较高中间中心性的专利在引用网络中具有较强的控制能力。

表 2-5   中间中心性和接近中心性（排名前 20 专利）

专利	中间中心性	专利	接近中心性
WO2017011601-A1	0.0000011486	US2019205558-A1	0.028735
WO2017004527-A1	0.0000006602	WO2017004527-A1	0.028698
WO2019179533-A2	0.0000003252	US2019205870-A1	0.028394
US2015262137-A1	0.0000002942	US2016321654-A1	0.028191
US9998286-B1	0.0000002602	WO2017066002-A1	0.028015
US2015287026-A1	0.0000002509	WO2016015041-A1	0.027807
US2020059361-A1	0.0000002292	US2017230189-A1	0.027577
US2018019867-A1	0.0000001982	US9998286-B1	0.027530
US2018227116-A1	0.0000001703	WO2015085393-A1	0.027256
CN107341702-A	0.0000001487	US10454677-B1	0.027236
US2019281066-A1	0.0000001363	US10805085-B1	0.027236
CN111770201-A	0.0000001270	US9774578-B1	0.027146
WO2017021155-A1	0.0000001239	US9298806-B1	0.027142
WO2019170178-A2	0.0000001239	WO2017011601-A1	0.027014
US9990504-B1	0.0000001208	US2017222814-A1	0.026922
WO2019170175-A2	0.0000001208	WO2019170178-A2	0.026800
US2017230189-A1	0.0000001161	EP3364354-A1	0.026683
US10135607-B1	0.0000001022	US2020059361-A1	0.026579
US10268817-B1	0.0000001022	WO2016022864-A2	0.026425
US2017243286-A1	0.0000000991	US10373129-B1	0.026225

（三）接近中心性

表 2-5 列出了接近中心性排名前 20 的专利。由结果可知，专利 US2019205558-A1、WO2017004527-A1、US2019205870-A1、US2016321654-A1 和 WO2017066002-A1 排名较前，表明它们在专利引用网络中处于核心位置。

第三节   科学视角下区块链创新演化路径

一   全局和关键主路径分析

本节通过抽取全局主路径和关键主路径，从科学视角下对区块链创新演化路径展开详细分析。

（一）全局主路径

图 2-3 是由 17 个节点组成的区块链领域全局主路径，其节点信息由文献的第一作者和发表年份表示。路径的时间跨度为 2008~2020 年。表 2-6 列出了主路径上各引用关系的 SPC 值与其对应的路径排名和网络排名。其中，路径排名表示在当前主路径上链接的排名，而网络排名是指该链接在引用网络所有链接中的排名。由表 2-6 可知，"Nakamoto，2008→Kristoufek，2013" 和 "Balcilar，2017→Bariviera，2017b" 的遍历权值最高，二者在所有引用关系排名中位居前列。

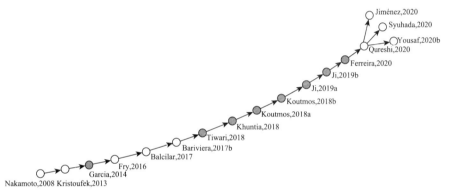

图 2-3　文献引用网络中的全局主路径

表 2-6　文献引用网络中全局主路径上各引用关系的 SPC 值

引用关系	SPC 值	路径排名	网络排名
Nakamoto，2008→Kristoufek，2013	1620413	1	1
Kristoufek，2013→Garcia，2014	628162	4	13
Garcia，2014→Fry，2016	314016	9	36
Fry，2016→Balcilar，2017	940740	3	5
Balcilar，2017→Bariviera，2017b	1344395	2	2
Bariviera，2017b→Tiwari，2018	525840	6	21
Tiwari，2018→Khuntia，2018	493270	7	22
Khuntia，2018→Koutmos，2018a	126936	13	90
Koutmos，2018a→Koutmos，2018b	411838	8	29
Koutmos，2018b→Ji，2019a	548046	5	18
Ji，2019a→Ji，2019b	150447	12	71

引用关系	SPC 值	路径排名	网络排名
Ji, 2019b→Ferreira, 2020	40232	14	251
Ferreira, 2020→Qureshi, 2020	159903	11	66
Qureshi, 2020→Yousaf, 2020b	235851	10	48
Qureshi, 2020→Jiménez, 2020	235851	10	48
Qureshi, 2020→Syuhada, 2020	235851	10	48

主路径分析结果显示，区块链的发展可追溯到 2008 年，由中本聪在《比特币：一种点对点的电子现金系统》中首次提出（Nakamoto，2008）。基于时间戳和非对称加密等技术，区块链可有效解决双重支付和拜占庭将军问题，具有去中心化、匿名性和信息不可篡改性等特征。

随后，路径上的文献围绕比特币的价格泡沫展开了研究（Kristoufek，2013；Garcia et al.，2014；Fry and Cheah，2016）。Kristoufek（2013）研究发现，比特币的价格与谷歌和维基百科上的搜索查询之间相互影响。如果比特币的价格在上涨，那么公众对比特币的兴趣就会推动比特币的价格进一步上涨；相反，如果比特币的价格下降，公众对比特币兴趣的增加就会使得比特币价格下降的幅度更大。基于 Kristoufek（2013）的研究，Garcia 等（2014）进一步考虑了新用户数量以及信息共享水平因素以解释比特币的价格变化。Fry 和 Cheah（2016）研究了两大加密货币（比特币和瑞波币）的价格泡沫。

Balcilar 等（2017）检测了交易量与收益和波动率之间的关系。研究结果表明，除了牛市和熊市外，基于比特币交易量可有效对收益进行预测，但不能预测比特币收益的波动性。之后，围绕市场有效性的研究引起了学者们的广泛关注，相关研究包括路径上的 Bariviera（2017）、Tiwari 等（2018）以及 Khuntia 和 Pattanayak（2018）。Bariviera（2017）基于重标极差分析（rescaled range analysis，R/S）和消除趋势波动分析（detrended fluctuation analysis，DFA）检验了比特币市场的长记忆性和信息效率的变化。Tiwari 等（2018）得出了与 Bariviera（2017）一致的结论，即比特币市场是有效的。上述两篇文献检验了比特币市场是否符合有效市场假说（efficient market hypothesis，EMH），而 Khuntia 和 Pattanayak（2018）检验了比特币市场是否符合适应性市场假说（adaptive market hypothesis，AMH）。

随着数字货币种类的增多，近几年学者们开始关注加密货币之间的关系，研究结果不仅有利于决策者制定相应的政策，而且有利于投资者优化投资策略（Ji et al.，2019a）。路径末端的大多数文献围绕这一话题展开了研究，包括 Koutmos（2018b）、Ji 等（2019a）、Ferreira 等（2020）、Qureshi 等（2020）以及 Yousaf 和 Ali（2020b）。Koutmos（2018b）研究了 18 种主要加密货币之间的收益和波动溢出，发现比特币是具有较强影响力的加密货币。Ji 等（2019a）研究了比特币、以太坊、瑞波币、莱特币、恒星币和达世币六种加密货币的收益和波动溢出。结果表明，比特币和莱特币是连通网络中的中心，其波动溢出效应在传导中起到主导作用。Ferreira 等（2020）基于降趋势互相关分析（detrended cross-correlation analysis，DCCA）和降趋势移动平均互相关分析（detrending moving-average cross-correlation analysis，DMCA）研究了加密货币之间的序列相关性。Qureshi 等（2020）基于小波分析技术研究了 5 种主要加密货币（比特币、以太坊、瑞波币、莱特币和比特币现金）的相互联系。在大多数的金融市场受到新冠疫情影响的背景下，Yousaf 和 Ali（2020b）基于 VAR-DCC-GARCH 模型检验了新冠疫情前后比特币、以太坊和莱特币三种加密货币之间的收益和波动溢出关系。除此之外，围绕大宗商品的研究也不断丰富。例如，Ji 等（2019b）基于网络分析方法和中心度测度，研究了 5 种主要加密货币与大宗商品（比如能源和金属等）的关系。随着加密货币的发展，近期也有相关研究围绕加密货币的投资组合风险测度和预测展开了分析，比如 Jiménez 等（2020）以及 Syuhada 和 Hakim（2020）。

区块链领域的全局主路径分析结果表明，自 Nakamoto（2008）提出区块链以来，该领域的发展主要经历了三个阶段。比特币作为区块链的第一个应用，在该领域发展初期引起了学者们的广泛关注。早期（第一阶段），学者们主要围绕比特币的价格泡沫展开了研究。随着加密货币金融属性相关研究的增多，围绕比特币市场有效性的研究成为第二阶段的重点。第三阶段的重点逐渐转向加密货币市场内部、加密货币与传统大宗市场的相关性研究。

（二）关键主路径

为了揭示区块链领域发展的更多细节，在此借助关键路径搜索方法挖掘了该领域的关键主路径，结果如图 2-4 所示。路径上新出现了四篇文献，即 Böhme 等（2015）、Dyhrberg（2016a）、Bouri 等（2017c）和 Urquhart（2017）。

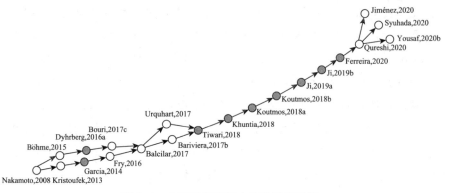

图 2-4 文献引用网络中的关键主路径

基于 Nakamoto（2008）的研究，Böhme 等（2015）进一步从比特币的设计原则、风险、应用和监管等方面对它进行了详细的介绍。伴随比特币进入大众的视野，学者们开始关注比特币的金融属性。例如，Dyhrberg（2016a）和 Bouri 等（2017c）分别研究了比特币的对冲和避险属性。由于人类的主观偏见以及市场不确定性等因素，价格聚类现象在金融市场中广泛出现，它是指价格的尾数有在个别数字上聚集的倾向（胡嵘，2014）。Urquhart（2017）首次研究了比特币市场的价格聚类现象。

关键主路径识别了"Nakamoto，2008 → Böhme，2015""Böhme，2015→ Dyhrberg，2016a""Dyhrberg，2016a → Bouri，2017c""Bouri，2017c→Balcilar，2017""Balcilar，2017→Urquhart，2017"和"Urquhart，2017→Tiwari，2018"这些重要链接。在区块链发展早期，比特币是学者们的研究重点，除了关注比特币价格的影响因素和比特币价格泡沫外，围绕比特币的对冲和避险属性研究在早期知识扩散过程中也发挥了重要作用。这表明，研究已经开始转向数字货币在金融市场投资中的作用分析。

主路径上的节点强调的是在知识传播过程中发挥影响力的文献，它既考虑了知识的整合，也考虑到了知识的传播。基于引用网络结构，主路径上的节点是综合考虑直接引用和间接引用的结果，它对推动领域的发展发挥了重要的作用。表 2-7 列出了全局主路径和关键主路径上的节点，包括作者、期刊和国家等信息。其中，G 代表全局主路径，K 代表关键主路径，而 G/K 表示该节点既出现在全局主路径上，又出现在关键主路径上。

表 2-7　文献引用网络中全局与关键主路径的节点信息

序号	节点	路径	作者	期刊	国家	DOI
1	Nakamoto, 2008	G/K	Nakamoto, S	/	/	/
2	Kristoufek, 2013	G/K	Kristoufek, L	Scientific Reports	Czech Republic	10. 1038/SREP03415
3	Garcia, 2014	G/K	Garcia, D; Tessone, CJ; Mavrodiev, P; Perony, N	Journal of the Royal Society Interface	Switzerland	10. 1098/RSIF. 2014. 0623
4	Fry, 2016	G/K	Fry, J; Cheah, ET	International Review of Financial Analysis	UK	10. 1016/J. IRFA. 2016. 02. 008
5	Balcilar, 2017	G/K	Balcilar, M; Bouri, E; Gupta, R; Roubaud, D	Economic Modelling	Turkey; France; South Africa; Lebanon	10. 1016/J. ECONMOD. 2017. 03. 019
6	Bariviera, 2017b	G/K	Bariviera, AF	Economics Letters	Spain; Peru	10. 1016/J. ECONLET. 2017. 09. 013
7	Tiwari, 2018	G/K	Tiwari, AK; Jana, RK; Das, D; Roubaud, D	Economics Letters	France; India	10. 1016/J. ECONLET. 2017. 12. 006
8	Khuntia, 2018	G/K	Khuntia, S; Pattanayak, JK	Economics Letters	India	10. 1016/J. ECONLET. 2018. 03. 005
9	Koutmos, 2018a	G/K	Koutmos, D	Economics Letters	USA	10. 1016/J. ECONLET. 2018. 08. 041
10	Koutmos, 2018b	G/K	Koutmos, D	Economics Letters	USA	10. 1016/J. ECONLET. 2018. 10. 004
11	Ji, 2019a	G/K	Ji, Q; Bouri, E; Lau, CKM; Roubaud, D	International Review of Financial Analysis	China; Lebanon; UK; France	10. 1016/J. IRFA. 2018. 12. 002
12	Ji, 2019b	G/K	Ji, Q; Bouri, E; Roubaud, D; Kristoufek, L	Energy Economics	China; Lebanon; France; Czech Republic	10. 1016/J. ENECO. 2019. 06. 005

续表

序号	节点	路径	作者	期刊	国家	DOI
13	Ferreira, 2020	G/K	Ferreira, P; Kristoufek, L; Pereira, EJAL	Physica A: Statistical Mechanics and Its Applications	Portugal; Czech Republic; Brazil	10.1016/J. PHYSA. 2019. 123803
14	Qureshi, 2020	G/K	Qureshi, S; Aftab, M; Bouri, E; Saeed, T	Physica A: Statistical Mechanics and Its Applications	Pakistan; Lebanon; Saudi Arabia	10.1016/J. PHYSA. 2020. 125077
15	Jiménez, 2020	G/K	Jiménez, I; Mora-Valencia, A; Niguez, TM; Perote, J	Mathematics	Spain; Colombia; UK	10.3390/MATH8122110
16	Yousaf, 2020b	G/K	Yousaf, I; Ali, S	Borsa Istanbul Review	Pakistan	10.1016/J. BIR. 2020. 10. 003
17	Syuhada, 2020	G/K	Syuhada, K; Hakim, A	PloS One	Indonesia	10.1371/JOURNAL. PONE. 0242102
18	Böhme, 2015	K	Böhme, R; Christin, N; Edelman, B; Moore, T	Journal of Economic Perspectives	Austria; USA	10.1257/JEP. 29. 2. 213
19	Dyhrberg, 2016a	K	Dyhrberg, AH	Finance Research Letters	Ireland	10.1016/J. FRL. 2015. 10. 008
20	Bouri, 2017c	K	Bouri, E; Azzi, G; Dyhrberg, AH	Economics	Lebanon; Ireland	10.5018/ECONOMICS-EJOURNAL. JA. 2017-2
21	Urquhart, 2017	K	Urquhart, A	Economics Letters	UK	10.1016/J. ECONLET. 2017. 07. 035

二　关键文献之间的知识流动

上一小节从全局和关键视角出发，对区块链创新的全局主路径和关键主路径进行了分析。然而，上述路径可能未全面涵盖排名靠前的关键链接。因此，本小节从关键链接角度对相关文献展开分析，以挖掘在引用网络中的关键文献。其中，关键文献是指遍历权值最大的引用关系所连接的文献，它们与基于传统的被引量指标获得的文献不同（董克和刘德洪，2011）。本小节设置阈值为 20，获得的关键链接信息列在表 2-8 中。关键文献之间的知识流动结果如图 2-5 所示，共包含两个组元。其中，相比主路径上的节点，新增节点的具体信息列在表 2-9 中。

表 2-8　关键文献之间的引用链接

序号	被引文献	施引文献	SPC 值	排名
1	Nakamoto，2008	Kristoufek，2013	1620413	1
2	Balcilar，2017	Bariviera，2017b	1344395	2
3	Balcilar，2017	Urquhart，2017	1237239	3
4	Nakamoto，2008	Böhme，2015	1132220	4
5	Fry，2016	Balcilar，2017	940740	5
6	Nakamoto，2008	Kondor，2014	847641	6
7	Nakamoto，2008	Maurer，2013	786697	7
8	Nakamoto，2008	Dwyer，2015	784630	8
9	Bouri，2017c	Balcilar，2017	705555	9
10	Maurer，2013	Cheah，2015	683832	10
11	Nadarajah，2017	Bariviera，2017b	656565	11
12	Katsiampa，2017	Urquhart，2017	633006	12
13	Nakamoto，2008	Garcia，2014	628162	13
14	Kristoufek，2013	Garcia，2014	628162	13
15	Kondor，2014	Garcia，2014	628162	13
16	Polasik，2015	Balcilar，2017	627160	14
17	Nakamoto，2008	Dyhrberg，2016b	622724	15
18	Böhme，2015	Dyhrberg，2016a	620269	16
19	Urquhart，2016	Katsiampa，2017	559044	17
20	Bouri，2017c	Katsiampa，2017	559044	17

图 2-5　关键文献群

表 2-9　新增文献信息

序号	节点	作者	期刊	国家	DOI
1	Maurer, 2013	Maurer, B; Nelms, TC; Swartz, L	Social Semiotics	USA	10. 1080/10350330. 2013. 777594
2	Nadarajah, 2017	Nadarajah, S; Chu, J	Economics Letters	UK	10. 1016/J. ECONLET. 2016. 10. 033
3	Katsiampa, 2017	Katsiampa, P	Economics Letters	UK	10. 1016/J. ECONLET. 2017. 06. 023
4	Kondor, 2014	Kondor, D; Posfai, M; Csabai, I; Vattay, G	PLoS One	Hungary	10. 1371/JOURNAL. PONE. 0086197
5	Polasik, 2015	Polasik, M; Piotrowska, AI; Wisniewski, TP; Kotkowski, R; Lightfoot, G	International Journal of Electronic Commerce	Poland; UK	10. 1080/10864415. 2016. 1061413
6	Urquhart, 2016	Urquhart, A	Economics Letters	UK	10. 1016/J. ECONLET. 2016. 09. 019
7	Dwyer, 2015	Dwyer, GP	Journal of Financial Stability	USA; Spain	10. 1016/J. JFS. 2014. 11. 006
8	Cheah, 2015	Cheah, ET; Fry, J	Economics Letters	UK	10. 1016/J. ECONLET. 2015. 02. 029
9	Dyhrberg, 2016b	Dyhrberg, AH	Finance Research Letters	Ireland	10. 1016/J. FRL. 2015. 10. 025

由图 2-5 可知，关键文献群共包含两大组元，主要与 Nakamoto（2008）与 Balcilar 等（2017）两篇文献相关联。在第一个组元中，通过关键链接识别了五个新的节点，其中四篇为 Nakamoto（2008）的施引文献，包括 Maurer 等（2013）、Kondor 等（2014）、Dwyer（2015）和 Dy-

hrberg（2017b）。基于 Nakamoto 的研究，学者们从比特币交易、加密货币原理及其金融属性等方面展开了研究。例如，Kondor 等（2014）构建了比特币交易网络。在该网络中，每一个节点代表一个交易地址，连线代表节点之间的交易关系。研究分析了交易网络的结构以及比特币的流动过程。Dwyer（2015）从供应、需求等多个方面对加密货币的原理展开了介绍。Dyhrberg（2016b）聚焦比特币的金融属性，采用非对称CARCH（generalized auto regressive conditional heteroskedasticity）模型研究了比特币的对冲属性。研究结果表明，比特币可与金融时报指数对冲。

在第二个组元中，新增节点为 Polasik 等（2015）、Urquhart（2016）、Nadarajah 和 Chu（2017）以及 Katsiampa（2017）。Polasik 等（2015）研究发现，比特币的收益与大众对其关注程度息息相关。Urquhart（2016）以及 Nadarajah 和 Chu（2017）围绕比特币市场有效性展开了研究。Katsiampa（2017）对比分析了多种基于广义自回归条件异方差模型，对比特币的价格波动展开了研究。

关键文献群揭示了关键文献之间的知识流动。相比主路径上的文献，关键文献发表年份较早，这是因为早期发表的论文经过了后续研究的检验与验证，新兴论文由于引用时间的限制，很难出现在关键文献群中。随着时间的演进，这些文献在区块链创新的科学演化路径中的作用仍有待观察。由关键文献群可以看出，早期研究范围涵盖多个方面，包括原理、价格波动以及市场有效性等。

第四节　技术视角下区块链创新演化路径

一　全局和关键主路径分析

本节通过抽取全局主路径和关键主路径，从技术视角对区块链创新演化路径展开详细分析。

（一）全局主路径

技术视角下的区块链领域全局主路径如图 2-6 所示，共包含 11 个节点。表 2-10 列出了各引用链接的遍历权值以及排名。由结果可知，引用链接"EP2634738 - A1 → US2015262137 - A1""US2015262137 - A1 →

WO2017011601-A1" 和 "WO2017011601-A1→US2018227116-A1" 的遍历权值最大，在路径排名和网络排名中位居前列。

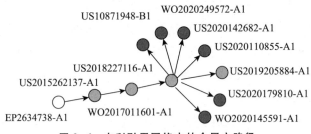

图 2-6　专利引用网络中的全局主路径

表 2-10　专利引用网络中全局主路径上各引用关系的 SPC 值

引用关系	SPC 值	路径排名	网络排名
EP2634738-A1→US2015262137-A1	76	1	1
US2015262137-A1→WO2017011601-A1	44	2	3
WO2017011601-A1→US2018227116-A1	42	3	4
US2018227116-A1→US2019205884-A1	6	4	25
US2018227116-A1→US10871948-B1	6	4	25
US2018227116-A1→WO2020145591-A1	6	4	25
US2018227116-A1→WO2020249572-A1	6	4	25
US2018227116-A1→US2020110855-A1	6	4	25
US2018227116-A1→US2020179810-A1	6	4	25
US2018227116-A1→US2020142682-A1	6	4	25

主路径上的第一个节点为专利 EP2634738-A1。虽然去中心化的电子交易系统有利于减少第三方的操纵、减缓延迟支付等现象，但系统仍然面临通过电子设备操作时私钥泄露的问题。针对这一现象，EP2634738-A1 提出了一种密钥管理问题解决方案，能够有效减少资金的损失风险。US2015262137-A1 提出了一种通过电子邮件执行比特币交易的系统和方法。WO2017011601-A1 公开了一种由区块链记录组件和矩阵转化组件等组成的区块链交易数据审核设备，它可应用于投票以及追踪资源使用情况等多个方面。

路径上末端的重要节点为专利 US2018227116-A1。针对传统的区块链技术存在的弊端，该发明提供了一个可视化的智能合约方法，系统用户可借助用户交互界面编写以及部署智能合约。基于该项发明，路径末端共有 7 个分支，且大多数分支涉及智能合约的管理与安全方面。US2019205884-A1 与 US10871948-B1 两项专利与区块链上的智能合约管理相关。例如，US10871948-B1 提出了区块链抽象应用程序编程接口（blockchain abstraction application programming interface，BAAPI），它具有自动部署智能合约的最佳区块链平台的功能。WO2020145591-A1 与 WO2020249572-A1 有利于增强智能合约的安全性。考虑到可能出现程序员编码错误或合同各方难以理解程序员所创建的智能合约软件等问题，WO2020145591-A1 提出了一个基于自然语言的智能合约开发方法，该技术能够有效解决在以往智能合约流程中出现的问题。WO2020249572-A1 则考虑到智能合约易受到攻击，并且修补智能合约的错误过程烦琐、容易出错的问题，提出了一个智能合约重写框架系统，旨在增强智能合约的安全性。

其余的三项专利，比如 US2020142682-A1 针对软件更新过程中可能会导致在计算机系统中安装恶意软件的问题，基于区块链技术提出了一个安全的定制化目录系统。由发明人 Stephan Cunningham 等撰写的 US2020110855-A1 和 US2020179810-A1 与区块链技术在游戏平台上的应用相关。US2020110855-A1 公布了一种基于区块链的游戏资产交易方法，其实现流程包括生成智能合约、将智能合约公布至区块链中、接收销售信息、获取验证信息、将游戏资产标记为代币化的游戏资产以及出售代币化的游戏资产。US2020179810-A1 则提出了一种用于在用户之间转移与游戏资产相关的权利的系统和方法。

全局主路径分析结果表明，区块链技术演化过程已由优化数字货币交易转向智能合约技术以及区块链技术应用开发。早期，围绕着数字货币交易，密钥安全等问题成为发明人的研究重点。近几年开始逐渐重视智能合约的优化，涉及可视化的智能合约方法以及基于自然语言的智能合约开发方法等。随着对区块链技术应用的关注，基于区块链技术的应用平台开发近期也在技术扩散过程中发挥了重要的作用。考虑到目前路径上仅仅涉及区块链技术在游戏平台上的应用，未来的研究可扩展至其他范围。

（二）关键主路径

本节进一步采取关键路径搜索方法，对区块链技术的演化路径展开详细分析。关键主路径分析结果如图2-7所示，图中顶端的分支路径与上述分析的全局主路径基本相同，底端的分支路径为新出现的路径，下面将对它们进行详细的介绍。

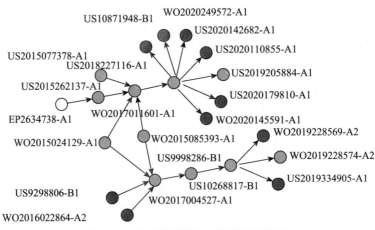

图2-7 专利引用网络中的关键主路径

新路径首端共出现四篇专利，即 WO2015024129-A1、WO2016022864-A2、WO2015085393-A1 和 US9298806-B1。其中，前两篇专利与区块链技术的应用有关，WO2015024129-A1 公开了一种基于区块链技术的数字艺术品所有权确认以及转移方法；WO2016022864-A2 将区块链技术应用于选举中，发明了一种电子投票接收和存储方法，有利于检测以及纠正计票过程中出现的错误。在发明 WO2015085393-A1 中，用户可以借助数字货币交易历史的评级系统评估潜在交易的风险，以帮助用户之间建立信任、减少交易风险。专利 US9298806-B1 围绕分布式分类账相关交易分析展开，该项发明可有效识别交易地址以及识别地址之间的关联性。

路径中间的三篇专利，WO2017004527-A1 提出了一个电子资源追踪和储存系统，它由存储系统、收发器和处理系统构成。专利 US9998286-B1 有助于确保各个节点在创建分类账条目之前执行一致性操作程序，它聚焦基于区块链的计算机硬件加速，有利于提高进程的速度和增强进程的安全性。在实际生活中，安全问题（比如"您母亲的生日是？"）可以为账号安全和身份验证提供保障，然而不同的账户设置会出现重复的安全问题，且一旦安全问题泄露，容易危及多个账户的安全。US10268817-B1 针对上述问题，提出了安全存储安全问题的方法。

路径尾端的三个节点中，专利 US2019334905-A1 提供了一种有效的网络防入侵技术，以改进现有的僵尸程序防御方法很难同时兼顾性能和用户隐私的问题。由阿里巴巴集团控股有限公司申请的专利 WO2019228569-A2 和 WO2019228574-A2 提出了一种数据存储系统，有利于提高存储效率和降低成本。

专利视角下的区块链技术演化路径发掘了该领域更多的细节。路径分析结果表明，有关区块链技术的应用发明在早期发展中已然出现，近期区块链的系统安全和性能方面的技术在技术扩散过程中发挥了重要作用。整体而言，专利视角下的区块链技术演化路径呈现"数字货币交易→智能合约和应用"以及"应用→安全和性能"交叉并行的现象。

考虑到直接引用和间接引用的影响，主路径上的专利在区块链的技术扩散过程中发挥了关键作用。表 2-11 列出了上述局部主路径和关键主路径上的专利，其中包括学科类别和德温特分类代码等信息。除此之外，专利的具体信息（所有权人和专利标题）添加在本书附录中。

表 2-11　专利引用网络中全局与关键主路径的节点信息

序号	专利	路径	学科类别	德温特分类代码	德温特手工代码
1	EP2634738-A1	G/K	Computer Science；Engineering	T01	T01-N01A1；T01-N01D；T01-N02B1B
2	US2015262137-A1	G/K	Computer Science；Engineering	T01	T01-C03A；T01-N01A1；T01-S03
3	WO2017011601-A1	G/K	Computer Science；Engineering	T01	T01-D01；T01-J12C；T01-N02B1B

序号	专利	路径	学科类别	德温特分类代码	德温特手工代码
4	US2018227116-A1	G/K	Computer Science；Engineering；Telecommunications	T01；W01	T01－D01；T01－F03；T01－N01D2；T01－E04；T01－J05B2B；T01－N01D3；T01－F01C；T01－J05B4A；T01－N02B1A；T01－F02C4；T01－J12；W01－A05A
5	US2019205884-A1	G/K	Computer Science；Engineering	T01	T01－F05E；T01－J05A2A；T01－J05A2B
6	US2020110855-A1	G/K	Computer Science；Engineering；Telecommunications；Instruments Instrumentation	T01；W01；W04	T01－D01；T01－N01B1；W01－A05A；T01－J05B4A；T01－N01D；W01－A06E1C；T01－J12C；T01－N02B1B；W04－X02；T01－N01A1
7	US2020142682-A1	G/K	Computer Science；Engineering；Telecommunications	T01；W01	T01－D01；T01－J05B4P；T01－N02B1A；T01－E04；T01－J12C；T01－N02B1B；T01－F05F；T01－J20B2；T01－N03；T01－J05B2B；T01－N01A1；W01－A05A；T01－J05B2C
8	US2020179810-A1	G/K	Computer Science；Engineering；Telecommunications；Instruments Instrumentation	T01；W01；W04	T01－D01；T01－N01D；W01－A05B；T01－J05B4A；T01－N02A3C；W01－A06E1C；T01－N01B1；T01－N02B1B；W04－X02C
9	WO2020145591-A1	G/K	Computer Science；Engineering	T01	T01－J05A2；T01－J11A；T01－S03；T01－J05B4A；T01－L02
10	WO2020249572-A1	G/K	Computer Science；Engineering	T01	T01－J05B4A；T01－N01A1；T01－N02B1B；T01－J12C；T01－N01D
11	US10871948-B1	G/K	Computer Science；Engineering	T01	T01－J05B2C；T01－J20B1；T01－N01A2；T01－J05B4A；T01－N01A1；T01－N02B1B；T01－J12C
12	WO2015024129-A1	K	Computer Science；Engineering；Telecommunications	T01；W01	T01－D01；T01－N01D；W01－A03B；T01－E04；T01－N02B1A；W01－A05A；T01－J05B2B；T01－N02B1B；W01－A06E1；T01－J12C；T01－S03；W01－A06G2

续表

序号	专利	路径	学科类别	德温特分类代码	德温特手工代码
13	WO2015077378-A1	K	Computer Science；Engineering	T01	T01-J05B4P；T01-N02B1D；T01-S03
14	WO2015085393-A1	K	Computer Science；Engineering	T01	T01-M06S；T01-N02A2E；T01-S03；T01-N01A1；T01-N02A3C
15	WO2016022864-A2	K	Computer Science；Engineering；Telecommunications；Instruments Instrumentation	T01；U14；W01	T01-D01；T01-N01D；U14-A08B；T01-F05B2；T01-N02A3；U14-H03G；T01-J05B4M；U14-A03B7；W01-A05A；T01-N01A3
16	US9298806-B1	K	Computer Science；Engineering	T01	T01-E01；T01-J05B4P；T01-N02A3C；T01-F05B2
17	WO2017004527-A1	K	Computer Science；Engineering	T01	T01-D01；T01-S03
18	US9998286-B1	K	Computer Science；Engineering	T01	T01-D01；T01-H07A；T01-J12C；T01-E01B；T01-J05A2A；T01-N02B1B
19	US10268817-B1	K	Computer Science；Engineering	T01	T01-D01；T01-N01A；T01-N02B1A；T01-E01C；T01-N01B4；T01-N02B1B；T01-J05B2B；T01-N02A3C；T01-S03；T01-J12C
20	US2019334905-A1	K	Computer Science；Engineering	T01	T01-J05B4A；T01-N02A3；T01-S03
21	WO2019228574-A2	K	Computer Science；Engineering	T01	T01-J05B4A；T01-N01D2；T01-N02B1E；T01-N01A；T01-N02A3C；T01-N02B2B
22	WO2019228569-A2	K	Computer Science；Engineering	T01	T01-C07A；T01-N01D2；T01-N02B1E；T01-C07B；T01-N02A3C；T01-N02B2B；T01-J05B4A；T01-N02B1A

二 关键专利之间的技术流动

上一小节基于最大组元抽取了专利引用网络的全局主路径和关键主路径，对区块链的技术演化路径展开了分析。本小节则聚焦部分引用网络，分析关键专利之间的技术流动。为了清晰地展现关键专利之间的技术扩散过程，选取排名前 20 的引用链接，其可视化效果如图 2-8 所示。同时，该 20 条引用链接的具体信息列在表 2-12 中。如图 2-8 所示，关键专利之间的技术流动共包含三个组元。其中，最大组元包含 16 个节点，与关键主路径的前半段路径大致相同。相比主路径上的专利，本小节针对新增节点进行分析，其相关信息，包括学科类别、德温特分类代码和德温特手工代码信息列在表 2-13 中。除此之外，专利的具体信息（所有权人和专利标题）添加在本书附录中。

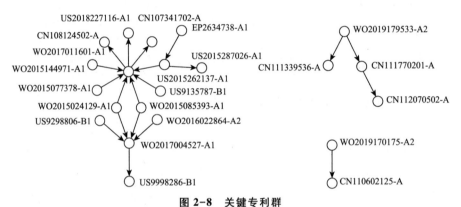

图 2-8　关键专利群

表 2-12　关键专利之间的引用链接

序号	被引专利	施引专利	SPC 值	排名
1	EP2634738-A1	US2015262137-A1	76	1
2	WO2017004527-A1	US9998286-B1	48	2
3	WO2015024129-A1	WO2017011601-A1	44	3
4	WO2015077378-A1	WO2017011601-A1	44	3
5	WO2015085393-A1	WO2017011601-A1	44	3
6	US9135787-B1	WO2017011601-A1	44	3
7	US2015262137-A1	WO2017011601-A1	44	3
8	WO2015144971-A1	WO2017011601-A1	44	3
9	WO2015024129-A1	WO2017004527-A1	42	4
10	WO2015085393-A1	WO2017004527-A1	42	4
11	WO2016022864-A2	WO2017004527-A1	42	4
12	US9298806-B1	WO2017004527-A1	42	4

序号	被引专利	施引专利	SPC 值	排名
13	WO2017011601-A1	US2018227116-A1	42	4
14	WO2017011601-A1	CN107341702-A	36	5
15	WO2019170175-A2	CN110602125-A	34	6
16	US2015262137-A1	US2015287026-A1	32	7
17	CN111770201-A	CN112070502-A	30	8
18	WO2019179533-A2	CN111339536-A	26	9
19	WO2019179533-A2	CN111770201-A	26	9
20	WO2017011601-A1	CN108124502-A	24	10

表 2-13　新增专利信息

序号	专利	学科类别	德温特分类代码	德温特手工代码
1	US9135787-B1	Automation Control Systems；Engineering；Telecommunications；Computer Science；Instruments Instrumentation	T01；T05；W01	T01-J05A1；T05-L02；W01-C01G6；T01-J05B4P；T05-L03C5；W01-C01G8；T01-N01A1；W01-C01D3C；W01-C01P2
2	WO2015144971-A1	Computer Science；Engineering	T01	T01-N01A1；T01-N02A3；T01-S03
3	WO2019170175-A2	Computer Science；Engineering	T01	T01-F07；T01-N02A3C；T01-S03；T01-J05B4A；T01-N03B1
4	CN111770201-A	Computer Science；Engineering	T01	T01-D01；T01-J05B4A；T01-N02B1B；T01-H07A；T01-J12C；T01-S03；T01-J05A1
5	WO2019179533-A2	Computer Science；Engineering	T01	T01-J05B4A；T01-N01A
6	CN107341702-A	Computer Science；Engineering	T01	T01-N01A2；T01-N01D
7	CN110602125-A	Computer Science；Engineering	T01	T01-F05G3；T01-N01A1；T01-S03；T01-J05B4A；T01-N01D
8	US2015287026-A1	Computer Science；Engineering	T01	T01-C03A；T01-N01A1；T01-N02A3C
9	CN112070502-A	Computer Science；Engineering	T01	T01-D01；T01-J05B4A；T01-N02B1B；T01-J05A1；T01-J12C

序号	专利	学科类别	德温特分类代码	德温特手工代码
10	CN111339536-A	Computer Science；Engineering	T01	T01-D01；T01-J12C；T01-N02A3C；T01-E01C；T01-N01D；T01-N02B1B；T01-J05B4A
11	CN108124502-A	Engineering；Telecommunications	W01	W01-A05A；W01-A06A3

最大组元中的新增节点主要与专利 WO2017011601-A1 相关联，其中包含该专利的两项参考专利，即 US9135787-B1 和 WO2015144971-A1，以及该专利的两项施引专利，即 CN107341702-A 和 CN108124502-A。两项参考专利与加密货币的交易相关，US9135787-B1 公开了一种比特币 ATM 设备，该设备可以在没有第三方金融机构的前提下实现比特币交易，WO2015144971-A1 则基于接收和验证交易信息的有效性两个角度来确定节点的请求授权情况。专利 CN107341702-A 基于区块链技术提出了一种业务处理方法，以解决用户在委托业务办理机构进行业务处理时缺乏信任保障的问题。CN108124502-A 发明了一种基于区块链技术的顶级域名管理方法。

第二个组元一共包含四篇中国申请的专利，由阿里巴巴集团控股有限公司申请的专利 WO2019179533-A2 有利于降低风险投资的风险。其他三项专利均为支付宝（杭州）信息技术有限公司申请的专利，均与数据验证相关。例如，CN111339536-A 发明了一种基于中间服务商加密处理的数据所有权验证方法；CN112070502-A 基于区块链技术发明了一种通过待核验数据地址和核验数据请求参数进行数据验证的方法。

第三个组元包含两项专利，包括 WO2019170175-A2 和 CN110602125-A。目前，智能合约的执行需要网络中的节点运行相同的虚拟机，以以太坊为例，它支持以太坊虚拟机，需要固定形式的编程，但会对其他编程语言编写的智能合约进行限制。为了解决这一问题，专利 WO2019170175-A2 提出了一种支持不同类型的智能合约的系统。由腾讯科技（深圳）有限公司申请的专利 CN110602125-A 公开了一种通过网络中不同节点处理数据的方法。

由上述关键专利之间的技术流动可知，中国专利，主要涉及由阿里巴巴集团控股有限公司、支付宝（杭州）信息技术有限公司以及腾讯科技（深圳）有限公司申请的专利，在区块链的技术流动中至关重要，它们较为关注基于区块链技术的数据验证方法，有利于保证数据的安全。

第五节 科学与技术视角下区块链创新演化路径对比分析

基于科学与技术视角，本章研究了区块链创新演化路径以及关键文献与专利之间的知识和技术流动。在此对相关文献和专利中的标题和摘要的关键词进行了提取，可视化结果如图 2-9 和图 2-10 所示，具体词频如表 2-14 和表 2-15 所示。由结果可知，科学研究主要集中于区块链技术的第一个应用，即比特币，它出现的频次最高。其次为加密货币，出现的次数为 42 次。结合演化路径来看，学术界对区块链的研究集中于区块链发展的前两个阶段，区块链 1.0 和区块链 2.0，即加密货币阶段以及其应用于金融领域阶段。高频关键词包括收益率（returns）、价格

图 2-9 文献关键词词云

图 2-10 专利关键词词云

（price）、波动率（volatility）以及投资组合（portfolio）等，表明学者对比特币的金融属性较为关注。识别区块链领域的关键文献群是掌握区块链主要研究的重要切入点，关键文献群分析结果表明数字货币的原理分析、金融属性研究是学者们关注的重点。

表 2-14　关键词频次（文献）

单位：次

主路径	频次	关键文献群	频次
bitcoin	61	bitcoin	80
cryptocurrency/cryptocurrencies	42	market/markets	23
market/markets	35	currency/currencies	21
return/returns	32	price	20
volatility	24	returns	16
price	18	volatility	16
spillovers	14	digital	14
risk	13	network	10
portfolio	12	reserved	10
financial	11	rights	10
period	11	financial	9
reserved	11	gold	9
rights	11	transactions	8
model	10	value	8
results	10	volume	8

表 2-15　关键词频次（专利）

单位：次

主路径	频次	关键专利群	频次
system	100	data	86
blockchain	73	method	71
method	55	blockchain	69
block	52	system	60
smart	51	transaction	47
data	50	block	44
storage	48	verification	42

续表

主路径	频次	关键专利群	频次
contract	47	request	39
network	33	network	38
transaction	30	computer	37
processor	29	digital	33
code	28	service	32
digital	27	code	30
computer	25	device	28
computing	24	Involves	28

专利引用网络中主路径出现的高频关键词包括区块链（blockchain）、存储（storage）以及合约（contract）等，关键专利群出现的高频关键词包括数据（data）、交易（system）、验证（verification）等。与科学研究不同，技术研究强调区块链发展的第三个阶段，即区块链与各个领域的融合发展。发明者提出了不同的实施方案，其中涉及区块链技术应用于电子投票、游戏资产转移、数字艺术品所有权确认以及转移等方面。识别关键专利群有利于掌握区块链领域的主流技术，围绕数字货币交易与数据验证的研究是区块链技术的重要突破点。

综上所述，科学视角下区块链创新演化路径分析结果表明，学术界对加密货币的金融属性以及它用于投资方面的研究较为关注，相关研究主要涉及区块链发展的前两个阶段，即区块链 1.0 和区块链 2.0。区块链与金融领域的融合发展是当前学术界的热门研究内容。技术视角下区块链创新演化路径分析结果表明，发明者较为重视区块链发展的第三个阶段，即区块链 3.0。目前，区块链技术与其他领域的融合是当前技术领域的热门研究方向，基于"区块链+"的系统与方法受到了人们的广泛关注。

小 结

本章基于 4650 篇文献和 17970 项专利，首先构建了文献引用网络和专利引用网络。其次，基于主路径分析模型，本章选取 SPC 算法以及全局和关键路径搜索方法，研究了科学与技术联动视角下区块链创新演化路径，并通过识别关键文献群和关键专利群研究了关键文献和关键专利之间的知识流动和技术流动。

借助全局主路径，本章揭示了科学视角下的区块链创新演化路径。研究结果表明，Nakamoto 发表的奠基性文献对该领域的发展产生了深远的影响。之后，区块链研究主要经历了三个阶段：比特币的价格泡沫→比特币市场的有效性→加密货币市场的关联分析。由此可知，数字货币的金融属性受到了学者们的广泛关注，且研究对象逐渐由早期的单一货币转向其他类型的加密货币。除此之外，本章挖掘了科学视角下区块链创新演化过程中的关键链接。其中，"Nakamoto，2008→Kristoufek，2013"和"Balcilar，2017→Bariviera，2017b"在科学知识融合和扩散的过程中发挥了关键作用。借助关键主路径，本章进一步分析了区块链创新研究的知识结构，路径呈现不断发散、收敛的现象。主路径分析结果表明，该条路径强调了有关比特币的对冲和避险属性的研究在区块链早期研究中的关键作用。

对于技术视角下区块链创新演化路径，全局主路径分析揭示了该领域的 11 个重要发明。相比文献引用网络，专利引用网络内链接较为稀疏，引用链接"EP2634738-A1→US2015262137-A1""US2015262137-A1→WO2017011601-A1"以及"WO2017011601-A1→US2018227116-A1"在网络中较为突出。研究结果表明，技术视角下区块链创新演化路径主要经历了两个阶段：数字货币交易技术→智能合约技术以及基于区块链技术的应用开发。早期，发明者聚焦数字货币交易的安全。之后，逐渐转向智能合约技术的改进（涉及可视化的智能合约方法和基于自然语言的智能合约开发等多个方面）以及应用平台开发（目前集中于区块链技术在游戏平台上的应用）。关键主路径分析结果挖掘了与之并行的另一条主要路径，该路径上的发明显示，有关区块链技术的应用发明在该领域的早期发展中已然出现，且发明逐渐转向区块链技术的系统安全和性能方面。总而言之，技术视角下区块链创新演化路径呈现"数字货币交易→智能合约和应用"以及"应用→安全和性能"交叉并行的现象。

关键文献群识别了两大组元，主要与 Nakamoto（2008）与 Balcilar 等（2017）两篇文献相关联。其中，最大组元围绕比特币交易、加密货币原理以及其金融属性方面展开了研究，而第二大组元的研究内容主要集中于比特币的金融属性方面。除此之外，关键文献发表年份较早，这是因为早期发表的论文经过了后续研究的检验与验证，新兴论文由于引用时间的限制，很难出现在关键文献群中。关键专利群识别了三个组元，且最大组元中的节点主要与专利 WO2017011601-A1 相关联。第二大组元为中国专利，主要与风险投资和数据验证相关联。

在技术方法层面，本章采用主路径分析方法，从科学和技术两个视角研究区块链创新演化路径，基于定量化角度揭示区块链领域的知识流动以及技术融合与发展，并通过识别关键文献群和关键专利群揭示关键文献和关键专利之间的知识流动和技术流动。本章研究有利于研究人员从全局角度掌握区块链创新的发展脉络和研究趋势，同时为其未来的研究提供方向上的指导，同时有利于研究人员从局部角度把握关键文献和关键专利的核心内容，掌握该领域研究的重要突破点。然而本章的研究还存在以下不足：主路径分析方法忽略了不同主体之间的交互作用，如文献与科研人员、专利与专利发明人之间的相互影响。随着区块链领域科学与技术文献数量的增加，拥有较强影响力的作者、期刊或发明人和所有权人逐渐成为领域发展的重要支柱，它们（他们）在推动领域知识扩散和技术演化的过程中发挥了更为重要的作用。因此，考虑到这一现象，本书将在下一章探讨如何改进主路径分析方法，将多主体之间的交互作用融合在内，构建一种基于影响力差异的主路径分析方法。

第三章　基于影响力差异的区块链
创新演化路径

在上一章中，本书借助主路径分析模型，研究了科学与技术联动视角下的区块链创新演化路径。然而，该模型仍存在很多不足之处，特别是在遍历权值方面，仍值得进一步研究。

第一节　基于 PageRank 的遍历权值算法

一　现有主路径分析方法存在的问题

Hummon 和 Dereian（1989）以及 Batagelj（2003）提出的四种遍历权值算法，即 SPLC、SPNP、NPPC 和 SPC，为主路径分析的发展拓展了新的研究思路。其中，Liu 等（2019）将 SPC、SPLC 和 SPNP 整合为一体，统称为 SPX 算法。其中，SPC 值是由经过连线的所有源点到所有汇点可能的路径数决定的。在该算法下，源点被视为知识传播的起始点，中间点被视为知识传播的中转站，在知识不断流动、加工的过程中，知识流动到汇点结束。SPLC 和 SPNP 算法则较为复杂，在 SPLC 算法下，搜索起始点不一定是源点，也可以是中间点。中间点不仅可以作为知识传播的中转站，还可以作为新的知识的传播起点。而在 SPNP 算法下，中间点既可以作为知识的传播起点和中转站，也可以作为知识传播的终点。

这三种算法虽然在含义上有所区别，但它们都具有相同的假设，即引用网络中的所有引用关系是相同的，忽略了链接与链接之间的差异。目前，已有研究通过考虑引用关系之间的差异，对主路径分析方法进行了修正与改进。例如，Liu 等（2014）通过考虑节点之间的相关性，对原始的 SPC 算法进行了加权调节，提出了线性加权和指数加权两种调节方法，从而对引用网络中的链接进行了区分。彭泽等（2020）从引文内容视角出发，融入了知识流量、引用行为的情感倾向和发生位置等引用相关性因素，提出了一种计算遍历权值的新方法，修正了模型中引用关系同等重要的假设。

在最近的研究中，程洁琼（2019）将 PageRank 算法与主路径分析方法相结合，提出了基于边影响力流的搜索方法。该方法假设引用网络中两节点之间的引用关系可用于传递施引文献的影响力值，且传递的影响力大小取决于其本身的影响力大小和其参考文献数量。首先，基于 PageRank 算法迭代计算出所有节点的影响力值；其次，基于节点的影响力值计算出链接的权值，进而采取全局搜索方法对海水淡化领域的专利引用网络进行了路径抽取。该研究通过考虑施引文献的重要性对引用关系进行了赋权。Giuffrida 等（2019）的研究表明，权值应该反映出施引文献的重要性。在实际中，相比一篇被获得普通奖项的文献引用的文献，一篇被获得诺贝尔奖的文献引用的文献更能体现出知识转化与传递的重要性。

因此，本章将从影响力差异角度出发，对引用网络中链接之间的差异进行区分。基于上述研究，本章将 PageRank 算法与主路径分析方法重新进行了融合，主要体现在以下两个方面。首先，在计算节点的权值时，基于文献引用网络的结构特征，考虑了文献的被引数量和被引质量。同时，通过异构网络，考虑了文献、作者与期刊之间的相互加强作用，即考虑了作者和期刊的权威性对文献权值的影响。其次，在区分引用关系时，考虑到施引文献的权威性对引用关系的影响。具体而言，引用关系的初始权值与其相连的施引文献权值成正比，但与施引文献的参考文献数量成反比。

鉴于此，在此提出三种基于影响力差异的遍历权值计算方法，即SPC-PR、SPLC-PR 和 SPNP-PR 算法（统称为 SPX-PR 算法），该算法的假设为：

（1）一篇文献被越多的文献所引用，则该篇文献越重要；若其施引文献越重要，则该篇文献的重要程度也会越高；

（2）一篇文献被由具有越强影响力的学者所发表的文献引用，则其重要程度越高；

（3）一篇文献被发表在具有越强影响力期刊上的文献引用，则其重要程度越高；

（4）一篇文献被影响力越强的文献引用，那么这两篇文献之间的引用关系在网络中就越重要，然而施引文献的引用数量越多，则均分给每条引用关系的影响力就越小；

（5）引用关系被路径遍历的次数越多，它就越重要。

二　基于影响力差异的主路径分析模型

基于上述研究思想，本小节首先基于文献、作者和期刊引用网络和两两之间形成的异构网络，构建相应的矩阵。其次，构建同构、异构网络相互加强的模型，并应用 PageRank 算法计算得出文献最终的权值。最后，基于文献引用网络结构，提出 SPX-PR 算法。

（一）同构网络

根据文献与文献之间的引用关系，首先构建文献引用网络。其次，基于形成的引用关系，结合文献的作者和期刊信息，分别构建作者和期刊引用网络。以图 3-1 为例，基于文献 P_1、P_2 和 P_3 之间的引用关系，构建文献引用网络。在该网络中，箭头指向参考文献，且引用频次均为 1。依据文献的作者信息，如果作者 A_1 所发表的文献 P_1 引用了由作者 A_2 所发表的文献 P_2，那么在作者引用网络中，会形成一条由作者 A_1 指向作者 A_2 的有向边，且有向边上的数值代表了总的引用频次。同样，依据文献的期刊信息，如果发表在期刊 J_1 上的文献 P_1 引用了发表在期刊 J_2 上的文献 P_2，那么在期刊引用网络中，会形成一条由期刊 J_1 指向期刊 J_2 的有向边。相应地，基于三个同构网络，可生成三个链接矩阵 **P**、**A**、**J**。

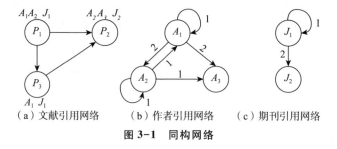

（a）文献引用网络　　　（b）作者引用网络　　　（c）期刊引用网络

图 3-1　同构网络

（二）异构网络

依据文献、作者和期刊之间的连接关系，可构建两两之间形成的异构网络，即文献-作者、文献-期刊和作者-期刊邻接网络。基于此，可构建六个转移矩阵（Jiang et al.，2016）。

由文献-作者邻接网络（或作者-文献邻接网络），可得转移矩阵 **PA**（或 **AP**），表达式为：

$$\mathbf{PA}(P_i, A_i) = \mathbf{AP}(A_i, P_i) = \begin{cases} 1, \text{如果} P_i \text{ 由 } A_i \text{ 所写} \\ 0, \text{否则} \end{cases} \tag{3-1}$$

由文献-期刊邻接网络（或期刊-文献邻接网络），可得转移矩阵 **PJ**（或 **JP**），表达式为：

$$\mathbf{PJ}(P_i, J_i) = \mathbf{JP}(J_i, P_i) = \begin{cases} 1, \text{如果} P_i \text{ 发表在 } J_i \text{ 上} \\ 0, \text{否则} \end{cases} \tag{3-2}$$

由作者-期刊邻接网络（或期刊-作者邻接网络），可得转移矩阵 **AJ**（或 **JA**），表达式为：

$$\mathbf{AJ}(A_i, J_i) = \mathbf{JA}(J_i, A_i) = \begin{cases} 1, \text{如果} A_i \text{ 在 } J_i \text{ 上发表了论文} \\ 0, \text{否则} \end{cases} \tag{3-3}$$

（三）同构、异构网络相互加强的模型

基于上述构建的链接矩阵 **P**、**A**、**J** 和转移矩阵 **PA**、**PJ**、**AP**、**AJ**、**JP** 与 **JA**，根据绪论中的公式（3），可将矩阵转化为谷歌矩阵形式，共得到九个矩阵，包括 $\overline{\mathbf{P}}$、$\overline{\mathbf{A}}$、$\overline{\mathbf{J}}$、$\overline{\mathbf{PA}}$、$\overline{\mathbf{PJ}}$、$\overline{\mathbf{AP}}$、$\overline{\mathbf{AJ}}$、$\overline{\mathbf{JP}}$ 与 $\overline{\mathbf{JA}}$。图 3-2 所示为构建的基于同构、异构网络相互加强的模型，可同时对文献、作者和期刊进行排名。

具体的迭代过程如下。

步骤 1　设置三个初始向量 $\mathbf{PR}_p$、$\mathbf{PR}_a$ 与 $\mathbf{PR}_j$ 以给出迭代的初始权值，用以表示文献、作者和期刊的权值。

步骤 2　设置 α 为同构网络的转移概率，则 $\beta = 1 - \alpha$ 为转移到异构网络中的概率（王婉茹，2018）。在第 t 次迭代时得到的文献权值向量记为 $\mathbf{PR}_p^{(t)}$，此时文献的权威可用以加强第 $t+1$ 次迭代时文献、作者和期刊的

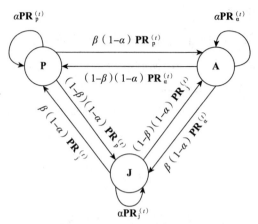

图 3-2　基于同构、异构网络相互加强的模型

权威。具体为，$\alpha \mathbf{PR}_{\mathrm{p}}^{(t)}$ 的值传递给 $\mathbf{PR}_{\mathrm{p}}^{(t+1)}$，$\beta\,(1-\alpha)\,\mathbf{PR}_{\mathrm{p}}^{(t)}$ 的值传递给 $\mathbf{PR}_{\mathrm{a}}^{(t+1)}$ 以及 $(1-\beta)\,(1-\alpha)\,\mathbf{PR}_{\mathrm{p}}^{(t)}$ 的值则传递给 $\mathbf{PR}_{\mathrm{j}}^{(t+1)}$。

步骤 3　在第 t 次迭代时得到的作者的权威可用以加强第 $t+1$ 次迭代时文献、作者和期刊的权威。具体为，$\alpha\,\mathbf{PR}_{\mathrm{a}}^{(t)}$ 的值传递给 $\mathbf{PR}_{\mathrm{a}}^{(t+1)}$，$\beta\,(1-\alpha)\,\mathbf{PR}_{\mathrm{a}}^{(t)}$ 的值传递给 $\mathbf{PR}_{\mathrm{j}}^{(t+1)}$ 以及 $(1-\beta)\,(1-\alpha)\,\mathbf{PR}_{\mathrm{a}}^{(t)}$ 的值则传递给 $\mathbf{PR}_{\mathrm{p}}^{(t+1)}$。

步骤 4　同样，在第 t 次迭代时得到的期刊的权威可用以加强第 $t+1$ 次迭代时文献、作者和期刊的权威。具体为，$\alpha\,\mathbf{PR}_{j}^{(t)}$ 的值传递给 $\mathbf{PR}_{\mathrm{j}}^{(t+1)}$，$\beta\,(1-\alpha)\,\mathbf{PR}_{\mathrm{j}}^{(t)}$ 的值传递给 $\mathbf{PR}_{\mathrm{p}}^{(t+1)}$ 以及 $(1-\beta)\,(1-\alpha)\,\mathbf{PR}_{\mathrm{j}}^{(t)}$ 的值则传递给 $\mathbf{PR}_{\mathrm{a}}^{(t+1)}$。

因此，上述过程用公式可表示为：

$$\mathbf{PR}_{\mathrm{p}}^{(t+1)} = \alpha \overline{\mathbf{P}}^{\mathrm{T}} \mathbf{PR}_{\mathrm{p}}^{(t)} + (1-\beta)\,(1-\alpha)\,\overline{\mathbf{AP}}^{\mathrm{T}} \mathbf{PR}_{\mathrm{a}}^{(t)} + \beta\,(1-\alpha)\,\overline{\mathbf{JP}}^{\mathrm{T}} \mathbf{PR}_{\mathrm{j}}^{(t)} \tag{3-4}$$

$$\mathbf{PR}_{\mathrm{a}}^{(t+1)} = \beta\,(1-\alpha)\,\overline{\mathbf{PA}}^{\mathrm{T}} \mathbf{PR}_{\mathrm{p}}^{(t)} + \alpha \overline{\mathbf{A}}^{\mathrm{T}} \mathbf{PR}_{\mathrm{a}}^{(t)} + (1-\beta)\,(1-\alpha)\,\overline{\mathbf{JA}}^{\mathrm{T}} \mathbf{PR}_{\mathrm{j}}^{(t)} \tag{3-5}$$

$$\mathbf{PR}_{\mathrm{j}}^{(t+1)} = (1-\beta)\,(1-\alpha)\,\overline{\mathbf{PJ}}^{\mathrm{T}} \mathbf{PR}_{\mathrm{p}}^{(t)} + \beta\,(1-\alpha)\,\overline{\mathbf{AJ}}^{\mathrm{T}} \mathbf{PR}_{\mathrm{a}}^{(t)} + \alpha \overline{\mathbf{J}}^{\mathrm{T}} \mathbf{PR}_{\mathrm{j}}^{(t)} \tag{3-6}$$

公式（3-4）、公式（3-5）和公式（3-6）可整合为：

$$\mathbf{V}^{(t+1)} = \mathbf{M} \mathbf{V}^{(t)} \tag{3-7}$$

其中，$\mathbf{V} = \begin{bmatrix} \mathbf{PR}_{\mathrm{p}}, & \mathbf{PR}_{\mathrm{a}}, & \mathbf{PR}_{\mathrm{j}} \end{bmatrix}^{\mathrm{T}}$，并且：

$$M = \begin{pmatrix} \alpha\overline{\mathbf{P}}^{\mathrm{T}} & (1-\beta)(1-\alpha)\overline{\mathbf{AP}}^{\mathrm{T}} & \beta(1-\alpha)\overline{\mathbf{JP}}^{\mathrm{T}} \\ \beta(1-\alpha)\overline{\mathbf{PA}}^{\mathrm{T}} & \alpha\overline{\mathbf{A}}^{\mathrm{T}} & (1-\beta)(1-\alpha)\overline{\mathbf{JA}}^{\mathrm{T}} \\ (1-\beta)(1-\alpha)\overline{\mathbf{PJ}}^{\mathrm{T}} & \beta(1-\alpha)\overline{\mathbf{AJ}}^{\mathrm{T}} & \alpha\overline{\mathbf{J}}^{\mathrm{T}} \end{pmatrix} \tag{3-8}$$

矩阵 **M** 是不可约的、非周期的，且是随机矩阵，迭代结果最终会收敛于矩阵 **M** 特征值为 1 时对应的特征向量。收敛条件设定为 $\|\mathbf{V}\| \leqslant \varepsilon$（Lefebvre，2007），本章设定的 ε 的取值为 10^{-6}。

（四）SPX-PR 算法

上述模型综合考虑了引用数量、引用质量以及文献、作者和期刊之间相互加强的作用，经过迭代得到文献最终的权值。基于文献引用网络结构，本章提出的 SPX-PR 算法为：

$$SPX\text{-}PR = \frac{PR(i)}{O_i} SPX \tag{3-9}$$

其中，$PR(i)$ 代表节点 i 最终的文献权值，O_i 代表节点 i 在网络中的参考文献数量。SPX 为 SPC、SPLC 与 SPNP 算法下的遍历权值。

在绪论的小型文献引用网络中，引用关系的初始权值均为 1。基于 SPX-PR 算法，引用关系的初始权值可转化为图 3-3 所示的值。

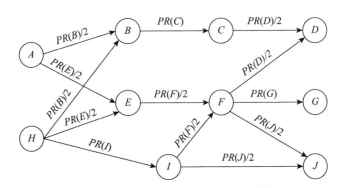

图 3-3　小型引用网络示意（SPX-PR 算法）

三　DNA 领域引用网络的实验结果

基于筛选的 40 个重要事件（65 篇文献），Garfield 等（1964）绘制了 DNA 领域的引用网络，清晰地展现了该领域的发展历史。选取该网络为实验对象，Hummon 和 Dereian（1989）对所提出的主路径分析方法进

行了验证。之后，基于该网络的最大组元，Liu 和 Kuan（2016）验证了
衰减主路径分析模型的有效性。鉴于此，本章同样选取 DNA 领域引用网
络为实验对象，以验证 SPX-PR 方法的有效性。图 3-4 展现该引用网络
的最大组元（Liu and Kuan，2016），共由 35 个节点（60 篇文献）和 59
条引用关系构成。其中，节点标签代表了事件标号，箭头指向施引文献，
代表了知识流动的方向。

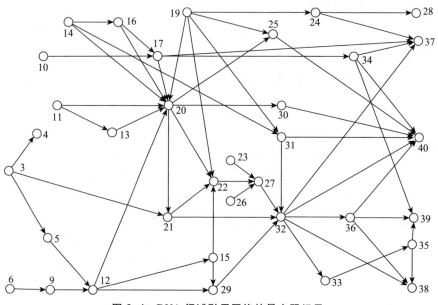

图 3-4　DNA 领域引用网络的最大弱组元

　　依据上述 SPX-PR 算法介绍，构建文献、期刊和作者的同构网络和
两两之间形成的异构网络是执行该算法的第一步。本章根据 Garfield 等
（1964）中附有的节点信息，构建了相应的矩阵。表 3-1 列举了各节点
的文献数量、重要作者和期刊信息。为了遵循一个节点对应一个期刊的
原则，本小节根据表 3-1 中所有期刊出现的频次降序排列，选取了每个
节点所对应的期刊中排名最靠前的期刊。遵照上述原则，所构建的同构
和异构网络矩阵规模如表 3-2 所示。第二步，基于迭代模型，计算每个
节点对应的权值，并计算出网络中每条连线的权值。相应的参数设置为：
阻尼因子为标准值，即 $\theta = 0.85$。在 $\alpha + \beta = 1$ 的前提下，设置 $\alpha = \beta = 0.5$。
第三步，基于全局搜索方法和关键路径搜索方法，对 DNA 领域引用网络

的主路径进行了抽取，所得结果如图 3-5 所示。其中，空白圆节点代表
不同模型下的相同结果，而阴影圆节点代表不同模型下的不同结果。

表 3-1　各节点信息（DNA）

事件	年份	数量	重要作者	期刊（出版物）
3	1871	1	Miescher	HOPPE-SEYLERS MED CHEM UNTERS（1）
4	1879	1	Flemming	ARCH MIKROSKOP ANAT（1）
5	1886	1	Kossel	ZEITSCH PHYSIOL CHEM（1）
6	1891	1	Fischer	BER DEUTSCH CHEM（1）
9	1909	2	Levene	BER DEUTSCH CHEM（2）
10	1926	1	Muller	BRIT J EXP BIOL（1）
11	1928	1	Griffith	J HYGIENE（1）
12	1929	2	Levene	J BIOL CHEM（2）
13	1932	1	Alloway	J EXP MEDICINE（1）
14	1935	1	Stanley	SCIENCE（1）
15	1935	1	Levene	J BIOL CHEM（1）
16	1936~1937	2	Bawden & Pirie	NATURE（1）/ PROC ROY SOC BIOL（1）
17	1938~1939	2	Caspersson & Schultz	NATURE（2）
19	1943~1944	2	Martin & Synge	BIOCHEM J（2）
20	1944	1	Avery & MacLeod & McCarty	J EXP MEDICINE（1）
21	1947	1	Chargaff	COLD SPRING HARBOR SYMP（1）
22	1950	1	Chargaff	EXPERIENTIA（1）
23	1950~1951	3	Pauling & Corey	J AM CHEM SOC（1）/ PROC NAT ACAD SCI（2）
24	1951~1953	4	Sanger	BIOCHEM J（4）
25	1952	1	Hershey & Chase	J GENERAL PHYSIOL（1）
26	1953	2	Wilkins	BIOCHEM BIOPHYS ACTA（1）/ NATURE（1）
27	1953	2	Watson & Crick	NATURE（2）
28	1953	2	DuVigneaud	J AM CHEM SOC（2）
29	1955	1	Todd	J CHEM SOC（1）
30	1954~1956	2	Palade	J BIOPGYS BIOCHEM CYTOC（1）/ J EXP MEDICINE（1）

续表

事件	年份	数量	重要作者	期刊（出版物）
31	1955~1957	3	Fraenkal-Conrat	BIOCHEM BIOPHYS ACTA（1）／ J AM CHEM SOC（1）／PROC NAT ACAD SCI（1）
32	1955~1956	3	Ochoa	J AM CHEM SOC（1）／SCIENCE（1）／FED PROC（1）
33	1956~1957	3	Kornberg	BIOCHEM BIOPHYS ACTA（1）／FED PROC（1）／ JOHNSHOPKINS U, MCCOLLUM - PARTT I（1）
34	1957~1958	2	Hoagland	BIOCHEM BIOPHYS ACTA（1）／ J BIOL CHEM（1）
35	1960~1961	1	Jacob & Monod	J MOLEC BIOL（1）
36	1960	1	Hurwitz	BIOCHEM BIOPHYS RES COMMUN（1）
37	1961	1	Dintzis	PROC NAT ACAD SCI（1）
38	1961~1962	3	Novelli	PROC NAT ACAD SCI（2）／SCIENCE（1）
39	1962	1	Mirsky &Allfrey	PROC NAT ACAD SCI（1）
40	1961~1962	3	Nirenberg & Matthaei	PROC NAT ACAD SCI（3）

表 3-2　数据的相关统计信息（DNA）

指标	数量
文献个数	35
作者个数	43
期刊个数	20
文献引用网络矩阵规模	35×35
作者引用网络矩阵规模	43×43
期刊引用网络矩阵规模	20×20
文献-作者邻接网络矩阵规模	35×43
文献-期刊邻接网络矩阵规模	35×20
作者-期刊邻接网络矩阵规模	43×20

根据结果可得，无论使用 SPX 算法中的哪种算法，获得的结果都是相同的，且无论是全局搜索还是关键路径搜索，所得到的结果均相同。在原始文献中，Hummon 和 Dereian（1989）得到的主路径为 3-5-12-20-21-22-27-32-36-40。本小节获得的结果与之不同的原因是，Hummon 和 Dereian（1989）以深度优先搜索方法为基础，并仅仅以节点 3 为

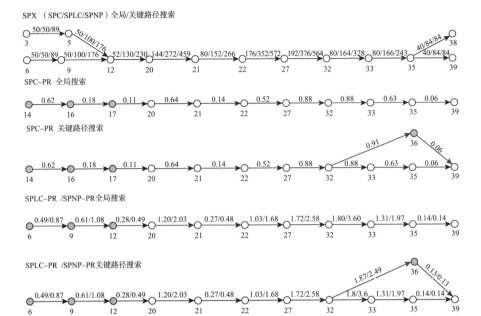

图 3-5　DNA 领域引用网络的主路径

起始点进行了路径抽取，而在本小节研究中，选取了全局以及关键路径搜索方法。选取的原因为：为了与 Liu 和 Kuan（2016）的结果进行比较，本小节同样选取关键路径搜索方法并将关键路线数设置为3；为了补充实验，选取全局搜索方法，以挖掘网络中遍历权值之和最大的路径。依据 SPX 算法，所得主路径呈现"收敛—发散"的结构。虽然与 Hummon 和 Dereian（1989）中的结果并不完全相同，但路径的主体部分，即路径 12-20-21-22-27-32（Liu and Kuan，2016）仍被保留在内。与 SPX 算法相比，SPX-PR 算法下的主路径保留了原始路径中的大多数节点，即路径 20-21-22-27-32-33-35-39。与 Liu 和 Kuan（2016）中的衰减主路径分析模型的结果相同的是，基本上路径的主体部分，即 20-21-22-27-32 重复出现在主路径中。

　　具体而言，无论是全局还是关键路径搜索方法，SPLC-PR 和 SPNP-PR 算法下的主路径分析结果都完全相同。在 SPC-PR 算法下，主路径的起始点是由节点 14、节点 16 与节点 17 组成的链，这是由于节点 16 具有较高的权值，它增加了链接 14-16 的权值。其结果与算术衰减模型下的主路径起始点（Liu and Kuan，2016）相同。与 SPX 算法相比，SPLC-

PR 和 SPNP-PR 算法下的主路径分析结果仅仅保留了原始节点 6 和节点 9，而节点 3 和节点 5 没有出现在路径上。这是由于考虑到文献、作者和期刊的综合影响，节点 9 的权值高于节点 5 的权值。因此，在链接 6-9 和链接 3-5 具有相同遍历权值的情况下，仅仅链接 6-9 会被保留在路径中。在某种程度来说，SPX-PR 算法可以有效区分在 SPX 算法下具有相同遍历权值的链接。

第二节　科学视角下结合 PageRank 算法的区块链创新演化路径

一　主路径分析结果

为了检验 SPX-PR 算法应用于区块链数据的效果，本小节首先依据文献之间的引用关系和对应的作者和期刊信息，构建同构和异构网络。其次，迭代计算网络中每个节点的权值，并基于网络结构计算每条连线的权值。最后，基于局部、全局和关键路径搜索方法对主路径进行了抽取。本小节构建的各个矩阵规模如表 3-3 所示，获取的主路径分析结果如图 3-6 和图 3-7 所示。其中，在同一路径中，空白圆节点表示在不同算法下以相同的搜索方法获得的相同文献，而不同路径上的不同节点用浅色阴影圆和深色阴影圆表示。

表 3-3　数据的相关统计信息（文献）

指标	数量
文献个数	4650
作者个数	10693
期刊个数	833
文献引用网络矩阵规模	4650×4650
作者引用网络矩阵规模	10693×10693
期刊引用网络矩阵规模	833×833
文献-作者邻接网络矩阵规模	4650×10693
文献-期刊邻接网络矩阵规模	4650×833
作者-期刊邻接网络矩阵规模	10693×833

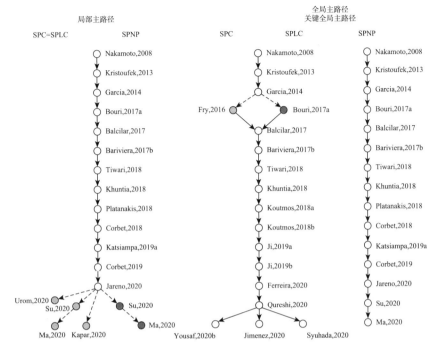

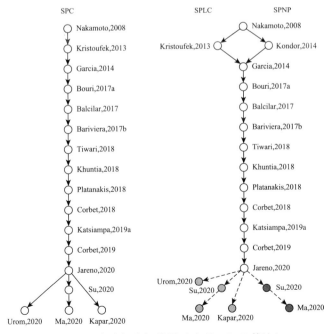

图 3-6 主路径分析结果（文献：SPX 算法）

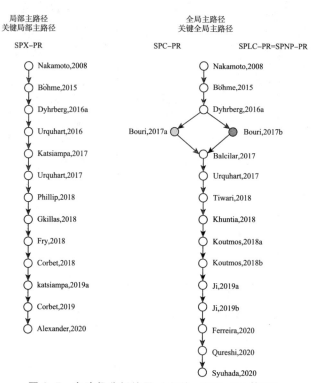

图 3-7 主路径分析结果（文献：SPX-PR 算法）

（一）结构对比分析

为了更加直观地对比不同算法、不同搜索方法下的路径分析结果，本小节采取 Lathabai 等（2018）提出的 U 指标来衡量路径之间的差异性。该指标的表达式为：

$$U_{P_i P_j} = \frac{n_u}{n_{P_i} + n_{P_j}} = 1 - \frac{n_c}{n_{P_i} + n_{P_j}} \qquad (3-10)$$

其中，n_{P_i} 与 n_{P_j} 分别代表路径 P_i 与 P_j 上的节点数量，n_u 代表两条路径中不同的节点个数，而 n_c 代表两条路径中相同的节点个数。该指标的取值范围为 [0.5，1]，数值越接近于 1，说明两条路径之间的节点差异越明显。表 3-4 列出了两两路径之间差异性的指标值。

表 3-4　路径之间差异性的指标值（文献）

路径	1	2	3	4	5	6	7	8	9	10	11	12	13	14	15	16	17	18	19	20	21	22	23	24
1 SPC 局部	—	0.79	0.50	0.79	0.50	0.76	0.54	0.76	0.53	0.53	0.58	0.53	0.87	0.84	0.87	0.84	0.87	0.88	0.87	0.88	0.87	0.88	0.87	0.88
2 SPC 全局	—	—	0.79	0.50	0.79	0.53	0.77	0.53	0.78	0.78	0.76	0.78	0.97	0.69	0.97	0.69	0.97	0.66	0.97	0.66	0.97	0.66	0.97	0.66
3 SPC 关键局部	—	—	—	0.79	0.50	0.76	0.54	0.76	0.53	0.53	0.58	0.53	0.87	0.84	0.87	0.84	0.87	0.88	0.87	0.88	0.87	0.88	0.87	0.88
4 SPC 关键全局	—	—	—	—	0.79	0.53	0.77	0.53	0.78	0.78	0.76	0.78	0.97	0.69	0.97	0.69	0.97	0.66	0.97	0.66	0.97	0.66	0.97	0.66
5 SPLC 局部	—	—	—	—	—	0.76	0.54	0.76	0.53	0.53	0.58	0.53	0.87	0.84	0.87	0.84	0.87	0.88	0.87	0.88	0.87	0.88	0.87	0.88
6 SPLC 全局	—	—	—	—	—	—	0.80	0.50	0.75	0.75	0.79	0.75	0.97	0.63	0.97	0.63	0.97	0.66	0.97	0.66	0.97	0.66	0.97	0.66
7 SPLC 关键局部	—	—	—	—	—	—	—	0.80	0.58	0.58	0.56	0.58	0.87	0.88	0.87	0.88	0.87	0.88	0.87	0.88	0.87	0.88	0.87	0.88
8 SPLC 关键全局	—	—	—	—	—	—	—	—	0.75	0.80	0.79	0.75	0.97	0.63	0.97	0.63	0.97	0.66	0.97	0.66	0.97	0.66	0.97	0.66
9 SPNP 局部	—	—	—	—	—	—	—	—	—	0.75	0.55	0.50	0.86	0.83	0.86	0.83	0.86	0.83	0.86	0.83	0.86	0.83	0.86	0.83
10 SPNP 全局	—	—	—	—	—	—	—	—	—	—	0.55	0.50	0.86	0.83	0.86	0.83	0.86	0.83	0.86	0.83	0.86	0.83	0.86	0.83
11 SPNP 关键局部	—	—	—	—	—	—	—	—	—	—	—	0.55	0.86	0.87	0.86	0.87	0.86	0.87	0.86	0.87	0.86	0.87	0.86	0.87
12 SPNP 关键全局	—	—	—	—	—	—	—	—	—	—	—	—	0.86	0.83	0.86	0.83	0.86	0.83	0.86	0.83	0.86	0.83	0.86	0.83
13 SPC-PR 局部	—	—	—	—	—	—	—	—	—	—	—	—	—	0.86	0.50	0.86	0.50	0.86	0.50	0.86	0.50	0.86	0.50	0.86
14 SPC-PR 全局	—	—	—	—	—	—	—	—	—	—	—	—	—	—	0.86	0.50	0.86	0.53	0.86	0.53	0.86	0.53	0.86	0.53
15 SPC-PR 关键局部	—	—	—	—	—	—	—	—	—	—	—	—	—	—	—	0.86	0.50	0.86	0.50	0.86	0.50	0.86	0.50	0.86
16 SPC-PR 关键全局	—	—	—	—	—	—	—	—	—	—	—	—	—	—	—	—	0.86	0.53	0.86	0.53	0.86	0.53	0.86	0.53
17 SPLC-PR 局部	—	—	—	—	—	—	—	—	—	—	—	—	—	—	—	—	—	0.86	0.50	0.86	0.50	0.86	0.50	0.86
18 SPLC-PR 全局	—	—	—	—	—	—	—	—	—	—	—	—	—	—	—	—	—	—	0.86	0.50	0.86	0.50	0.86	0.50
19 SPLC-PR 关键局部	—	—	—	—	—	—	—	—	—	—	—	—	—	—	—	—	—	—	—	0.86	0.50	0.86	0.50	0.86
20 SPLC-PR 关键全局	—	—	—	—	—	—	—	—	—	—	—	—	—	—	—	—	—	—	—	—	0.86	0.50	0.86	0.50
21 SPNP-PR 局部	—	—	—	—	—	—	—	—	—	—	—	—	—	—	—	—	—	—	—	—	—	0.86	0.50	0.86
22 SPNP-PR 全局	—	—	—	—	—	—	—	—	—	—	—	—	—	—	—	—	—	—	—	—	—	—	0.86	0.50
23 SPNP-PR 关键局部	—	—	—	—	—	—	—	—	—	—	—	—	—	—	—	—	—	—	—	—	—	—	—	0.86
24 SPNP-PR 关键全局	—	—	—	—	—	—	—	—	—	—	—	—	—	—	—	—	—	—	—	—	—	—	—	—

由表 3-4 可知，SPX 算法内部路径之间差异性的指标取值范围为 [0.50，0.80]，SPX-PR 算法内部路径之间差异性的指标取值为 [0.50，0.86]，SPX 与 SPX-PR 算法下路径之间差异性的指标取值范围为 [0.63，0.97]。在 SPX 算法内部，局部和关键局部搜索方法下的结果主要在路径末端存在差异，而全局和关键全局搜索方法下的结果主要在路径后半段存在差异。在 SPX-PR 算法内部，局部和关键局部搜索方法下的路径相同，全局和关键全局方法下的路径基本相同，且这两条（类）路径之间的差异较为明显，U 指标结果为 0.86。通过计算平均值可得，SPX 算法内部路径之间差异性的指标取值为 0.65，路径之间的相似程度最高。其次是 SPX-PR 算法内部，指标平均值为 0.70。SPX 与 SPX-PR 算法下路径之间的差异性相对较为明显，指标平均值为 0.85，但路径与路径之间仍有部分重叠节点。在局部和关键局部搜索方法下，节点 "Nakamoto，2008" "Corbet，2018" "Katsiampa，2019a" 以及 "Corbet，2019" 重复出现在主路径中。在全局和关键全局搜索方法下，节点 "Nakamoto，2008" "Balcilar，2017" "Tiwari，2018" 和 "Khuntia，2018" 重复出现在主路径中。

（二）算法分布对比分析

图 3-8 和图 3-9 分别展现了 SPX 算法与 SPX-PR 算法的分布情况。其中，横坐标代表不重复权值的排序（降序排列），纵坐标代表累计占比。

由图 3-8 可知，基于 SPX 算法，在 29180 条引用关系中，不重复权值的个数分别为 2689、3340 和 3839，并且连线权值多集中在区间 [1，3] 范围内，权值为 1、2 和 3 的引用关系分别占据所有引用关系的 25.85%、19.24% 和 16.12%。基于 SPX-PR 算法，不重复权值的个数分别为 21417、24453 和 24453。由此可以推断，SPX-PR 算法可有效对网络中的引用关系进行区分。对比图 3-8 和图 3-9 的尾部，SPX-PR 算法的优势较为明显，其分布较为连续。在区分引用关系能力方面，SPX 算法内部排序从大到小依次是 SPNP、SPLC 和 SPC，在 SPX-PR 算法内部，排名从大到小依次是 SPLC-PR＝SPNP-PR 和 SPC-PR。

这种现象可通过图 3-5~图 3-7 的主路径反映出。在图 3-5 所示的 DNA 领域引用网络主路径中，SPX-PR 算法对权值相等的连线 3-5 和连线 6-9 进行了有效区分，强调了节点 6 和节点 9 在 DNA 领域发展初期的重要性。在图 3-6 和图 3-7 中，从路径末端可以看出，SPX 算法下的大多数主路径末端较

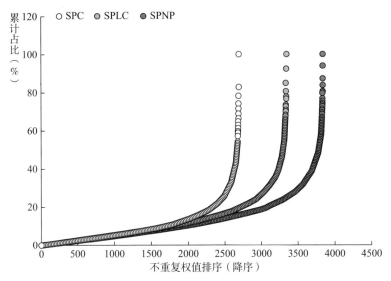

图 3-8 SPX 算法分布（文献）

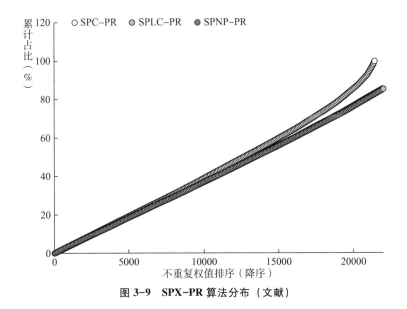

图 3-9 SPX-PR 算法分布（文献）

为分散，而 SPX-PR 算法下的路径末端较为集中。这是因为，基于引用网络结构，节点的权值可对近期研究的重要性进行区分，进而能够识别相对重要的节点。因此，SPX-PR 算法下的主路径分析结果能够强调近期研究中较为重要的文献。

（三）内容对比分析

SPX-PR 算法下的主路径较为集中。基于全局和关键全局搜索方法，SPX-PR 算法下的结果呈现以下两个特征。首先，与 SPX 算法对比，SPX-PR 算法下的主路径始端强调了链接"Nakamoto，2008→Böhme，2015→Dyhrberg，2016a→Bouri，2017a/Bouri，2017b→Balcilar，2017→Urquhart，2017→Tiwari，2018"在知识扩散和融合过程中的重要作用。该条引用关系链与 SPX 算法下以同样搜索方法获得的引用关系链较少重合。其次，SPX-PR 算法对路径末端具有同等重要程度的链接进行了区分，路径分析结果表明，节点"Syuhada，2020"在近期区块链领域研究中较为突出。该文献基于 vine copula 方法对投资组合的风险价值预测进行了研究（Syuhada and Hakim，2020），这表明近期学术界对多种数字货币间的组合风险测度以及预测较为关注。

SPX-PR 算法下，相比全局和关键全局主路径，局部和关键局部主路径存在明显差异，新出现的节点较多。表 3-5 列出了新增节点的相关信息，其中 L 代表局部主路径。下面将对该条路径进行详细介绍，以从影响力差异角度了解区块链领域的知识扩散过程。

表 3-5　路径上新增节点信息（文献）

序号	节点	路径	作者	期刊	国家	DOI
1	Urquhart，2016	L	Urquhart，A	Economics Letters	UK	10. 1016/J. ECONLET. 2016.09.019
2	Katsiampa，2017	L	Katsiampa，P	Economics Letters	UK	10. 1016/J. ECONLET. 2017.06.023
3	Phillip，2018	L	Phillip，A；Chan，JSK；Peiris，S	Economics Letters	Australia	10. 1016/J. ECONLET. 2017.11.020
4	Gkillas，2018	L	Gkillas，K；Katsiampa，P	Economics Letters	Greece；UK	10. 1016/J. ECONLET. 2018.01.020
5	Fry，2018	L	Fry，J	Economics Letters	UK	10. 1016/J. ECONLET. 2018.08.008
6	Corbet，2018	L	Corbet，S；Meegan，A；Larkin，C；Lucey，B；Yarovaya，L	Economics Letters	Ireland；UK	10. 1016/J. ECONLET. 2018.01.004

续表

序号	节点	路径	作者	期刊	国家	DOI
7	Katsiampa, 2019a	L	Katsiampa, P; Corbet, S; Lucey, B	Journal of International Financial Markets Institutions and Money	UK; Ireland; Vietnam; Australia	10. 1016/J. INTFIN. 2019. 05. 003
8	Corbet, 2019	L	Corbet, S; Lucey, B; Urquhart, A; Yarovaya, L	International Review of Financial Analysis	Ireland; UK	10. 1016/J. IRFA. 2018. 09. 003
9	Alexander, 2020	L	Alexander, C; Heck, DF	Journal of Financial Stability	UK	10. 1016/J. JFS. 2020. 100776

路径如图 3-10 所示，它从第四个节点开始不同。在区块链发展过程的第二阶段，基于影响力差异的主路径识别了研究市场信息有效性的首篇文献，即 Urquhart（2016）。研究结果表明，在整个研究时期，比特币的收益率序列未表现为随机游走，然而第二阶段的子样本表明比特币市场将会更加有效。此后，Katsiampa（2017）对比分析了多种模型，对比特币的价格波动展开了研究。

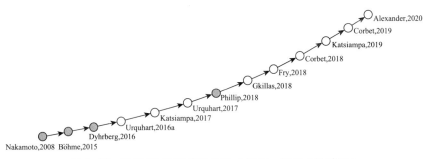

图 3-10　局部/关键局部主路径（文献：SPX-PR 算法）

路径上相连的三个节点，即 Phillip 等（2018）、Gkillas 和 Katsiampa（2018）以及 Fry（2018），围绕比特币价格泡沫展开了研究。Phillip 等（2018）的研究表明，加密货币具有长记忆性、随机波动性和重尾等特征。Gkillas 和 Katsiampa（2018）研究了五种主要加密货币（比特币、以太坊、瑞波币、比特币现金和莱特币）收益率的尾部特征。通过考虑重尾等特征，Fry（2018）介绍了一种价格泡沫检验模型。

学术界对区块链的持续关注使得相关文献数量快速增长，并集中在加密货币的波动性和风险方面。Corbet 等（2018）关注加密货币和其他金融资产的波动性，而 Katsiampa 等（2019）对加密货币的波动动态以及它们之间的相关性和展开了研究。Corbet 等（2019）围绕价格泡沫、市场有效性等方面对相关研究成果进行了梳理。这些丰富的实证文献（Corbet et al.，2018；Katsiampa et al.，2019）和综述性回顾（Corbet et al.，2019）讨论了加密货币在现代资产配置和金融市场中的作用。Alexander 和 Heck（2020）进一步强调了比特币市场的不稳定性以及监管不一致所带来的诸多问题。

影响力差异视角下的主路径分析模型显示，该条路径更加强调与比特币价格泡沫相关的研究，且路径末端不仅强调了加密货币之间的相关性研究，而且强调了与加密货币的影响因素和市场监管相关的研究。整体而言，SPX-PR 算法下的主路径能够有效揭示区块链领域的知识扩散过程。

基于引用差异的主路径分析方法是值得研究的一类问题，该问题的研究能够弥补模型假设过于苛刻等不足。本小节在结构、算法分布和内容对比方面的分析结果表明，优化的模型不仅能够有效区分链接影响力，而且在区块链创新演化总体趋势方面与原有模型呈现一致性，并能挖掘出研究市场信息有效性的首篇文献。综上所述，优化的主路径分析模型在揭示领域的知识扩散过程上具有合理性和科学性。

二　关键文献之间的知识流动

此处基于影响力差异视角，研究关键文献之间的知识流动。选取排名靠前的 20 条引用链接，获得的关键文献群如图 3-11 所示，共包含两个组元。链接之间的遍历权值列在表 3-6 中。与第二章第三节第二小节获得的结果相比，本小节获得的最大组元包含上述小节最大组元中的所有节点，且新识别了七篇文献（见表 3-7），大部分与 Nakamoto（2008）存在直接引用关系，如 Brandvold 等（2015）、Christidis 和 Devetsikiotis（2016）、Gervais 等（2014）以及 Tschorsch 和 Scheuermann（2016）。

Gervais 等（2014）针对增强比特币的去中心化特性提出了解决方案。Brandvold 等（2015）的研究表明，Mt. Cox 和 BTC-e 交易所信息共享率最高。Christidis 和 Devetsikiotis（2016）探索了区块链技术与物联网领域的整合。Tschorsch 和 Scheuermann（2016）从技术视角出发，对加密货币展开了系统介绍。

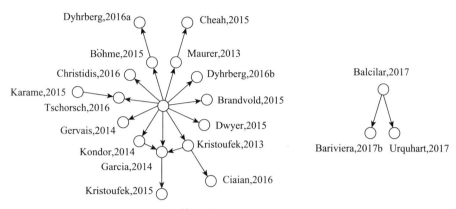

图 3-11　基于影响力差异的关键文献群

基于影响力差异的主路径分析模型挖掘了更多与 Nakamoto（2008）存在直接引用关系的文献。研究表明，围绕着比特币技术、金融以及比特币技术应用方面的研究在关键文献之间的知识流动过程中备受关注。

表 3-6　基于影响力差异的关键文献之间的引用链接

序号	被引文献	施引文献	SPC-PR 值	排名
1	Nakamoto, 2008	Böhme, 2015	2545.510938	1
2	Nakamoto, 2008	Kristoufek, 2013	1916.801964	2
3	Nakamoto, 2008	Maurer, 2013	807.3132814	3
4	Nakamoto, 2008	Kondor, 2014	653.8362608	4
5	Nakamoto, 2008	Dwyer, 2015	534.3494905	5
6	Nakamoto, 2008	Christidis, 2016	520.1729568	6
7	Maurer, 2013	Cheah, 2015	517.4675256	7
8	Böhme, 2015	Dyhrberg, 2016a	354.6938093	8
9	Nakamoto, 2008	Dyhrberg, 2016b	287.0371431	9
10	Kristoufek, 2013	Ciaian, 2016	270.6862556	10
11	Nakamoto, 2008	Garcia, 2014	167.7532278	11
12	Kristoufek, 2013	Garcia, 2014	167.7532278	11
13	Kondor, 2014	Garcia, 2014	167.7532278	11
14	Nakamoto, 2008	Gervais, 2014	148.8200822	12
15	Nakamoto, 2008	Brandvold, 2015	148.0743725	13
16	Karame, 2015	Tschorsch, 2016	92.53575567	14
17	Balcilar, 2017	Urquhart, 2017	83.82684642	15
18	Balcilar, 2017	Bariviera, 2017b	63.85810666	16
19	Garcia, 2014	Kristoufek, 2015	53.11604966	17
20	Nakamoto, 2008	Tschorsch, 2016	46.26787783	18

表 3-7　基于影响力差异的关键文献新增节点信息

序号	文献	作者	期刊	国家	DOI
1	Karame, 2015	Karame, GO；Androulaki, E；Roeschlin, M；Gervais, A；Capkun, S	ACM Transactionson Information and System Security	Germany；Switzerland	10. 1145/2732196
2	Christidis, 2016	Christidis, K；Devetsikiotis, M	IEEE Access	USA	10. 1109/ACCESS. 2016. 2566339
3	Ciaian, 2016	Ciaian, P；Rajcaniova, M；Kancs, D	Applied Economics	Spain；Belgium；Slovakia	10. 1080/00036846. 2015. 1109038
4	Gervais, 2014	Gervais, A；Karame, GO；Capkun, V；Capkun, S	IEEE Security & Privacy	Switzerland；Germany；France	10. 1109/MSP. 2014. 49
5	Brandvold, 2015	Brandvold, M；Molnar, P；Vagstad, K；Valstad, OCA	Journal of International Financial Markets Institutions and Money	Norway	10. 1016/J. INTFIN. 2015. 02. 010
6	Tschorsch, 2016	Tschorsch, F；Scheuermann, B	IEEE Communications Surveys & Tutorials	Germany	10. 1109/COMST. 2016. 2535718
7	Kristoufek, 2015	Kristoufek, L	PLoS One	UK；Czech Republic	10. 1371/JOURNAL. PONE. 0123923

第三节　技术视角下结合 PageRank 算法的区块链创新演化路径

一　主路径分析结果

考虑到文献与专利特征的不同，在应用基于影响力差异的主路径分析模型时，选取专利、发明人和所有权人知识单元对同构网络和异构网络进行了构建。在应用专利数据时，构建的链接矩阵 **P**、**A**、**J** 分别表示专利引用网络、发明人引用网络和所有权人引用网络；转移矩阵 **PA**、**PJ**、**AP**、**AJ**、**JP** 与 **JA** 则代表两两之间的连接关系。同样，根据绪论中的公式（3），可得到 9 个矩阵 $\overline{\textbf{P}}$、$\overline{\textbf{A}}$、$\overline{\textbf{J}}$、$\overline{\textbf{PA}}$、$\overline{\textbf{PJ}}$、$\overline{\textbf{AP}}$、$\overline{\textbf{AJ}}$、$\overline{\textbf{JP}}$ 与 $\overline{\textbf{JA}}$。得到的矩阵规模如表 3-8 所示。基于优化前后的主路径分析模型，本节获得的结果如图 3-12 所示，其中，阴影圆节点代表 SPX 和 SPX-PR

算法下的不同节点。

表 3-8　数据的相关统计信息（专利）

指标	数量
专利个数	17970
发明人个数	12659
所有权人个数	4016
专利引用网络矩阵规模	17970×17970
发明人引用网络矩阵规模	12659×12659
所有权人引用网络矩阵规模	4016×4016
专利-发明人邻接网络矩阵规模	17970×12659
专利-所有权人邻接网络矩阵规模	17970×4016
发明人-所有权人邻接网络矩阵规模	12659×4016

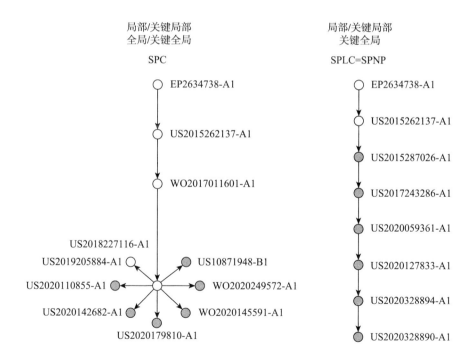

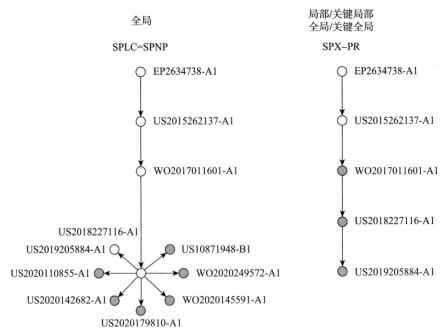

图 3-12   主路径分析结果（专利：SPX 和 SPX-PR 算法）

（一）结构对比分析

通过 U 指标计算公式，本节获得的路径之间差异性的指标值如表 3-9 所示。

结合图 3-12 和表 3-9 可知，基于专利数据的主路径分析结果较为集中。在 SPX 算法内部，指标值的取值范围为 [0.50，0.89]，SPX 算法与 SPX-PR 算法下路径差异性的指标值取值范围为 [0.69，0.85]，而 SPX-PR 算法下的主路径完全相同，指标值均为 0.50。具体而言，在局部、关键局部和关键全局搜索方法下，基于 SPX 算法获得的路径上的大多数节点被保留在 SPX-PR 算法下的路径上，且路径差异仅仅体现在路径末端。基于文献分析，可以推断 SPX-PR 算法可对路径末端具有相同遍历权值的引用链接进行区分。为了检验这一推断，本节稍后将从算法分布方面展开研究。在局部搜索方法下，路径差异较为明显，除了首端两个相同的专利，其他节点均不同。综上所述，尽管路径之间存在差异，首端节点 EP2634738-A1 和节点 US2015262137-A1 重复出现在所有路径上，表明这两项专利在区块链技术初始发展过程中发挥了重要作用。

表 3-9　路径之间差异性的指标值（专利）

路径	1	2	3	4	5	6	7	8	9	10	11	12	13	14	15	16	17	18	19	20	21	22	23	24
1 SPC 局部	—	0.50	0.50	0.50	0.50	0.89	0.50	0.50	0.50	0.89	0.50	0.50	0.69	0.69	0.69	0.69	0.69	0.69	0.69	0.69	0.69	0.69	0.69	0.69
2 SPC 全局	—	—	0.50	0.50	0.50	0.89	0.50	0.50	0.50	0.89	0.50	0.50	0.69	0.69	0.69	0.69	0.69	0.69	0.69	0.69	0.69	0.69	0.69	0.69
3 SPC 关键局部	—	—	—	0.50	0.50	0.89	0.50	0.50	0.50	0.89	0.50	0.50	0.69	0.69	0.69	0.69	0.69	0.69	0.69	0.69	0.69	0.69	0.69	0.69
4 SPC 关键全局	—	—	—	—	0.50	0.89	0.50	0.50	0.50	0.89	0.50	0.50	0.69	0.69	0.69	0.69	0.69	0.69	0.69	0.69	0.69	0.69	0.69	0.69
5 SPLC 局部	—	—	—	—	—	0.89	0.50	0.50	0.50	0.89	0.50	0.50	0.69	0.69	0.69	0.69	0.69	0.69	0.69	0.69	0.69	0.69	0.69	0.69
6 SPLC 全局	—	—	—	—	—	—	0.89	0.89	0.89	0.50	0.89	0.89	0.85	0.85	0.85	0.85	0.85	0.85	0.85	0.85	0.85	0.85	0.85	0.85
7 SPLC 关键局部	—	—	—	—	—	—	—	0.50	0.89	0.89	0.50	0.50	0.69	0.69	0.69	0.69	0.69	0.69	0.69	0.69	0.69	0.69	0.69	0.69
8 SPLC 关键全局	—	—	—	—	—	—	—	—	0.50	0.89	0.50	0.50	0.69	0.69	0.69	0.69	0.69	0.69	0.69	0.69	0.69	0.69	0.69	0.69
9 SPNP 局部	—	—	—	—	—	—	—	—	—	0.50	0.50	0.50	0.69	0.69	0.69	0.69	0.69	0.69	0.69	0.69	0.69	0.69	0.69	0.69
10 SPNP 全局	—	—	—	—	—	—	—	—	—	—	0.89	0.89	0.85	0.85	0.85	0.85	0.85	0.85	0.85	0.85	0.85	0.85	0.85	0.85
11 SPNP 关键局部	—	—	—	—	—	—	—	—	—	—	—	0.50	0.69	0.69	0.69	0.69	0.69	0.69	0.69	0.69	0.69	0.69	0.69	0.69
12 SPNP 关键全局	—	—	—	—	—	—	—	—	—	—	—	—	0.69	0.69	0.69	0.69	0.69	0.69	0.69	0.69	0.69	0.69	0.69	0.69
13 SPC-PR 局部	—	—	—	—	—	—	—	—	—	—	—	—	—	0.50	0.50	0.50	0.50	0.50	0.50	0.50	0.50	0.50	0.50	0.50
14 SPC-PR 全局	—	—	—	—	—	—	—	—	—	—	—	—	—	—	0.50	0.50	0.50	0.50	0.50	0.50	0.50	0.50	0.50	0.50
15 SPC-PR 关键局部	—	—	—	—	—	—	—	—	—	—	—	—	—	—	—	0.50	0.50	0.50	0.50	0.50	0.50	0.50	0.50	0.50
16 SPC-PR 关键全局	—	—	—	—	—	—	—	—	—	—	—	—	—	—	—	—	0.50	0.50	0.50	0.50	0.50	0.50	0.50	0.50
17 SPLC-PR 局部	—	—	—	—	—	—	—	—	—	—	—	—	—	—	—	—	—	0.50	0.50	0.50	0.50	0.50	0.50	0.50
18 SPLC-PR 全局	—	—	—	—	—	—	—	—	—	—	—	—	—	—	—	—	—	—	0.50	0.50	0.50	0.50	0.50	0.50
19 SPLC-PR 关键全局	—	—	—	—	—	—	—	—	—	—	—	—	—	—	—	—	—	—	—	0.50	0.50	0.50	0.50	0.50
20 SPLC-PR 关键全局	—	—	—	—	—	—	—	—	—	—	—	—	—	—	—	—	—	—	—	—	0.50	0.50	0.50	0.50
21 SPNP-PR 局部	—	—	—	—	—	—	—	—	—	—	—	—	—	—	—	—	—	—	—	—	—	0.50	0.50	0.50
22 SPNP-PR 全局	—	—	—	—	—	—	—	—	—	—	—	—	—	—	—	—	—	—	—	—	—	—	0.50	0.50
23 SPNP-PR 关键局部	—	—	—	—	—	—	—	—	—	—	—	—	—	—	—	—	—	—	—	—	—	—	—	0.50
24 SPNP-PR 关键全局	—	—	—	—	—	—	—	—	—	—	—	—	—	—	—	—	—	—	—	—	—	—	—	—

（二）算法分布对比分析

这一部分将从算法分布角度对专利引用网络中的引用链接进行分析。采用与第二节相同的处理方式，本小节获得了专利数据下的算法分布结果，如图3-13和图3-14所示。不同于文献引用网络，专利引用网络中节点之间的连接较为稀疏。通过将遍历权值去重并且降序排列，发现在SPC、SPLC和SPNP算法下，在3578条引用链接中，不重复权值的个数分别为30、36和45。具体而言，由图3-13可知，SPX算法下的尾部节点较为分散，这是由于权值为1、2和3的引用链接占据了绝大比例。例如，在SPC算法下权值为1和2的引用链接数量分别占据了76.86%（1-23.14%=76.86%）和8.19%（23.14%-14.95%=8.19%），在SPLC算法下权值为1和2的引用链接数量分别占据了63.58%和15.40%，在SPNP算法下则分别占据了54.42%和18.30%。考虑到每条引用链接在引用网络中的差异性，SPX算法无法有效对大多数链接进行区分。通过图3-14可以看出，SPX-PR算法可以有效解决上述问题。在该算法下，具有不同权值的引用链接数量分别从30、36和45提升至2038、2319和2320。对比图3-13和图3-14的尾部，SPX-PR算法分布较为连续，且可以有效缓解权值聚集在某几个数周围的问题。

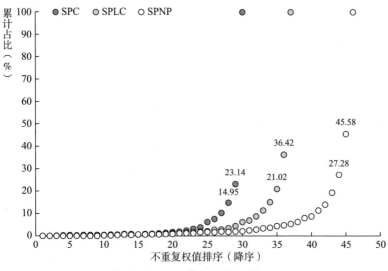

图3-13　SPX算法分布（专利）

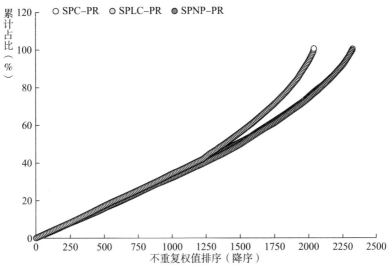

图 3-14　SPX-PR 算法分布（专利）

通过分析文献引用网络和专利引用网络的遍历权值分布规律，发现
SPX 算法分布或 SPX-PR 算法分布均呈现一致性。基于引用关系差异性
角度，在 SPX 算法内部，算法性能大小由小到大排名依次是 SPC、SPLC
和 SPNP。而在 SPX-PR 算法内部，算法性能排名为 SPC-PR、SPLC-PR＝
SPNP-PR。在未来工作中，可通过采用其他数据集对本章得到的结论进
行验证，也可以围绕遍历权值算法展开进一步的分析与研究。

（三）内容对比分析

由图 3-12 可知，无论是采用局部、全局还是关键路径搜索方法，
SPX-PR 算法下的主路径分析结果都完全相同。与 SPX 算法下的主路径
分析结果相比，该路径主要在路径末端表现不同。通过考虑发明人以及
所有权人对专利权威的影响，基于影响力差异的主路径分析模型仅强调
了节点 US2019205884-A1 在近期技术扩散路径中的重要作用。

（传统）主路径分析结果表示，区块链创新的演化过程主要经历了
"数字货币交易技术→智能合约技术和区块链技术的应用"两个阶段，
除了强调智能合约管理以及安全方面的问题之外，还强调了区块链技术
与游戏平台相结合的应用。基于影响力差异的主路径分析结果表示该领
域的技术演化过程主要经历了"数字货币交易技术→智能合约技术"这
两个阶段。这在整体上与主路径分析结果趋于一致，但智能合约技术的

改进发明近期受到了发明者的更多关注。

与上一小节相同，本节从结构、算法分布及内容三个方面对比分析了主路径分析模型和基于影响力差异的主路径分析模型。在解释技术扩散路径的过程中，充分考虑了专利、发明人和所有权人之间的相互作用关系。从算法的区分能力来看，提出的模型具有可行性，能够有效探测链接之间的差异。从技术演化的一致性角度来看，提出的模型具有合理性，能够有效揭示技术扩散过程且能够识别近期区块链领域的主流技术。总体而言，该模型对专利数据同样适用。

二　关键专利之间的技术流动

本小节基于影响力差异视角，识别专利引用网络的关键专利群，研究关键专利之间的技术演化过程。同样选取排名靠前的 20 条引用链接，结果如表 3-10 所示，并获得了关键专利群（如图 3-15 所示）。与第二章第四节第二小节的结果相比，其最大组元基本保持一致，主要围绕专利 WO2017011601-A1 展开。剩余三个组元的节点为新增专利，其详细信息列在表 3-11 中，下面将对它们展开详细分析。除此之外，专利的具体信息（所有权人和专利标题）添加在本书附录中。

表 3-10　基于影响力差异的关键专利之间的引用链接

序号	被引专利	施引专利	SPC-PR 值	排名
1	EP2634738-A1	US2015262137-A1	0.011926005	1
2	WO2015024129-A1	WO2017011601-A1	0.00519377	2
3	WO2015077378-A1	WO2017011601-A1	0.00519377	2
4	WO2015085393-A1	WO2017011601-A1	0.00519377	2
5	US9135787-B1	WO2017011601-A1	0.00519377	2
6	US2015262137-A1	WO2017011601-A1	0.00519377	2
7	WO2015144971-A1	WO2017011601-A1	0.00519377	2
8	US9397985-B1	US10114969-B1	0.004937817	3
9	WO2015024129-A1	WO2017004527-A1	0.003658115	4
10	WO2015085393-A1	WO2017004527-A1	0.003658115	4
11	WO2016022864-A2	WO2017004527-A1	0.003658115	4
12	US9298806-B1	WO2017004527-A1	0.003658115	4
13	US2015262137-A1	US2015287026-A1	0.003172557	5
14	WO2017011601-A1	US2018227116-A1	0.002720183	6

续表

序号	被引专利	施引专利	SPC-PR 值	排名
15	WO2017011601-A1	CN108124502-A	0.001842988	7
16	WO2015144971-A1	WO2017187397-A1	0.001671009	8
17	WO2017066002-A1	WO2018125989-A2	0.001525649	9
18	WO2017011601-A1	CN107341702-A	0.001440187	10
19	WO2015085393-A1	US2017111175-A1	0.001086202	11
20	US2015332283-A1	EP3125489-A1	0.000998118	12

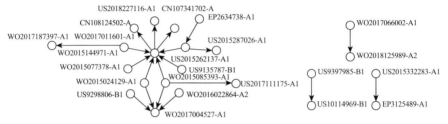

图 3-15　基于影响力差异的关键专利群

表 3-11　基于影响力差异的关键专利新增节点信息

序号	专利	学科类别	德温特分类代码	德温特手工代码
1	US9397985-B1	Computer Science；Engineering	T01	T01-D01；T01-J05A1；T01-J12C；T01-H07A
2	WO2017066002-A1	Computer Science；Engineering；Telecommunications	T01；W01	T01-D01；T01-N02B1D；W01-A05A；T01-N01A1
3	US2015332283-A1	Computer Science；Engineering	T01	T01-J05A；T01-S03
4	US10114969-B1	Computer Science；Engineering；Telecommunications	T01；W01	T01-D01；T01-N01A1；T01-N02B1B；T01-E04；T01-N01D2；T01-N02B1D；T01-J05B2B；T01-N02A3C；W01-A05A；T01-J12C
5	WO2017187397-A1	Computer Science；Engineering；Telecommunications；Instruments Instrumentation	T01；W01；X27	T01-D01；T01-N01A2；T01-N03；T01-E04；T01-N01D3；W01-A05A；T01-J05B2B；T01-N01F；W01-A06C4；T01-J05B2C；T01-N02A3；X27-D01A5；T01-J12C；T01-N02B1A；X27-F05；T01-N01A1；T01-N02B1B

续表

序号	专利	学科类别	德温特分类代码	德温特手工代码
6	WO2018125989-A2	Computer Science；Engineering；Telecommunications	T01；W01	T01-D01；T01-N02A3C；T01-S03；T01-N01F；T01-N02B1B；W01-A06B8C；T01-N02A2E；T01-N02B1G；W01-A06C4
7	US2017111175-A1	Computer Science；Engineering；Telecommunications	T01；W01	T01-D01；T01-N01A3；T01-N02B1B；T01-N01A2D；T01-N01D；W01-A05A
8	EP3125489-A1	Computer Science；Engineering	T01	T01-J05B2B；T01-N02B2；T01-S03

第一个小组元包含两项专利，即 WO2017066002-A1 和 WO2018125989-A2。WO2017066002-A1 可以将个人的身份信息加密储存在区块链中，有利于减少个人账户安全风险，保障账户安全。继计算机和互联网之后，物联网目前已经成为信息产业发展的第三次浪潮。区块链技术与物联网技术的融合有利于进一步推动信息产业的发展。WO2018125989-A2 正是与物联网设备息息相关的发明。

第二个小组元由两个节点构成，包含专利 US9397985-B1 和 US10114969-B1，均与加密信息相关。前者公开了一种用于交易加密信息的平台，后者提出了一种安全的电子信息加密、存储、检索和解密系统。

第三个小组元由两项专利 US2015332283-A1 和 EP3125489-A1 构成。US2015332283-A1 发明了一种基于区块链技术的医疗交易验证系统。EP3125489-A1 的发明有利于检测恶意攻击，对区块链的安全性和可靠性提供了保障。

基于影响力差异视角，关键专利群研究集中在以下几个方面：信息加密平台开发、区块链技术的应用，包括物联网领域和医疗领域，以及恶意攻击检测。

第四节　科学与技术视角下结合 PageRank 算法的区块链创新演化路径对比分析

本章前面内容通过考虑不同主体之间的相互影响，基于提出的影响力差异主路径分析模型研究了科学和技术视角下区块链创新演化路径。并从结构、算法分布和内容三个方面将结果与前一章的结果进行了对比分析。本小节对相关文献和专利中的标题和摘要的关键词进行了提取，可视化结果如图 3-16 和图 3-17 所示，具体词频如表 3-12 和表 3-13 所示。由表 3-12 可知，比特币（bitcoin）和加密货币（cryptocurrencies）是科学研究中的关注点，该结论与前一章的结果保持一致，即学术界的研究从单一的比特币转向加密货币，且其金融属性研究成为研究者重点关注的内容，其中包括收益率、价格波动率等。在关键文献群中，高频关键词包括比特币（bitcoin）、价格（price）、网络（network）以及收益率（returns）等。优化的主路径分析结果显示，在科研研究中，区块链的研究已涉及区块链发展的三个阶段，即区块链 1.0、区块链 2.0 和区块链 3.0。其中，有关加密货币的金融研究是该领域的主流研究趋势，有关底层技术以及区块链技术与其他领域的融合发展研究是掌握该领域主要研究内容的重要突破口。

图 3-16　基于影响力差异的文献关键词词云

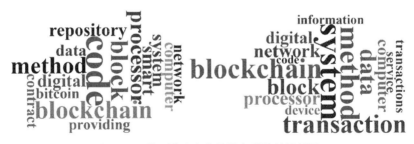

图 3-17　基于影响力差异的专利关键词词云

表 3-12　基于影响力差异的关键词频次（文献）

单位：次

主路径	频次	关键文献群	频次
bitcoin	74	bitcoin	83
cryptocurrencies	58	price	21
market	41	digital	16
volatility	27	currencies	25
returns	22	market	11
price	21	network	11
reserved	17	returns	10
rights	17	time	9
conditional	15	transactions	9
spillovers	15	gold	8
model	11	show	8
risk	10	value	8
shocks	10	volatility	8
time	10	volume	8
financial	9	financial	7

表 3-13　基于影响力差异的关键词频次（专利）

单位：次

主路径	频次	关键文献群	频次
code	24	system	72
block	17	method	63
blockchain	17	blockchain	62
method	16	transaction	57
processor	15	data	53
smart	13	block	50
digital	12	network	41
repository	12	processor	41
system	12	computer	38
computer	11	digital	38
data	11	service	30
network	11	transactions	30
bitcoin	10	device	29
contract	10	information	29
providing	10	code	26

专利主路径上的高频关键词包括编码（code）、处理器（processor）等，专利关键群上的高频关键词包括交易（transaction）、数据（data）、网络（network）等。依据内容来看，技术视角下的区块链创新演化路径与上一章相差不大，近期发明者对智能合约的改进优化较为关注。尽管与上一章得出的关键专利群有所不同，但研究结果表明，发明者较为关注区块链发展的第三个阶段，涉及区块链技术与物联网领域和医疗领域的融合。由此看来，科学研究和技术研究的侧重点有所不同，前者更侧重于通过模型对加密货币的金融属性方面进行研究，后者更侧重于区块链技术与领域的融合。

小　结

本章在剖析现有主路径分析模型不足的基础上，基于 PageRank 算法提出基于影响力差异的主路径分析模型，并应用该模型从科学与技术联动的视角研究了区块链创新演化路径与关键文献与关键专利之间的知识流动和技术流动。

从对文献数据的研究结果来看，优化的主路径分析模型更加强调与比特币价格泡沫相关的研究，且末端出现了与加密货币影响因素和市场监管相关的研究。关键文献群分析结果表明，基于影响力差异的主路径分析模型挖掘了更多与 Nakamoto（2008）存在直接引用关系的文献，且围绕着比特币技术、金融以及比特币技术应用方面的研究在关键文献之间的知识流动过程中备受关注。基于影响力差异视角，关键专利群研究集中在以下几个方面：信息加密平台开发、区块链技术的应用，包括物联网领域和医疗领域，以及恶意攻击检测。

在技术方法层面，大多数研究在应用主路径分析方法时，忽略了引用网络中引用关系之间的差异，即假设所有引用关系在网络中同等重要。为了弥补这一不足，本章基于 PageRank 算法对原始假设进行了修正。提出的假设为：网络中的引用关系可通过施引文献的权威性进行区分，即施引文献可将其影响力传递到参考文献，且传递的影响力的大小与施引文献自身的影响力成正比，与其参考文献数量成反比。具体而言，首先，考虑到文献、作者和期刊之间（专利分析时设置为专利、发明人和所有权人）相互加强的关系，本章通过三者的同构网络和两两之间形成的异构网络，基于 PageRank 算法对引用网络中节点的权威值进行迭代计算；其次，结合节点的权威值，并基于网络结构对每条连线的权值进行加权；最后，基于不同的搜索方法对主路径进行抽取。

本章采用 DNA 领域引用网络对 SPX-PR 算法的有效性进行了检验，并从结构、算法分布以及内容三个方面对比了主路径分析模型和优化主路径分析模型下的区块链科学和技术创新演化路径。科学创新演化路径分析结果表明，SPX-PR 算法下的主路径较为集中。在全局和关键全局搜索方法下，路径末端强调了有关多种数字货币间的组合风险测度以及预测研究在近期知识扩散过程中的重要性。局部和关键局部搜索方法下的主路径与原有主路径相差较大，但整体演化过程呈现一致性。技术创新演化路径分析结果表明，无论采用哪种搜索方法，SPX-PR 算法下的主路径都完全相同。对比原有主路径分析结果，相比区块链技术的应用开发，智能合约技术的改进发明近期受到了发明者的更多关注。无论是文献引用网络还是专利引用网络，SPX 算法和 SPX-PR 算法分布都趋于一致。基于引用关系的差异角度，相比 SPX 算法，SPX-PR 算法能够有效缓解权值聚集在某几个数值周围的问题，其区分能力较强。除此之外，本章发现在 SPX 算法内部，算法性能由小到大排名依次是 SPC、SPLC 和 SPNP，而在 SPX-PR 算法内部，算法性能排名为 SPC-PR、SPLC-PR＝SPNP-PR。研究结果表明，本章提出的优化主路径分析模型能够有效揭示领域知识与技术的扩散过程。该方法能够有效地进行差异化的权值计算，以便构建基于网络分析和路径分析的排名系统。因此，后续的研究人员在将主路径分析方法与排序操作结合时可以考虑使用这一变种的主路径分析方法而非传统的主路径分析方法。

本章从影响力差异角度，研究了科学和技术视角下的区块链创新演化路径。通过综合考虑多主体之间的相互影响和引用网络结构，揭示了区块链领域的知识和技术发展脉络，并从局部角度研究了关键文献和关键专利之间的知识流动和技术流动。结合区块链领域的特征，这些有利于拓展主路径分析方法的理论研究，有利于研究人员从影响力差异角度进一步了解该领域的发展过程。然而本章的研究还存在以下不足：主路径分析方法针对显性引用关系形成的引用网络进行了主路径抽取，忽视了文献之间潜在的关联。识别区块链领域的知识扩散和技术发展过程不能仅仅从直接引用这一单一视角出发，因此，本书将在下一章探讨如何通过文献之间的耦合关系以及共被引关系等识别潜在的链接（虚拟链接），以基于多层叠加网络研究区块链领域的知识和技术扩散过程。

第四章　基于叠加网络的区块链创新演化路径

前一章的研究考虑了节点间的交互作用，提出了基于影响力差异的主路径分析模型，并在此基础上识别了区块链的创新演化路径。然而，该方法以显式的、书面的技术关联和隶属关系探测区块链领域的创新演化，可能会忽视技术间的潜在关联。事实上，在基于技术关联进行创新演化路径识别时，除了要结合显性的引用关系外，还需要考虑各知识节点间不能被这种书面记录完全反映的潜在技术关联。

直接引用分析是捕捉出版物（文献和专利）之间技术关联和知识流动的常用方法之一。两篇存在直接引用关系的出版物可以认为具有某种关联。基于目标领域所有出版物间的直接引用关系构建引用网络，可以反映该领域的知识扩散过程。主路径分析方法是探测引用网络中节点影响力及其联系的方法，这一方法假设出版物中显性和隐性的学术理论、研究思想、科学范式都可以根据引用链接进行传播和扩散，而根据出版物间的直接引用链接进行引用网络分析可以直观、有效地追踪这种显性的知识传递和技术扩散。由于主路径分析方法主要依赖最大连通网络对创新演化路径进行识别，因此需确保抽取的最大连通网络能够代表整个领域的研究历史和发展现状。然而，对于区块链这样的新兴领域，网络中引用链接相对稀疏，部分重要节点未被纳入最大连通网络中。

现代科学和技术研究中，尤其是在复杂的高新技术领域，技术环境的不确定性要求不断优化创新演化路径分析方法，以更全面地探测技术关联信息。以区块链为代表的高新技术领域具有知识来源异构性等特征，使得研发人员和专利审查人员难以捕捉到所有的关联文档。然而，现有的主路径分析方法大多仅考虑文献、专利等文档中作者主动披露的引用信息，但由于新兴主题的网络的稀疏性，以及出版间隔和引用间隔，现有方法已经不能满足对区块链等高新技术领域分析评估的要求，因此要在直接引用这种单一网络的基础上结合其他关联信息构建叠加网络以表征多渠道的技术扩散过程。结合叠加网络构建虚拟链接以表征出版物间的潜在关联能够更为全面地探测区块链领域的创新演化。

第一节 叠加网络下的演化特征和路径识别

主路径分析方法以从原始网络中抽取出的最大的连通网络为基础，因此，最大连通网络对整体网络的表征程度是判断利用主路径分析方法识别目标领域创新演化路径有效性的重要指标。然而，区块链等新兴研究主题的各子网络间联系较为稀疏，使得基于主路径分析方法抽取的最大连通网络可能仅表征出整体网络的部分信息，在此基础上识别的创新演化路径自然也就难以代表整个领域的发展历史和演变趋势。

目前的主路径分析方法已被广泛运用到多个研究领域，比如数据包络分析、技术外包等（Liang et al.，2016）。该方法能从复杂的知识扩散网络中识别出重要的创新演化路径，为科研人员和技术专家厘清发展脉络、制订研究计划提供科学指导。然而，随着主路径分析方法运用到区块链等新兴领域，抽取的最大连通网络能表征整体网络这一假设面临挑战。数据包络分析等领域具有较为长久的发展历史和成熟的科学社区，在网络结构上则表现为具有较少的孤立点和孤立社区，因此抽取的最大连通网络能够覆盖网络中的绝大多数节点。对于区块链等新兴研究主题而言，它们具有明显的交叉学科特征，来自不同领域的学者和研发人员基于各自的行业需求对它们进行整合。因此，从网络视角来看，不同领域的研究主题可能较少产生交集，从而难以形成一个共同的连通网络。这种新兴性和交叉性要求在识别创新演化路径时注意关于整体网络的表征性。

此外，从技术视角运用主路径分析方法识别区块链领域的创新演化路径，也面临相似的问题。相比文献，专利更强调所有权人和市场属性，因此网络中不同公司、主题的专利集群更为封闭，使得抽取的最大连通网络可能仅代表网络中较少的一部分。因此，需要基于技术关联信息扩充最大连通网络，以避免基于最大连通网络识别的演化路径无法代表整个领域的创新演化趋势。

因此，应当基于节点间的潜在关联构建虚拟链接，进而通过虚拟链接连通不存在显性关系但又存在关联的节点，从而保证抽取的最大连通网络能代表整体网络。

一　孤立点的理论意义和现实意义

孤立点是指由于链接稀疏而与最大连通网络联系较少甚至因缺少链接而未出现在最大连通网络中的节点。在传统的引用分析视角下，孤立点因缺少链接而未纳入最大连通网络中，从而在后续的路径识别过程中被忽视。然而，区块链领域的新兴性、交叉性等特征要求在识别创新演化路径时增强对潜在技术或知识关联的表征。因此，在探测知识扩散和识别技术演化路径时不能仅从单一视角出发，需要结合耦合、共被引、语义相关等视角分析节点间的联系，进而抽取能表征整体网络的最大连通网络，以避免识别的路径仅代表网络中的部分研究主题。直接引用关系代表直接的技术启发，共被引等关系则代表潜在的技术组合，因此识别技术演化路径需要从多维视角进行相互补充、相互印证。

专利引用网络已经被广泛运用到网络聚类、链路预测、结构分析、路径识别等研究中（邹乐乐等，2019；Gilding et al.，2020）。然而，完全基于专利引用网络的创新演化路径识别方法存在不足（Smojver et al.，2020）。

Kuan 等（2018）指出直接引用关系要求被引用专利有较早的申请日期，这导致存在高度技术关联的邻近专利缺失引用关系。这种引用关系的缺失还可能源于部分专利的直接引用链接指向了获得授予前的专利申请文件（Kuan et al.，2020）。Hwang 和 Shin（2019）指出引用间隔和出版间隔限制了直接引用网络对研究前沿的探测能力。上述研究分析了直接引用网络难以全面探测知识流动的原因。基于此，后续学者就如何增强专利引用网络进行了探索。Kuan 等（2019）进一步研究发现结合耦合链接可以增强对近期专利活动的探测能力。闵超等（2020）指出结合专利引用网络、耦合网络以及共被引网络可以表征创新扩散中的"黏滞性"，能够更加客观、全面地追踪扩散轨迹。在探测知识流动时，学者们研究了耦合关系、共被引关系与直接引用关系的互补性，并基于这种互补性构建了虚拟链接并将之应用到技术趋势分析中。例如，高楠等（2016）结合耦合信息和共被引信息进行网络聚类，以增强对研究前沿的探测能力。康宇航（2017）构建了"耦合－共被引"混合网络分析模型并将之应用于海量数据中潜在的技术机会挖掘。可以发现，上述研究以耦合链接和共被引链接构建了叠加网络。也有学者在直接引用网络的基础上结合中心度测度等方法进行叠加网络构建。例如，Park 和 Yoon（2018）基于耦合关系和度数中心度生成虚拟链接以探测潜在的技术融合趋势。Yu 和 Pan（2021c）在直接引用关系的基础上利用级联扩展方法从回溯性视角研究了区块链技术的创新演化路径。

由此可见，由于专利中存在的出版间隔和引用间隔，以及高新技术研究具有的前沿性、新兴性、先导性等特点，完全基于专利引用网络的技术创新演化路径识别方法存在不足。结合耦合、共被引与语义分析构建虚拟链接对于完整表达知识流动网络、及时追踪技术扩散路径十分必要，而现有研究主要停留在利用耦合信息构建虚拟的技术扩散链接，较少结合共被引信息和语义信息构建知识流动叠加网络，对基于知识流动叠加网络的创新演化路径识别缺乏深入研究。因此，本章基于叠加网络研究考虑耦合、共被引、语义相关等多维关系的创新演化路径识别方法，是对现有路径识别方法的有益补充，具有重大的理论意义和巨大的实践价值。

二　虚拟链接的识别与构建

直接引用网络作为对专利间显性知识流动过程的结构表达，是进行创新演化路径分析的重要基础。然而，完全基于显性知识流动的路径识别无法有效解决因技术融合、技术迭代、技术分化而导致的技术环境的不确定性问题，高新技术领域的技术复杂、多元特征要求在识别创新演化路径时不能仅依赖直接引用关系这一种知识扩散渠道。因此，本章拟针对直接引用网络难以探测区块链等高新技术领域知识扩散的问题，首先，探讨如何利用耦合网络对受引用间隔影响而缺乏被引信息的新兴成果进行甄别和评估，以增强主路径分析方法对研究前沿的识别能力。其次，利用共被引网络研究早期知识节点间受制于出版间隔而缺乏显性引用信息的知识流动，以建立一个基于共被引强度的知识流动链接补全机制，从而通过网络表征受制于出版间隔和引用间隔的知识流动。最后，为了保证基于耦合网络和共被引网络增加的虚拟链接质量，结合语义网络剔除未能反映实际技术扩散的无关链接，以构建跨维度视角下考虑出版物间潜在关联的知识流动叠加网络，进而识别区块链新兴技术领域的创新演化路径。

　　基于虚拟链接的叠加网络主路径分析方法从多维视角对出版物间的联系进行分析和评估，图4-1展示了如何基于直接引用网络构建虚拟链接。相比传统的引用次数等统计指标，主路径分析方法借助网络中的引用关系测度了节点和链接的间接影响力。然而，基于引用关系考虑技术关联实际上仅考虑了作品在学术出版中的影响力。目前，已有研究从社交传播、传媒转载等方面对研究作品的影响力进行多维度测量。仅利用直接引用信息识别技术关联和技术趋势，容易形成技术趋势分析中的"睡美人"现象，即过度轻视尚未被引用的重要作品。因此，从耦合、共被引以及语义相关等多个维度探测技术关联，有助于更加全面地识别目标领域的发展趋势。

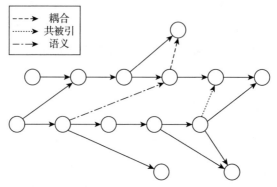

图4-1　虚拟链接的构建示意

　　此外，基于叠加网络的主路径分析方法是对现有主路径分析方法体系的有益补充。事实上，如何解读主路径分析方法的识别结果对于拓展、推广主路径分析方法至关重要。先前研究指出，主路径基于引用链接，从知识扩散的视角为探测目标领域的发展轨迹和扩散脉络提供了定量分析依据（Lucio-Arias and Leydesdorff，2008）。然而，还有学者认为，相对于传统的主题模型演化分析，主路径分析以论文而非关键词为对象，可以提供更高细粒度的演化路径和趋势分析（Jung and Lee，2020）。从后者的观点来看，主路径识别问题的关键并非对真实引用关系和网络的简化，而是能否反映该领域的研究方向转变和主题演化趋势。因此，基于叠加网络的主路径分析方法不仅是对现有主路径分析方法体系的重要补充，也为如何解读主路径分析结果提供了全新视角。

第二节　基于叠加网络的主路径分析方法

基于叠加网络的主路径分析方法关键在于从耦合网络、共被引网络、语义网络中抽取虚拟链接并将之添加到直接引用网络中。因此，本节主要讨论虚拟链接的统计特征，以及考虑虚拟链接的主路径分析方法。

一　叠加网络下的知识扩散偏好

基于叠加网络构建虚拟链接的过程中，首先需要解决耦合链接和共被引链接的阈值问题。考虑到不同链接的阈值由于其分布特征而会有所差异，本章以链接强度大于平均水平两个标准差的耦合链接和共被引链接为基准进行测试。

表 4-1 提供了文献引用网络中在不同阈值下的链接数量，网络中耦合链接数量远多于共被引链接数量，但是耦合链接的强度普遍较低。从这一现象可以看出，虽然区块链研究发展迅速，但在未来研究方向上仍缺乏共识，处于各自探索阶段。事实上，从 Yu 和 Pan（2021c）的成长曲线分析结果中可以发现，区块链的研究还处于成长期，并且仍然处于高速增长阶段。

表 4-1　不同强度下的链接数量（文献）

阈值	耦合链接（条）	共被引链接（条）
2.54/9.20	90241	2576
5	22004	7664
7	7290	4495
10	1666	2576
15	237	1272
20	50	755

由于耦合链接的强度普遍较低，两个标准差的阈值设定（耦合

2.59，共被引9.20）易生成过多的虚拟链接，并不符合区块链领域的实际知识扩散过程。因此，本章最终选择以20为阈值，将耦合或者共被引20次及以上的链接作为虚拟链接加入引用网络中。在这一阈值下，链接两端的文献被组合使用，并且受到了学界的广泛关注和认可。因此，50条耦合链接和755条共被引链接将作为虚拟链接添加至区块链领域文献引用网络中。

其次，对区块链领域的4650份论文和17970份专利的摘要进行了词源提取，并且实施词组提取，以识别"smart contract"这类组合词语。在删除常用词和无意义词语后，最终分别获得3046个和4284个关键词。在此基础上，使用TF-IDF方法对词向量进行赋权，确保具有实际意义的关键词拥有更高的权重。最后，基于词向量获取不同文本间的语义相关度，并将此作为链接的语义相关度。在此基础上，筛选语义相关度达到0.6及以上的链接总计219条。

本章在专利引用网络中根据分布特征将耦合阈值、共被引阈值、语义阈值分别确定为2.10、2.87和0.95，进而确定耦合链接146条、共被引链接214条和语义链接64条。考虑到这些虚拟链接与原有的直接引用链接存在重合，或具有共被引关系的知识节点在语义上亦可能存在相关关系，故在删除冗余链接后获得文献引用网络虚拟链接654条和专利引用网络虚拟链接384条。

图4-2展示了文献引用网络中的直接引用链接、强度不小于5的耦合链接和共被引链接的交集分布。从中可以发现，具有耦合关系的文献间较少存在共被引关系。直接引用分别与耦合和共被引之间存在一定的交集，但是相对于数量庞大的直接引用链接来说，仅有5.37%的引用链接存在耦合关系，7.39%的耦合链接存在引用关系。整体上看，仅有133条链接同时具有直接引用关系、耦合关系和共被引关系，这显示链接间存在较强的互补性。

图4-3、图4-4和图4-5分别表示文献和专利中三种虚拟链接的强度分布情况。为了清晰展现其中的分布规律，对链接数量进行了以自然对数为底数的非线性变换。从图4-3和图4-4可以发现，相比专利，文献具有更高的耦合强度和共被引强度，而图4-5显示专利文本具有更高的语义相关度，因此为文献和专利引用网络中的虚拟链接设置不同的阈

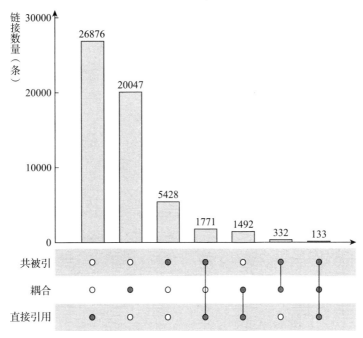

图4-2 引用、耦合和共被引的交集分布

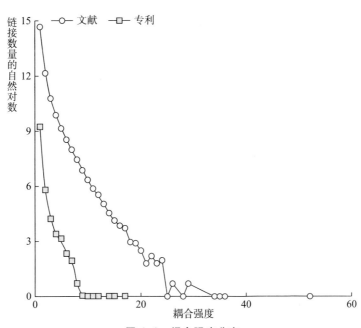

图4-3 耦合强度分布

值是合理的。此外，耦合链接和共被引链接虽然在强度上有差距，但总体遵循相同的分布特征，因此对于文献引用网络，本章基于相同的阈值确定耦合链接和共被引链接。

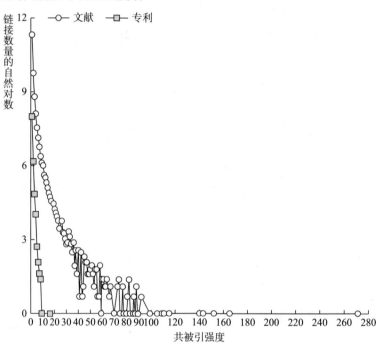

图 4-4　共被引强度分布

　　从图 4-3 和图 4-4 的对比中不难发现，文献和专利在耦合强度上的差异比文献和专利在共被引强度的差异更为显著。这主要因为与文献相比，专利的平均引用和被引次数更低，导致专利引用网络更为稀疏，因此所得出的耦合和共被引强度相对较低。整体上专利的耦合强度和共被引强度在 10 以下，而其下降速度也远快于文献引用网络中的同类型链接，因此本章选择基于均值上两个标准差确定专利引用网络中的虚拟链接。

　　从图 4-5 中可以发现，专利间的语义相关度远高于文献。这主要是因为稀疏的专利引用网络中虚拟链接的潜在搜索空间远大于文献引用网络。4650 份文献构建了较为紧密的科学知识网络，而 17970 份专利形成了相对稀疏的技术知识网络。因此，在耦合和共被引强度上，文献具有更高的平均强度，而在语义上，专利得益于搜索空间具有更高的平均相关度。

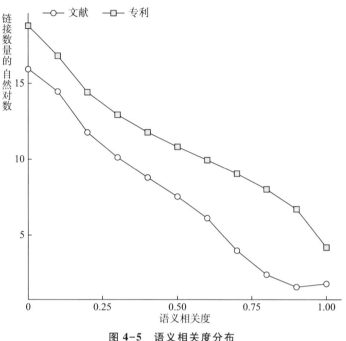

图 4-5　语义相关度分布

　　进一步地，可以分析网络中现有直接引用链接的虚拟链接特征。文献引用网络中的每条直接引用平均存在 1.19 次耦合和 1.12 次共被引，即对于每条直接引用链接，链接的两个节点都存在一次耦合关系，而随着时间的推移最终会存在一次共被引关系。因此，基于耦合或共被引等关系，从多个视角构建虚拟链接会更加全面。当然，由于耦合强度和共被引强度的偏态分布特征，实际网络中并非全部存在一一对应关系。但是，在某种程度上，对于具有耦合关系或共被引关系而缺少直接引用关系的节点对而言，节点间可能存在一定的知识传递关系。然而，其中的直接引用关系由于引用格式、引用间隔、出版间隔等问题未能建立。因此，为了增强创新演化路径对区块链领域知识扩散和主题演化的表征能力，在网络中构建虚拟链接是必要的。此外，直接引用关系往往具有较低的语义相关度（0.1），这意味着后续的研究者不宜通过语义相关度进行线性加权，否则可能会难以捕捉到真实的尤其是跨领域的知识流动。

二　叠加网络下的虚拟链接成因

直接引用网络无法捕捉到的虚拟链接可能具有独有的特征。下面从知识传播速度的角度来研究各个环节之间的差异。引用滞后被定义为被引用作品和施引作品之间的时间间隔，对于文献来说是出版日期，对于专利来说是申请日期（具体见图 4-6 和图 4-7）。

图 4-6（a）中的竖线代表所有链接的平均引用滞后，实心点表示不同链接的平均引用滞后。与原始链接相比，增强链接和缺失链接的引用滞后期更短（0.77 年对 1.33 年，p 值<0.01；0.774 年对 1.33 年，p 值<0.001）。从增强和缺失链接的分布来看，具有耦合关联、共被引关联或语义关联的专利之间的引用滞后比具有直接引用关联的专利要短。换句话说，间隔时间较长的专利之间的关联可以由直接引用链接来捕捉，而识别间隔时间较短的专利之间的关联则需依靠虚拟链接。

图 4-6（b）显示了不同链接的发生时间分布。其中，大多数增强链接发生在最近几年。然而，缺失链接分布相对均匀，特别是考虑到缺失链接相对于同年原始链接的数量占比。

此外，叠加网络中发现的增强链接和缺失链接可以根据其来源进行分类。从图 4-6（c）的引用滞后来看，三种虚拟链接的引用滞后都比较短，而且它们之间的差异没有统计学意义（p 值>0.1）。耦合链接可以揭示相邻专利之间的潜在技术联系，而共被引和语义链接偏向那些相对遥远的专利之间的联系。共被引链接的强度需要时间积累，而一些适当的术语成为研究热点也需要时间。

通过观察图 4-6（d）中增强链接和缺失链接的发生时间，我们发现，共被引链接可以反映早期作品之间的潜在关联，而耦合链接则侧重于后期作品。这一点与共被引链接的强度需要时间来积累有关。语义链接在时间上的分布不均匀，有两个原因。首先，近年来区块链领域的学术论文和专利申请数量迅速增长，因此新链接的数量也在上升。其次，随着区块链研究的展开和相关社区的形成，学术界和产业界开始就专业术语达成共识，赋予了近期作品建立语义链接的优势。

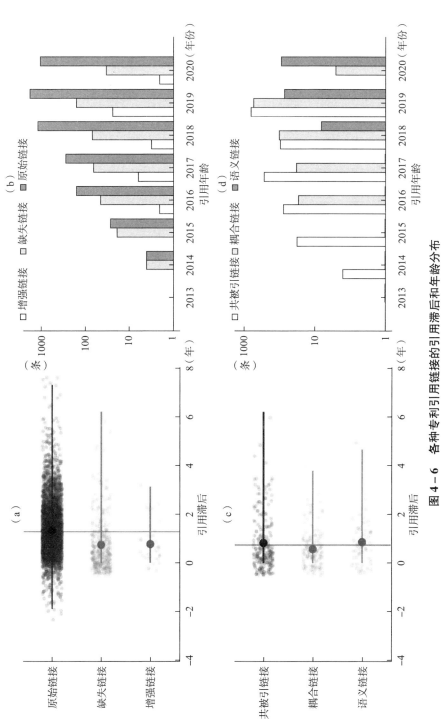

图 4 - 6 各种专利引用链接的引用滞后和年龄分布

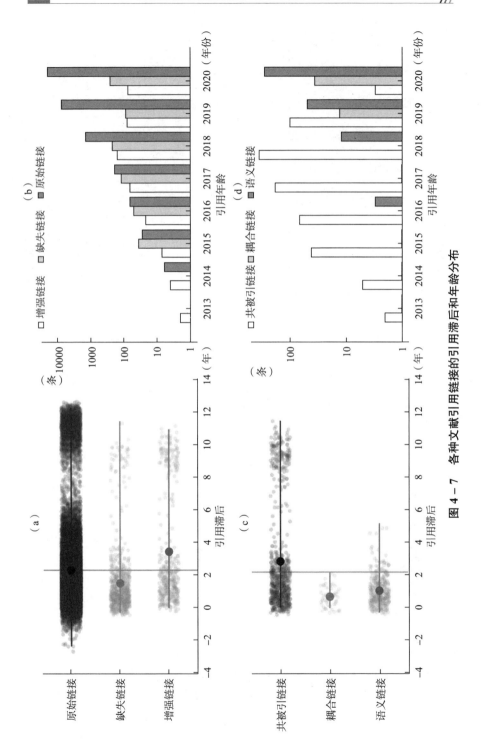

图 4 - 7　各种文献引用链接的引用滞后和年龄分布

总的来说，虚拟链接在各个时期增强了网络，尤其是在该领域的早期发展阶段，并为作品之间的关联提供了大量的信息。这得益于我们的网络构造不完全依赖耦合链接，耦合链接更倾向于寻找最近的关联。共被引链接可以避免早期引用网络的稀疏性，这种稀疏性导致了知识扩散关系的不完整描述。意外的是，语义链接并不像设想的那样均匀地分布在每一年，这可能是由于区块链领域专利和文献的指数级增长。

源点是入度为 0 的节点，而汇点是出度为 0 的节点。孤立点是入度和出度均为 0 的节点，孤立点与网络的主体结构没有明确的关联，因此在传统的主路径分析方法中往往被忽略。在这里我们称入度和出度皆不为 0 的节点为中继点。图 4-8 显示了专利数据的直接引用网络和叠加网络的中继点数量，图 4-9 展示的是基于文献数据的结果。图 4-8 和图 4-9 中的横轴代表网络规模，由现有节点占总节点的比例衡量，纵轴表示不同网络规模下的中继点数量。

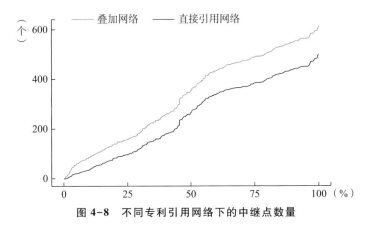

图 4-8　不同专利引用网络下的中继点数量

图 4-8 表明，随着网络规模的扩大，中继点的数量不断增加。由于任何孤立点、源点、汇点在成为中继点后都具有更强的连通性，因此通过观察两个网络中继点的数量差异可以判断缺失链接对知识流的连通性的影响。与原始网络相比，叠加网络总是具有更强的连通性。在完整的专利引用网络中，23 个孤立点、54 个源点和 35 个汇点最终被转化为中继点。缺失链接帮助这些节点找到知识的出处或终点，抑或兼顾两者。图 4-8 中这种近乎线性的增长趋势表明，缺失链接可以有效地增强所有阶段的节点连通性，尽管它们的分布并不均匀。

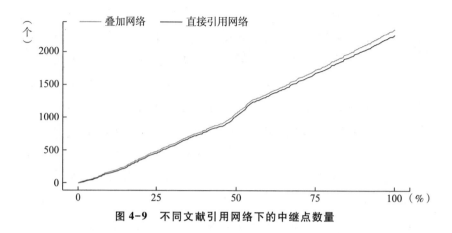

图 4-9　不同文献引用网络下的中继点数量

由于链接的增加，度数指标往往也会增长。因此，本节不进一步讨论这类统计指标的变化，而是从知识流动的角度关注其影响。虚拟链接并未使不同社区之间的划分更加明显，这在模块度指标[①]中得到了体现（文献从 0.528 增加到 0.535，专利从 0.871 增加到 0.875）。然而，就节点在知识流动中扮演的网络角色而言（Gould and Fernandez, 1989），缺失链接发现更多的代表（文献从 108 个到 140 个，专利从 34 个到 62 个）和守门人（文献从 165 个到 215 个，专利从 52 个到 67 个）。这两类角色涉及跨社区交流，前者将内部信息传递给外部成员，后者将外部信息传递给内部成员，它们都促进了社区间的知识流动。

为了深入探讨导致节点转变网络角色的原因，我们进一步研究缺失链接和传输渠道之间的关系。图 4-10 和图 4-11 分别展示了专利和文献引用网络中的角色转换。图 4-10 显示，缺失链接有效地发现了知识的内部渠道。网络中的协调者负责将社区的知识转移向一个同质社区。因此，虚拟链接增加了社区内部的渠道，无论它们是增加输入渠道还是输出渠道。然而，对于其他两个角色（守门人和代表）来说，情况则不同。缺失链接增加了代表的知识流入渠道和守门人的知识流出渠道。他们的共同特点是，这些链接主要代表内部知识扩散渠道。

为了量化所探测到的创新演化路径对整体网络的表征程度，本章选

---

① 模块度，是一种常用的量化网络社区结构强度的方法，该方法的主要思想是良好的社区划分算法应该能使得节点与社区内的节点紧密联系，而与社区外的节点不太联系。

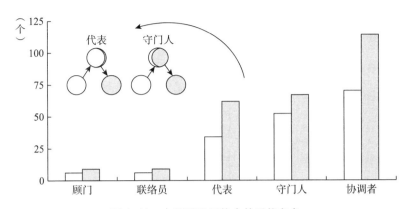

图 4-10 专利引用网络中的网络角色

注：空白圆和空白直方代表原始网络，而阴影圆和阴影直方表示叠加网络；直方描述了网络中不同角色的数量；左上角的月亮图表示缺失的环节是增加了流入渠道还是流出渠道。

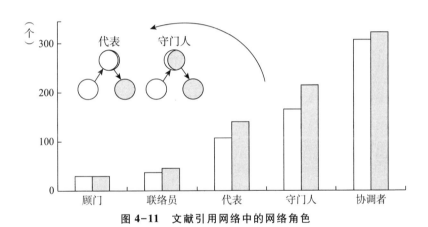

图 4-11 文献引用网络中的网络角色

择主路径轨迹作为种子集，进行 1 代前向和后向的级联引用扩展（Chen and Song，2019）。相关结果如图 4-12 所示。

具体过程如下。首先，提取知识演化路径上的所有节点。其次，将这些节点作为端点，找到与路径上的节点相连的起点。再次，以路径上的节点为起点，找到与之相连的端点。最后，确定新增节点与主路径上的节点之间的联系，生成主路径关联网络。

与传统的主路径分析方法相比，基于叠加网络的主路径分析方法对整个网络有更好的表征，特别是在专利引用网络中。节点的增加大大增强了网络的连通性，但又不会降低其结构洞水平（Burt，2004）。因此，

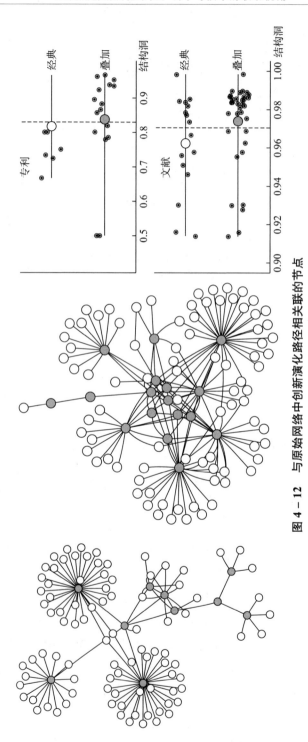

图 4 - 12　与原始网络中创新演化路径相关联的节点

当研究者需要使用主路径进行知识演化路径识别时，基于叠加网络的主路径分析方法可以有效增强原始网络的代表性，从而进一步保证知识演化路径的客观性。

图 4-12 中左侧显示了（专利引用网络中）经典主路径的 1 代前向和后向级联引用扩展，中间描述了叠加主路径的连通性。左侧和中间的网络表明，现有方法识别的主路径对网络的表征能力有限，而加入缺失链接可以显著提高对网络的描述能力。左侧和中间显示了主路径上的节点与网络中其他节点的直接链接，而能够测量间接链接的结构洞指标则在右侧用于一种补充分析。

在以往研究的基础上（Bekkers and Martinelli, 2012），Kuan 等（2021）指出，根据专利受让人与技术轨迹的关系，可以将他们划归不同的网络位置，如引领者、强化者、贡献者、吸收者和旁观者。知识贡献者是指其专利被主路径上的专利所引用的实体，为技术轨迹的形成提供知识来源。相反，知识吸收者指的是其专利被主路径上的专利引用的实体，追踪技术轨迹。知识强化者持有的专利的知识来源于主路径上的节点，同时也被主路径上的节点所引用。换句话说，知识强化者持有的专利具有"回声效应"，强化了现有的主流技术。这里我们同时考虑直接引用和间接引用。

在区块链的发展中，许多实体，如专利受让人、作者和期刊都参与了研究主流的形成。考虑到名称消歧等问题，对网络位置在期刊层面进行汇总，研究缺失链接的影响。除引领者和强化者外，其他位置如贡献者和吸收者并无明显变化。由于引领者的识别取决于主路径，我们在此着重研究强化者。

表 4-2 列出了所有转换为强化者的期刊，其中大部分原先只扮演吸收者的角色。这些期刊源自能源、工程和通信等多个领域，并不像主路径那样局限于经济学。缺失链接识别出这些期刊对研究主流的贡献，认为它们不仅吸收了知识，还推动了区块链研究。考虑到区块链的跨学科性质，基于缺失链接的期刊角色分类更为合理。此外，在发表文章数量排名前十的期刊中，有三种期刊不是强化者。Sustainability、Applied Sciences-Basel 和 Electronics 被认为是知识吸收者，它们对社区的贡献还有待积累。

表 4-2　期刊的角色转换

发文量（篇）	期刊	影响因子	期刊分区
124	Sensors	3.576	一区
62	IEEE Network	10.693	一区
60	IEEE Transactions on Industrial Informatics	10.215	一区
40	Energies	3.004	三区
25	Security and Communication Networks	1.791	三区
21	IEEE Communications Magazine	9.619	一区
18	Journal of Medical Systems	4.460	一区
17	Applied Energy	9.746	一区
4	Journal of Financial Econometrics	3.225	一区
4	Designs Codes and Cryptography	1.492	二区
2	International Journal of Web and Grid Services	7.135	一区
1	Telecommunications Policy	5.519	二区
1	Journal of The Royal Society Interface	4.118	二区

　　由于专利申请和论文提交的审查程序，它们的知识来源被认为在参考文献列表中充分披露。对于一篇论文或专利 i 来说，理论上它是基于之前发表的作品 p_i 完成的。然而，并不是所有作品 p_i 都能进入参考文献列表。第一，一个作品，特别是一个专利，从提交到审查和批准的过程需要一定的时间。它们有时由于各种原因没有被引用，或者引用数据库（Scopus、Web of Science 等）和分析软件（CiteSpace、Hiscite、VoSviewer 等）可能无法正确识别它们的参考文献。第二，最近发表的作品缺乏足够的时间来积累引用，导致一些创新没有被主路径所识别。第三，即使作品已经发表了很长时间，受研究方向和海量文献的影响，有些作品也不会出现在太多研究者的视野中（Chai and Menon，2019）。这三点可以概括为出版滞后、引用滞后和技术视野（Hwang and Shin，2019）。

　　由于上述原因而被遗漏的作品之间的联系可以通过叠加网络进行识别。图 4-6 和图 4-7 中缺失链接的滞后时间较短，说明出版和引用滞后的影响确实存在。结合图 4-6 和图 4-7 中的引用年龄，我们可以发现，基于共被引强度的缺失链接善于发现早期作品之间的联系，而基于耦合强度的缺失链接则适合于检测新兴技术。然而，图 4-6 和图 4-7 中共被引链接的滞后期是最长的。这意味着早期作品之间链接的缺失不太可能是由于出版滞后和引用滞后，而是由于对新兴社区的不了解。我们在图4-13中对团队规模的研究验证了引用滞后和技术视野效应的存在。缺失链接更善于发现小团队的知识，这可能是因为小团队的贡献需要更长的时间才能在单一的直接引用视角下被认可。以前的研究（Shen et al.，2021；Wuchty et al.，2007）已经探讨了团队规模和被引量之间的正相关关系，小团队产出的论文和专利在引用数量上是不占优的。部分引用由于上述原因而未能建立，缺失链接能够在一定程度上将它们识别出来。

这些研究为后续研究人员进行基于引用网络的分析提供了启示。不同的网络分析方法对网络提出了不同的要求。例如，Liu等（2013b）提出的集体动力学方法依赖网络中群体元素的连通性和互动性，而主路径分析方法则取决于网络中最大连通部分的占比（Jiang et al.，2020）。根据后续分析的要求，选择合适的缺失链接作为补充，有利于增强引用分析的合理性和客观性。

我们的研究发现，缺失链接明显增加了社区内的知识流动渠道，使得叠加主路径的主题一致性强于经典主路径。具体来说，各种链接有不同的倾向性。与原始链接相比，耦合链接几乎肯定会增加社区内的知识流（文献为98%、专利为99%），这意味着耦合链接可以用来发现同一社区内的同时代科学发展和技术演变。缺失链接可以适用于那些对社区连通性要求较高的方法。此外，对网络位置的分析表明，缺失链接的加入并没有放大网络中的马太效应。相反，可以发现来自非经济学领域的期刊的贡献。共被引链接本身与耦合链接类似，它侧重于社区内的知识流动，但当与直接引用链接结合时，它可以发现社区之间的流动。一个可能的解释是，共被引是常见的，但在共被引和直接引用结合的情况下，没有耦合意味着非典型的共同引用组合，可能是引用节点将被引用节点推广到前者所在的社区。与此相反的是语义链接，当它与直接引用链接结合时，更倾向于社区内的知识流动。没有直接引用链接意味着它们只使用类似的概念，但由于应用不同而被归入不同的社区。后续研究人员应根据自己的数据和研究方法，选择是否包含缺失链接以增强结果的客观性，并应根据缺失链接在社区内增强扩散渠道的能力，决定是否引入其他方法作为补充。

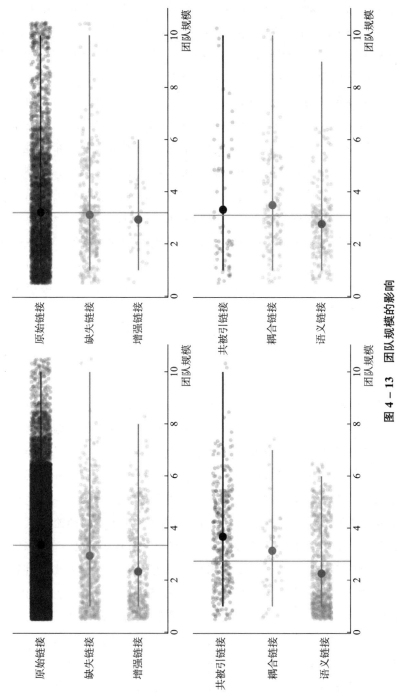

图 4 - 13　团队规模的影响

注：左侧的两个子图是基于文献数据的，右侧的两个子图是基于专利数据的；对于团队规模超过10的，我们将之视为10。

三　基于叠加网络的主路径分析方法

前面两章基于传统的主路径分析方法和考虑影响力差异的主路径分析方法，从科学和技术联动视角对区块链的创新演化路径进行了研究，以实现对区块链历史发展和研究现状的溯源。本章在此基础上，考虑出版间隔和引用间隔导致的引用缺失，通过耦合和共被引分析增加虚拟（引用）链接以构建知识流动叠加网络，进而提出一种基于叠加网络的主路径分析方法，实现对区块链领域创新演化路径的识别。基于叠加网络的主路径分析方法总计分为四个阶段：链接增强阶段、节点增强阶段、语义增强阶段和路径识别阶段。图4-14所示是基于叠加网络的演化路径识别方法的技术框架图。

（1）链接增强阶段。首先，基于专利间的耦合关系解决新兴技术因引用信息不足而导致难以分析的问题，以增强主路径分析方法对研究前沿的探测能力。其次，基于专利间的共被引关系探测因技术融合而被广泛使用的专利组合，从而更好地表征因出版间隔和技术融合而遗漏的潜在知识流动。最后，基于耦合强度和共被引强度，在基础网络中增加上述虚拟链接以构建知识流动叠加网络，从而在显性、书面、经审核的引用关系中根据潜在的耦合结构和共被引结构，将知识流动网络从单一引用关系拓展到多维关联关系，通过叠加网络的方式实现对区块链领域知识流动网络全面、多元、及时地构建、量化和分析。

（2）节点增强阶段。链接增强阶段加强主路径分析方法对网络中节点的潜在探测能力，但是对于因引用间隔、出版间隔、评价间隔等问题而受到忽视的节点难以补救。主路径分析方法需要先从整体网络中抽取最大连通网络，在此基础上进行遍历权值赋予和演化路径识别。因此，对网络中所有节点进行语义相关度匹配，有助于全面探测识别小组元网络中潜在的相关节点。对"孤立点"的找回有助于对潜在的技术扩散链接和"睡美人"节点进行识别，从而发现潜在的知识流动和范式转移趋势。

（3）语义增强阶段。为了增强知识流动叠加网络中虚拟链接对实际技术扩散表征的准确性，采用自然语言处理技术对网络中的技术扩散链接进行筛选，即根据链接两端网络节点的语义相关度对链接进行赋权，

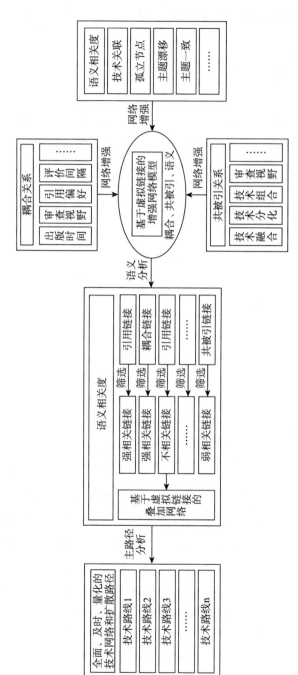

图 4 - 14　基于叠加网络的主路径分析方法的技术框架

以避免权值传递中的主题漂移现象。首先，基于专利分类号、技术关键词和文本的向量表示来计算节点相似度。其次，使用正态分布函数对链接进行赋权，以避免线性权重赋值导致的弱链接消失和主题集中化问题。最后，对于主题一致性过弱的技术扩散链接执行降权惩罚，从而避免不相关的扩散链接因权值传递而获得过高权值，进而保障识别的创新演化路径在主题上具有连续性。虚拟链接和语义信息分别从结构信息和文本信息的角度对直接引用网络进行增强，以实现基于叠加网络的区块链创新演化路径识别。

（4）路径识别阶段。首先，将上述的虚拟链接加入原始的引用网络形成叠加网络。其次，按照传统主路径分析方法抽取最大连通网络。最后，基于遍历权值算法对连通网络中的链接进行赋权，并结合路径搜索方法识别出区块链领域的创新演化路径。

包含语义增强阶段的叠加主路径在引用网络的知识扩散轨迹识别中具有良好的表现，能够在路径长度和内容细粒度之间取得平衡。而仅包含链接增强和节点增强两个阶段的叠加主路径会助长主路径分析方法在路径搜索时的贪婪性，过于追求长演化路径而忽视节点间的相关性。考虑链接的语义相关度能够基于赋权实现对虚拟链接的筛选，以避免无关的知识扩散链接影响最终的演化路径选择。

链接增强阶段与传统主路径分析方法中的遍历权值计算阶段是基于网络结构对科学和技术扩散路径进行分析、评估和识别。而节点增强阶段和语义增强阶段是基于文本内容的主题演化和扩散分析。因此，基于叠加网络的主路径分析方法能够将网络结构分析与引用内容分析相结合，实现对创新演化过程更加全面的探测，加深学术专家和研发人员对区块链领域的理解。

第三节 科学视角下基于叠加网络的区块链创新演化路径

本节通过识别关键知识扩散链接研究区块链领域的创新演化路径，其中叠加网络下的全局主路径是关键主路径的子集，因此本节先从全局视角分析区块链的创新演化过程，再借助关键主路径识别潜在的创新演化过程。

一　全局主路径

图 4-15 呈现了科学视角下基于叠加网络的区块链创新演化全局主路径，其中阴影圆节点代表同时出现在经典全局主路径上的节点。与图 2-3 相比，基于叠加网络的区块链创新演化路径变化较大，并且这种变化反映在全阶段上。在不同时期，叠加主路径和经典主路径虽具有一定的相似性，但是从整体视角来看叠加主路径提供了全新的视角。根据它与经典主路径的相似程度以及研究主题的变化，下面将根据路径的四个阶段依次进行讨论。

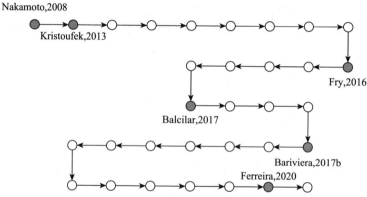

图 4-15　科学视角下基于叠加网络的区块链创新演化全局主路径

图 4-16 所示是叠加主路径的第一阶段。Dwyer（2015）从货币供应和交易的视角对比特币市场进行分析，指出多数比特币已经被最初的持有者抛售。此外，比特币作为避险和投机资产，具有逃避资本管制的能力，Dwyer 指出它可能削弱政府在通货膨胀中增加税收收入的能力。Kristoufek（2015）则在此基础上分析了比特币的交易价格。该研究发现比特币具有双重属性，既包含标准金融资产的特性，亦可作为投机性资产。Cheah 和 Fry（2015）对当时的比特币市场进行了估值，认为比特币缺乏基本价值，然而市值高达 33 亿美元，因此比特币市场易出现泡沫。这一观点与 Kristoufek（2015）认为比特币具有投机性资产属性的观点相吻合。这些研究从不同角度对比特币的估值、流动进行了讨论，都涉及对比特币资产属性的确认。Ciaian 等（2016）在上述研究的基础上探讨了比特币市场的价格形成机制，并指出比特币价格并不如汇率、油价和道琼

斯指数等一样受宏观金融发展趋势的影响。Polasik 等（2015）在 Ciaian 等（2016）的基础上进一步讨论比特币的价格形成机制。研究发现其价格主要由比特币交易量、普及率、新闻报道和传媒情绪等决定。美元和黄金分别作为交易优势媒介和存储优势媒介，是长期受到金融市场认可的优势资产。Dyhrberg（2016a）对比特币的资产属性进行了探索，认为比特币介于美元和黄金之间，既具有交易优势，又具有存储优势。Dyhrberg（2016b）对比特币套期保值能力进行了研究，认为它在短线交易中可与美元和黄金对冲。

图 4-16　叠加主路径的第一阶段

除了像经典主路径上的文献一样普遍具有较高的被引量外，根据 Elsevier 的数据，这一时期的文献还具有较高的社交媒体传播度。即使它们之间并不全部存在显性、书面的正式引用链接，但这些知识节点反映出当时的研究人员和社会大众对比特币这一新兴事物的持续关注。因此，基于叠加网络的主路径分析方法可以有效地探测研究热点。

图 4-17 所示是叠加主路径的第二阶段。Urquhart（2016）通过对比特币市场信息效率的研究，指出目前该市场效率与其余新兴市场一致，均处于低水平阶段，但随时间的推移会有所提升。由于以比特币为主的加密货币主要以工作量证明为共识基础，因此在计算能力等同的情况下，比特币价格的上涨必然带来电力能源需求的上升。Bouri 等（2017a）开始研究比特币与大宗商品尤其是能源市场的对冲关系，发现比特币在其价格崩溃前具有较强的避险属性，而在崩溃后更适合作为一种多元化资产组合选择。在此基础上，Bouri 等（2017b）深入研究了比特币的风险对冲属性。研究指出，与石油等资产不同的是，比特币在对冲亚洲股市下跌风险时表现显著，但在与美元指数对冲时仅适合作为多元化资产来分散投资风险。Bouri 等（2017c）再次对比特币 2013 年的价格崩溃后的价格走势展开分析，发现比特币在与美国股票形成投资组合后具有一定的风险规避能力，且该能力并不受比特币价格波动的影响。

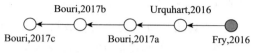

图 4-17   叠加主路径的第二阶段

先前的研究重点关注比特币的资产属性和价格机制，这一阶段的文献主要关注比特币作为金融资产的对冲能力和避险能力。Bouri 等学者研究了比特币在市场崩溃时间节点前后和不同风险对冲市场等条件下的避险能力，对于理解比特币的价格形成机制具有指导意义。

图 4-18 所示是叠加主路径的第三阶段。Katsiampa（2017）基于多个 GARCH 模型对比特币的波动性进行了估计，研究结果表明 AR-GARCH 模型表现优良。Urquhart（2017）通过对交易价格的位数进行聚类，发现比特币交易价格和数量对价格集群的形成具有显著影响。Bariviera 等（2017）则对不同时间维度下的比特币市场回报率进行了去趋势波动分析。

图 4-18   叠加主路径第三阶段

这些研究分别对比特币的波动性、交易价格和回报率进行了分析。相比先前阶段的研究，研究主题更加多元化，但依然以比特币为主要研究对象，较少关注其余加密货币以及以区块链作为底层技术的其他应用。

图 4-19 所示是叠加主路径的第四阶段。Phillip 等（2018）对市场上 223 种加密货币的特征分别进行了研究，指出加密货币具有长期记忆性、随机波动性、弱杠杆性和强尾随性。Gkillas 和 Katsiampa（2018）检查了主要加密货币的尾部行为，并指出比特币和莱特币的风险相对可控，而从比特币分裂的比特币现金具有较高的投资风险。Corbet 等（2018）则指出加密货币市场整体具有难以对冲的系统风险，认为加密货币不属于目前的资产分类体系。Baur 等（2018a）探讨了比特币作为交换媒介和投资资产的问题，指出它并非以交易对象的身份作为交换媒介，且比特币的投机性导致它难以发挥交换作用。Baur 等（2018b）在 Dyhrberg（2016a）的基础上研究发现，仅仅依赖计量模型不仅无法判定比特币和黄金在回报波动性上是否具有相似性，也无法判定比特币是否可以对冲

美元。Klein 等（2018）指出比特币并非新黄金，尤其是在市场困境下，比特币价值迅速缩水，而黄金能够充分发挥其避险能力。Shahzad 等（2019）认为比特币和黄金在某种情况都只能作为弱避险资产，因此分析比特币的避险作用应因时而异。Guesmi 等（2019）指出投资组合为黄金、石油、股票时，加入比特币可以显著降低投资风险。Bouri 等（2020）的研究表明比特币、以太坊和莱特币在对亚洲股票的风险对冲上表现显著，这一结论与 Bouri 等（2017b）相一致。Naeem 等（2020）指出比特币可作为非周期性行业的对冲资产，而黄金在对冲周期性行业资产上具有更好的表现。但整体而言，黄金是优越而稳定的对冲资产。Shahzad 等（2020）基于七国集团的股票指数对黄金和比特币的避风港效应进行了研究，指出黄金在对冲有效性和多样化收益上相对于比特币更稳定，尤其是在市场处于抗跌状态时。

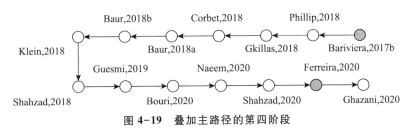

图 4-19　叠加主路径的第四阶段

路径尾部与第二章第三节第一小节中经典主路径的多点开花特征有所差异。Ghazani 和 Khosravi（2020）基于交叉相关性测试统计分析和趋势移动平均交叉相关性分析研究比特币、以太坊、波纹币与布伦特原油等原油资产的关系，发现以太坊和波纹币、美国西得克萨斯轻质原油之间均具有较强的相关性。

这一阶段的研究主要有以下特征。一是研究目标从比特币转移到以比特币为代表的加密货币。相比之前的研究，该阶段的研究不再局限于比特币这一种加密货币，研究范围得到极大的拓展。这可能得益于越来越多的加密货币登陆交易所，相关的交易数据更易获得。二是将比特币与其他投资性资产尤其是与黄金相对比，探索特定环境下比特币的对冲能力，比如亚洲市场、非周期性行业等。这些研究对于如何将以比特币为代表的加密货币从投机性资产转变为投资性资产起到指导作用。

二　关键主路径

相对于经典全局主路径，虽然基于叠加网络的全局主路径在整体上提供了更多的细节，但是它仅为相关学者提供了较少的近期研究方向。而基于叠加网络的关键主路径能够识别区块链近期发展的多个研究分支，有利于为相关从业者更加全面地了解科学视角下区块链领域的主题演化提供客观依据。

图 4-20 是基于叠加网络的区块链创新演化关键主路径，其中空白圆节点是相比图 2-4 中经典主路径的不同之处，而深色圆节点则是与图 4-15 中主路径相比的新增节点。

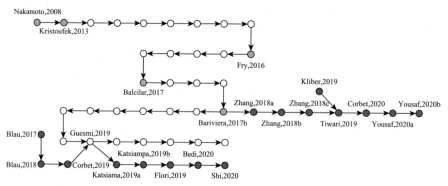

图 4-20　科学视角下基于叠加网络的区块链创新演化关键主路径

Blau（2017，2018）测试了比特币的异常波动是否源于大规模的投机活动，并验证了投机交易与异常波动间不存在相关性。Corbet 等（2019）对现有加密货币的文献进行了梳理，并指出要降低对加密货币潜在价值和社会利益的期望，以避免郁金香泡沫再次发生。

另一分支基于去趋势交叉相关性分析对区块链的市场交易展开了进一步的研究。Zhang 等（2018a）基于汇率综合指数发现比特币市场并未随着经济全球化而实现一体化，而是与他国比特币市场呈现非同步变化趋势。Zhang 等（2018b）探索谷歌搜索趋势和比特币市场之间的关系。研究发现随着时间的推移，谷歌搜索趋势和比特币回报之间的相关性呈下降趋势。Zhang 等（2018c）结合道琼斯工业平均指数对比特币等 9 种加密货币的信息效率进行了研究，指出这些加密货币市场都是低效市场，这一结论与 Urquhart（2016）的研究一致，但是后者仅研究了比特币市场。

Kliber 等 (2019) 基于中国、日本、瑞典、委内瑞拉和爱沙尼亚的每日股票指数数据与法定货币和比特币价格之比，分析比特币套期保值等能力。研究发现比特币仅在委内瑞拉可作为避险资产，而在中国和日本可作为多元化投资工具，在瑞典和爱沙尼亚可作为弱对冲工具。Tiwari 等 (2019) 研究了标准普尔 500 指数和 6 种加密货币之间的关联性，发现莱特币是最适合对冲标普 500 指数风险的加密货币，因此可以考虑将它作为投资组合多元化的金融工具。Corbet 等 (2020) 指出 COVID-19 期间，社会和财政受特殊风险影响呈现脆弱性，但加密货币难以成为风险的避风港或对冲器，反而成为一种放大镜。Yousaf 和 Ali (2020a) 在分析了 COVID-19 期间加密货币的投资回报和波动性后，建议将比特币与其他加密货币组合起来投资。Yousaf 和 Ali (2020b) 研究了加密货币之间的波动性传递，发现在 COVID-19 之前，仅存在从比特币到以太坊的波动性溢出，且效应并不显著。然而，在 COVID-19 期间，加密货币间的波动性传递明显，投资者应当考虑更改投资策略和更新投资组合。

Katsiampa 等 (2019) 研究指出，比特币作为最主要的加密货币，在波动性传递中并不占据主导地位，但其波动的冲击性具有持久性。Katsiampa (2019) 研究发现消息的积极与否对比特币等加密货币具有不对称影响，且比特币市场受相关新闻影响显著。Flori (2019) 基于贝叶斯框架研究投资者主观意愿对加密货币市场的驱动作用，发现比特币市场存在远程记忆和波动性聚集现象。Bedi 和 Nashier (2020) 讨论了比特币分散风险的能力是否因货币计价方式而存在差异，研究表明在人民币、日元和美元的投资组合下，比特币可以显著调整资产回报率。Shi 和 Sun (2020) 则对数字货币和电子支付的 454 项现有研究进行了综述，并将它们分为三类：投资组合配置、市场效率及价格动态和数字货币的经济作用。

表 4-3 提供了基于叠加网络的全局主路径和关键主路径上的节点信息，从中不难看出叠加网络下关键主路径可视为全局主路径的超集。

表 4-3 叠加主路径的节点信息（文献）

序号	节点	路径	作者	期刊	国家	DOI
1	Nakamoto, 2008	G/K	Nakamoto, S			
2	Kristoufek, 2013	G/K	Kristoufek, L	Scientific Reports	Czech Republic	10. 1038/SREP03415
3	Dwyer, 2015	G/K	Dwyer, GP	Journal of Financial Stability	USA; Spain	10. 1016/J. JFS. 2014. 11. 006
4	Kristoufek, 2015	G/K	Kristoufek, L	PLoS One	UK; Czech Republic	10. 1371/JOURNAL. PONE. 0123923
5	Cheah, 2015	G/K	Cheah, ET; Fry, J	Economics Letters	UK	10. 1016/J. ECONLET. 2015. 02. 029
6	Ciaian, 2016	G/K	Ciaian, P; Rajcaniova, M; Kancs, D	Applied Economics	Spain; Belgium; Slovakia	10. 1080/00036846. 2015. 1109038
7	Polasik, 2015	G/K	Polasik, M; Piotrowska, AI; Wisniewski, TP; Kotkows-ki, R; Lightfoot, G	International Journal of Electronic Commerce	Poland; UK	10. 1080/10864415. 2016. 1061413
8	Dyhrberg, 2016a	G/K	Dyhrberg, AH	Finance Research Letters	Ireland	10. 1016/J. FRL. 2015. 10. 008
9	Dyhrberg, 2016b	G/K	Dyhrberg, AH	Finance Research Letters	Ireland	10. 1016/J. FRL. 2015. 10. 025
10	Fry, 2016	G/K	Fry, J; Cheah, ET	International Review of Financial Analysis	UK	10. 1016/J. IRFA. 2016. 02. 008
11	Urquhart, 2016	G/K	Urquhart, A	Economics Letters	UK	10. 1016/J. ECONLET. 2016. 09. 019
12	Bouri, 2017a	G/K	Bouri, E; Jalkh, N; Molnár, P; Roubaud, D	Applied Economics	Lebanon; Norway; France	10. 1080/00036846. 2017. 1299102
13	Bouri, 2017b	G/K	Bouri, E; Molnár, P; Azzi, G; Roubaud, D; Hagfors, LI	Finance Research Letters	Lebanon; Norway; France	10. 1016/J. FRL. 2016. 09. 025

续表

序号	节点	路径	作者	期刊	国家	DOI
14	Bouri, 2017c	G/K	Bouri, E; Azzi, G; Dyhrberg, AH	Economics	Lebanon; Ireland	10. 5018/ECONOMICS – EJOURNAL. JA. 2017–2
15	Balcilar, 2017	G/K	Balcilar, M; Bouri, E; Gupta, R; Roubaud, D	Economic Modelling	Turkey; France; South Africa; Lebanon	10. 1016/J. ECONMOD. 2017. 03. 019
16	Katsiampa, 2017	G/K	Katsiampa, P	Economics Letters	UK	10. 1016/J. ECONLET. 2017. 06. 023
17	Urquhart, 2017	G/K	Urquhart, A	Economics Letters	UK	10. 1016/J. ECONLET. 2017. 07. 035
18	Bariviera, 2017a	G/K	Bariviera, AF; Basgall, MJ; Hasperue, W; Naiouf, M	Physica A: Statistical Mechanics and Its Applications	Argentina; Spain	10. 1016/J. PHYSA. 2017. 04. 159
19	Bariviera, 2017b	G/K	Bariviera, AF	Economics Letters	Spain; Peru	10. 1016/J. ECONLET. 2017. 09. 013
20	Phillip, 2018	G/K	Phillip, A; Chan, JSK; Peiris, S	Economics Letters	Australia	10. 1016/J. ECONLET. 2017. 11. 020
21	Gkillas, 2018	G/K	Gkillas, K; Katsiampa, P	Economics Letters	Greece; UK	10. 1016/J. ECONLET. 2018. 01. 020
22	Corbet, 2018	G/K	Corbet, S; Meegan, A; Larkin, C; Lucey, B; Yarovaya, L	Economics Letters	Ireland; UK	10. 1016/J. ECONLET. 2018. 01. 004
23	Baur, 2018a	G/K	Baur, DG; Hong, K; Lee, AD	Journal of International Financial Markets Institutions and Money	Australia; South Korea; Australia	10. 1016/J. INTFIN. 2017. 12. 004
24	Baur, 2018b	G/K	Baur, DG; Dimpfl, T; Kuck, K	Finance Research Letters	Australia; Germany	10. 1016/J. FRL. 2017. 10. 012

续表

序号	节点	路径	作者	期刊	国家	DOI
25	Klein, 2018	G/K	Klein, T; Thu, HP; Walther, T	International Review of Financial Analysis	Germany; North Ireland; Switzerland	10.1016/J.IRFA.2018.07.010
26	Shahzad, 2019	G/K	Shahzad, SJH; Bouri, E; Roubaud, D; Kristoufek, L; Lucey, B	International Review of Financial Analysis	France; Lebanon; Czech Republic; Ireland	10.1016/J.IRFA.2019.01.002
27	Guesmi, 2019	G/K	Guesmi, K; Saadi, S; Abid, I; Ftiti, Z	International Review of Financial Analysis	France; Canada	10.1016/J.IRFA.2018.03.004
28	Bouri, 2020	G/K	Bouri, E; Lucey, B; Roubaud, D	Finance Research Letters	Lebanon; Ireland; France; Australia; Vietnam	10.1016/J.FRL.2019.06.009
29	Naeem, 2020	G/K	Naeem, MA; Hasan, M; Arif, M; Shahzad, SJH	Sage Open	New Zealand; Pakistan; France; Russia	10.1177/2158244020926508
30	Shahzad, 2020	G/K	Shahzad, SJH; Bouri, E; Roubaud, D; Kristoufek, L	Economic Modelling	France; Lebanon; Czech Republic	10.1016/J.ECONMOD.2019.07.023
31	Ferreira, 2020	G/K	Ferreira, P; Kristoufek, L; Pereira, EJAL	Physica A: Statistical Mechanics and Its Applications	Portugal; Czech Republic; Brazil	10.1016/J.PHYSA.2019.123803
32	Ghazani, 2020	G/K	Ghazani, MM; Khosravi, R	Physica A: Statistical Mechanics and Its Applications	Iran	10.1016/J.PHYSA.2020.125172
33	Blau, 2017	K	Blau, BM	Research in International Business and Finance	USA	10.1016/J.RIBAF.2017.05.010

续表

序号	节点	路径	作者	期刊	国家	DOI
34	Zhang, 2018a	K	Zhang, W; Wang, PF; Li, X; Shen, DH	Complexity	China	10.1155/2018/8691420
35	Blau, 2018	K	Blau, BM	Research in International Business and Finance	USA	10.1016/J.RIBAF.2017.07.183
36	Zhang, 2018b	K	Zhang, W; Wang, PF; Li, X; Shen, DH	Physica A: Statistical Mechanics and Its Applications	China	10.1016/J.PHYSA.2018.06.073
37	Zhang, 2018c	K	Zhang, W; Wang, PF; Li, X; Shen, DH	Physica A: Statistical Mechanics and Its Applications	China	10.1016/J.PHYSA.2018.07.032
38	Corbet, 2019	K	Corbet, S; Lucey, B; Urquhart, A; Yarovaya, L	International Review of Financial Analysis	Ireland; UK	10.1016/J.IRFA.2018.09.003
39	Kliber, 2019	K	Kliber, A; Marszalek, P; Musialkowska, I; Swierczynska, K	Physica A: Statistical Mechanics and Its Applications	Poland	10.1016/J.PHYSA.2019.04.145
40	Katsiampa, 2019a	K	Katsiampa, P; Corbet, S; Lucey, B	Journal of International Financial Markets Institutions and Money	UK; Ireland; Australia; Vietnam	10.1016/J.INTFIN.2019.05.003
41	Katsiampa, 2019b	K	Katsiampa, P	Research in International Business and Finance	UK	10.1016/J.RIBAF.2019.06.004
42	Flori, 2019	K	Flori, A	Research in International Business and Finance	Italy	10.1016/J.RIBAF.2019.05.007

续表

序号	节点	路径	作者	期刊	国家	DOI
43	Tiwari, 2019	K	Tiwari, AK; Raheem, ID; Kang, SH	Physica A: Statistical Mechanics and Its Applications	Vietnam; France; South Korea; Australia	10. 1016/J. PHYSA. 2019. 122295
44	Bedi, 2020	K	Bedi, P; Nashier, T	Research in International Business and Finance	India	10. 1016/J. RIBAF. 2019. 101087
45	Corbet, 2020	K	Corbet, S; Larkin, C; Lucey, B	Finance Research Letters	Ireland; New Zealand; England; Vietnam; Australia	10. 1016/J. FRL. 2020. 101554
46	Yousaf, 2020a	K	Yousaf, I; Ali, S	Financial Innovation	Pakistan	10. 1186/S40854-020-00213-1
47	Shi, 2020	K	Shi, Q; Sun, XQ	Complexity	China	10. 1155/2020/8876017
48	Yousaf, 2020b	K	Yousaf, I; Ali, S	Borsa Istanbul Review	Pakistan	10. 1016/J. BIR. 2020. 10. 003

第四节　技术视角下基于叠加网络的区块链
创新演化路径

本节通过识别基于叠加网络的全局主路径和关键主路径，从技术视角对区块链的创新演化路径展开进一步的讨论。由于技术视角下基于叠加网络的关键主路径和全局主路径一致，因此仅展示了基于叠加网络的区块链创新演化全局主路径，如图 4-21 所示。

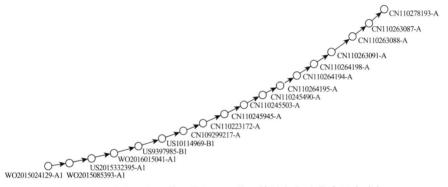

图 4-21　技术视角下基于叠加网络的区块链创新演化全局主路径

WO2015024129-A1 是马来西亚公司 Mcconaghy 提出的基于区块链的版权认证方法，目的是实现对数字艺术品的认证、交易和所有权的确认。事实上，书画艺术作品的版权归属认定是区块链应用的最佳示范之一。因为即使区块链系统具有匿名性，但其信息具有公开性，导致商业竞争中的技术信息和用户使用中的隐私数据在上载时存在安全性问题。艺术作品的归属问题并不存在保密性问题，而区块链的时间戳功能可以作为艺术作品的版权归属的有效参考。

比特币等加密货币被人们称作"分布式账本"，然而考虑到交易的匿名性和去中心化，中本聪在设计中淡化了账户和余额的概念。身份的难以识别和追踪不仅给监管带来了挑战，同时也使得传统交易中的信任机制难以在这样的匿名系统中发挥作用。因此，WO2015085393-A1 设计了一种加密货币交易评级系统，用于构建账户系统并根据其交易历史进行评级。US2015332395-A1 同样关注加密货币的账户问题，但它侧重于如何基于虚拟钱包对加密货币的交易进行管理。

传统区块链系统如比特币难以进行软分叉，系统中所有节点必须按照同一链条进行记录。倘若网络中的节点出现分歧，则会造成硬分叉的问题。比特币社区中最大的一次分裂活动是比特币现金事件，因社区内的部分用户不认可在受到恶意攻击后恢复账户余额而从比特币社区独立。这种硬分叉使得比特币系统难以跟随技术变化进行快速升级。同时，交易速度受到限制，难以通过合并分叉实现高并发交易。WO2016015041-A1在版权认证供应链系统中提供了一种分叉合并功能，从而使得系统能根据用户偏好和技术要求进行更新。

区块链系统尤其是公有链中任何用户都可以自由下载信息数据，然而在联盟链和私有链中，数据的自由访问、读取和控制可能存在安全隐患。US9397985-B1和US10114969-B1基于区块链的信息传输系统，通过加密设置控制用户的访问权限。基于区块链的信息传输和检索系统，除了面临这样的权限控制的隐私问题，还存在数据读取的性能问题。CN109299217-A关注基于区块链的文档存储系统，以在用户不直接访问加密内容的情况下实现对目标内容的检索，其中运用TF-IDF主题模型对文档进行编码以提高解码速度。这项专利利用了区块链加密的安全性进行数据的写入、存储、读取和检索。

CN110223172-A、CN110245945-A、CN110245503-A、CN110245490-A、CN110264195-A、CN110264194-A、CN110264198-A、CN110263091-A、CN110263088-A、CN110263087-A和CN110278193-A是阿里巴巴申请的结合代码标准的数据存储专利，分别考虑了事件类型、交易类型、用户类型、限制条件等特征进行存储。基于可信执行环境和类型判断，这些系统基于以太坊虚拟机运行，具有图灵完备特征，能够根据事件类型判断执行智能合约。事实上，阿里巴巴是目前拥有区块链相关专利最多的公司，区块链的金融属性和阿里巴巴的电商属性具有较高的亲和度。基于区块链的分布化和加密性对收据等数据进行存储，在保证客户隐私的同时提供交易的必要信息，这关系阿里巴巴在未来电商竞争中的布局和定位。表4-4梳理了主路径上专利的学科别、德温特分类代码和德温特手工代码，从中不难发现技术演化路径上专利以工程领域和计算机领域为主，以通信领域为辅。

表 4-4　叠加主路径的节点信息（专利）

序号	专利	路径	学科类别	德温特分类代码	德温特手工代码
1	WO2015024129-A1	G/K	Computer Science；Engineering；Telecommunications	T01；W01	T01－D01；T01－E04；T01－J05B2B；T01－J12C；T01－N01D；T01－N02B1A；T01－N02B1B；T01－S03；W01－A03B；W01－A05A；W01－A06E1；W01－A06G2
2	WO2015085393-A1	G/K	Computer Science；Engineering	T01	T01－M06S；T01－N01A1；T01－N02A2E；T01－N02A3C；T01－S03
3	US2015332395-A1	G/K	Computer Science；Engineering；Telecommunications	T01；W01	T01－N01A1；T01－N01A2C；T01－N01A2F；T01－N01D；T01－N02A2E；W01－A05A；W01－A06B8C
4	WO2016015041-A1	G/K	Computer Science；Engineering	T01	T01－E04；T01－J05B2B；T01－J05B4P；T01－J12C；T01－N02B1B
5	US9397985-B1	G/K	Computer Science；Engineering	T01	T01－D01；T01－H07A；T01－J05A1；T01－J12C
6	US10114969-B1	G/K	Computer Science；Engineering；Telecommunications	T01；W01	T01－D01；T01－E04；T01－J05B2B；T01－J12C；T01－N01A1；T01－N01D2；T01－N02A3C；T01－N02B1B；T01－N02B1D；W01－A05A
7	CN109299217-A	G/K	Computer Science；Engineering	T01	T01－D01；T01－J05B3；T01－J05B4A；T01－J11A1；T01－J12C；T01－N01D2；T01－N02B1B
8	CN110223172-A	G/K	Computer Science；Engineering	T01	T01－D01；T01－J05A1；T01－J05B4A；T01－J12C；T01－N02B1B
9	CN110245945-A	G/K	Computer Science；Engineering	T01	T01－D01；T01－J05A；T01－J05B4A
10	CN110245503-A	G/K	Computer Science；Engineering	T01	T01－D01；T01－J05A1；T01－J05B4A；T01－J12C；T01－N02B1B；T01－S03

序号	专利	路径	学科类别	德温特分类代码	德温特手工代码
11	CN110245490-A	G/K	Computer Science；Engineering	T01	T01-D01；T01-J05A1；T01-J05B4A；T01－J12C；T01－N02B1B；T01-S03
12	CN110264195-A	G/K	Computer Science；Engineering	T01	T01-D01；T01-J05A；T01-J05B4A；T01-S03
13	CN110264194-A	G/K	Computer Science；Engineering	T01	T01-D01；T01-J05A；T01-J05B4A；T01-S03
14	CN110264198-A	G/K	Computer Science；Engineering	T01	T01-D01；T01-J05A；T01-J05B4A；T01-S03
15	CN110263091-A	G/K	Computer Science；Engineering	T01	T01-D01；T01-H07A；T01-J05B4A；T01－J12C；T01－N02B1B；T01-S03
16	CN110263088-A	G/K	Computer Science；Engineering	T01	T01-D01；T01－J05A1；T01-J05B4A；T01－J12C；T01－N02B1B；T01-N02B1D；T01-S03
17	CN110263087-A	G/K	Computer Science；Engineering；Telecommunications	T01；W01	T01-D01；T01-J05A1；T01-J05B4A；T01－J12C；T01－N02B1B；T01-N02B1D；T01-S03；W01－A05A；W01－A05B；W01-A06E1
18	CN110278193-A	G/K	Computer Science；Engineering	T01	T01-D01；T01-H07A；T01-J05A1；T01-J05B4A；T01-S03

表4-5展示了技术演化路径上的链接权值。与表2-12和表3-6中的链接权值进行比较，可以看出叠加主路径的链接权值显著较高。虽然在较高的语义阈值下，基于叠加网络的主路径分析方法没有显著增加节点数量，但是丰富了网络中节点间的联系，从而大幅增强了网络的连通性。虚拟链接的加入增强了主路径分析方法对专利引用网络等稀疏网络的分析能力，基于叠加网络的改进主路径分析方法显著增强了对目标领域创新演化路径的识别能力。

表4-5 叠加主路径的链接权值（专利）

起点	终点	权值
WO2015024129-A1	WO2015085393-A1	929
WO2015085393-A1	US2015332395-A1	3313
US2015332395-A1	WO2016015041-A1	159
WO2016015041-A1	US9397985-B1	1419
US9397985-B1	US10114969-B1	2007
US10114969-B1	CN109299217-A	2590
CN109299217-A	CN110223172-A	486
CN110223172-A	CN110245945-A	6397
CN110245945-A	CN110245503-A	3881
CN110245503-A	CN110245490-A	2883
CN110245490-A	CN110264195-A	4621
CN110264195-A	CN110264194-A	4665
CN110264194-A	CN110264198-A	3962
CN110264198-A	CN110263091-A	4726
CN110263091-A	CN110263088-A	5049
CN110263088-A	CN110263087-A	3182
CN110263087-A	CN110278193-A	3616

为了量化识别的创新演化路径对整体网络的表征程度，图4-22以科学视角下的区块链创新演化路径为中心进行了前后一阶级联扩展。首先，提取创新演化路径上的所有节点。其次，以这些节点为终点，寻找与路径上节点相联系的起点。再次，以路径上节点为起点，寻找与之相联系的终点。最后，确定新增节点与路径节点的联系并生成主路径表征网络。从图4-22中可以明显发现，关键主路径比全局主路径更能代表整体网络，这主要是路径数量增加导致的。此外，相比经典主路径和基于影响力差异的主路径，叠加主路径对整体网络具有更强的表征性。尤其是研究人员从全局视角使用全局主路径进行创新演化路径识别时，基于叠加网络的主路径分析方法可以有效增强对原始网络的表征性，从而进一步保障创新演化路径的客观性。

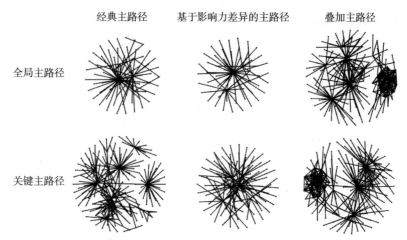

图4-22　科学视角下与主路径直接关联的网络节点

第五节　科学与技术视角下基于叠加网络的区块链创新演化路径对比分析

本节从研究对象、研究主体和研究方法三个方面对比分析区块链在科学和技术视角下的共同趋势和演化差异。

第一，在研究对象方面，科学视角聚焦基于区块链的加密货币，而技术视角聚焦基于区块链的数据存储系统。科学视角下从比特币单一加密货币拓展到整个加密货币市场，第二章和第三章的研究已经识别出这一趋势。值得注意的是，基于叠加网络的区块链创新演化路径显示，学者们在研究加密货币市场时经常将之与黄金市场做比较，以确定加密货币的资产属性、抗风险能力和价格形成机制。

第二，在研究主体方面，科学视角下依旧以国外研究者尤其是经济学家为主导，而在技术视角下，阿里巴巴作为中国互联网公司的代表对区块链的创新演化产生了重要影响。经济学家依然在区块链的科学研究中扮演重要角色，这是因为区块链最初是以与加密货币相结合的形式出现在大众眼前的，同时区块链对各国汇率、反洗钱、数字支付、资本管制等相关政策产生了不小的冲击。因此，经济学家活跃在研究前沿，为确定加密货币的合法地位和资产属性建言献策。而在技术视角下，随着大数据时代的到来，隐私数据的唾手可得和数据霸权的垄断问题迫使企业需要向政府、社会和国家就如何保存、使用、处理相关数据给出满意的答案，区块链底层的零知识证明机制能保证企业在发挥算法威力的同时避免隐私数据的泄露。

第三，在研究方法方面，科学视角下学者们开始使用更为复杂的量化分析模型，技术视角下专家对区块链系统的研究则不满足于简单地整合区块链系统。科学视角下，由于对比特币波动性的测量需求，仅仅基于理论和价格指数变化趋势拟合难以满足学者们对比特币这种强波动性资产的评价需要。因此，一系列计量模型被广泛使用以测度波动的传递性和时效性。技术视角下，随着实际业务的落地，原始区块链系统的弊病开始展露。硬分叉等特性使得基于原始区块链设计的商业系统难以随竞争环境的变化而升级，因此研发人员提出了改进的区块链系统，比如滑链等以增强区块链在实际商务应用中的泛用性。

对于研究人员而言，尽快明晰以比特币为代表的加密货币的价格形成机制和波动问题有助于政府部门对数字货币的管控和金融安全的治理。因此，学者们在基于计量模型确定加密货币价格波动时需要进一步给出相关的政策建议。此外，在测量加密货币价格波动的研究中，许多学者开始考虑区域市场问题，而在政策建议和金融管控方面也存在一定的区域差异，而现有研究较少注意到不同国家金融监管政策对数字货币市场的影响。

科学和技术视角都对区块链领域的加密货币进行了研究，但是科学视角主要关注加密货币在交易所和交易市场中的价格波动、资产保值等问题，而技术视角以加密货币在交易所和相关平台的热钱包等应用为主。此外，科学视角下的区块链创新演化路径以货币经济研究为主，而技术视角的创新演化路径则更多地关注基于区块链的信息加密、传输和共享，加密货币仅是研究内容的一部分。

小　结

在识别目标领域创新演化路径时，一些研究仅基于直接引用信息进行知识扩散表征，而忽略了潜在的技术关联。此外，现有研究在运用主路径分析方法进行创新演化路径识别时，侧重该方法对知识扩散的追踪而忽视了它对主题演化的探测能力。本章从叠加网络视角出发，基于耦合链接、共被引链接、语义链接构建了虚拟链接，作为直接引用链接的补充，以更全面地探测目标领域的知识流动、技术扩散和主题演化。

从研究结果来看，科学视角下基于叠加网络的主路径表明，学者们尤其是经济学者对比特币市场的波动性进行了深入的研究，Bariviera 等学者探索了波动的时效性、记忆性、传递性。黄金是比特币的重要对标资产，学者们主要从抗风险的角度对比特币的资产属性、价格机制及保值能力进行了研究。从技术视角来看，基于叠加网络的主路径除了关注被广泛讨论的区块链性能问题，相关专利还广泛采用基于智能合约的区块链系统。智能合约不仅能够拓展区块链的应用场景，还能够与区块链本身的加密特性结合进一步保障隐私数据的安全性。阿里巴巴在最近阶段崭露头角，成为比特币领域较早的技术布局者和最多的专利持有者。基于叠加网络的主路径分析方法从技术扩散的视角而非简单的统计指标视角确认了这一点。

在技术方法层面，基于叠加网络的主路径分析方法在专利的创新演化路径识别上具有显著优势。即使设置了较为严格的虚拟链接阈值，也能够显著增加纳入最大连通网络的链接数量。相比经典主路径有限的追踪能力，基于叠加网络的主路径分析方法优势明显，能对发展的全阶段而非仅对特定阶段做较为详细的表征。叠加主路径在搜索时存在一定的贪婪性，但对于区块链这样的新兴技术是必要的。因为使用者往往并不具备全面的区块链知识基础，细节充足的叠加主路径可以成为经典主路径的有益补充。结合以上特征，我们建议后续的研究人员对于处于快速发展的新兴领域使用基于叠加网络的主路径分析方法来识别创新演化路径。这是因为，这些领域在研究基础、相关概念、未来方向等话题上缺乏共识，这使得主要脉络不清晰。传统主路径分析方法忽视了节点间的潜在联系，因而难以准确地捕捉目标领域的创新演化过程。基于叠加网络的主路径分析方法强调并重视节点间因为出版间隔、引用间隔而未被显性记录的联系，从而能够完整地呈现特定领域的发展脉络。

因此，相比传统的主路径分析方法，基于叠加网络的主路径分析方法能对每一阶段做较为深入的观察和讨论。这对于了解、探索和研究区块链等高新技术领域知识扩散的问题至关重要，并且相对于传统的主路径分析方法，基于叠加网络的主路径分析方法在考虑语义相关度之后所识别的创新演化路径具有较为明显的主题演化趋势。主题跳跃现象在基于叠加网络的主路径分析方法上较少发生，进一步保证了创新演化路径识别的客观性和可解释性。

根据区块链领域研究快速增长的特征，本章考虑了潜在的知识传播和技术关联，通过虚拟链接构建一种基于叠加网络的主路径分析模型，并应用该模型对区块链领域的知识传播、技术扩散和主题演化过程进行表征。然而该研究还存在以下不足：区块链技术被广泛运用到金融、审计、文化产业等众多领域，现有研究仅遍历具有最大权值的路径作为区块链创新演化主路径，单一的路径识别在表征区块链领域的复杂特征和多元应用场景方面存在不足。此外，现有的遍历权值算法以知识遍历量作为唯一基准，使得流经最大科学和技术主题的路径获得最高的权值，而来源于相对较小研究主题的路径缺少成为最优主路径的机会。因此，在后续的研究中需要考虑多元主题对遍历权值进行加权，从而对路径进行重新排序，并且研究一种基于量化方法的多路径数量确定方法。

第五章　基于多元主题的区块链
创新演化路径

　　针对区块链这类新兴技术领域的知识来源异构性等特征，上一章基于叠加网络优化了主路径分析方法以增强它识别潜在技术关联的能力。然而，上述章节中基于单一路径的创新演化路径识别难以全面覆盖多元的技术主题。尤其是对于区块链来说，它涉及金融、法律、物联网、计算机科学等众多研究领域，依靠单一路径进行创新演化路径识别难以满足不同领域研究人员的需求。

　　现代高新科技产品的技术分工不仅是产品复杂度提升的结果，也是技术多元化的产物。技术主题随科技革命和产业升级而动态演化，企业通过整合不同领域和环节的技术为用户提供高质量产品。现有的路径识别研究较少考虑技术融合特征，导致所获得的创新演化路径可能为局部主题中的最优路径，难以满足企业攻坚不同技术主题的研发需求。因此，需要结合多路径分析方法研究多元主题动态融合、分化、转化下的区块链创新演化路径识别方法。

　　图 5-1 呈现了考虑多元主题的区块链创新演化路径识别框架，具体是通过演化链接探测、路径数量确定和领域演化评估等步骤抽取对主题演化存在关键影响的链接和路径。由于影响主题分化、融合、转化的关键链接可能会显著改变网络结构，因此，首先从网络结构视角进行颠覆性测度，从而识别出影响主题演化的关键链接。其次，基于链接的影响力颠覆性对关键链接进行赋权，从而提高关键链接在路径选择中的权值，进而保障识别的创新演化路径能正确捕捉目标领域的主题演化。本章通过演化链接探测模块实现对关键链接的识别，从而为之后结合路径数量确定模块进行路径识别，并运用领域演化评估模块对结果进行验证奠定基础，最终实现考虑多元主题的创新演化路径识别。

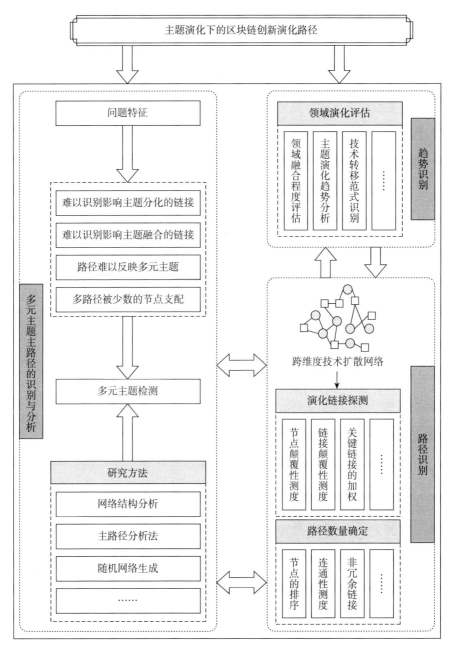

图 5-1 考虑多元主题的区块链创新演化路径识别框架

第一节　影响力的广度和颠覆性

对包含多元主题的区块链领域进行创新演化路径识别，关键在于如何突显影响多个主题的关键文献和专利。然而，现有研究对来源于不同主题的引用赋予相同权重，这可能低估跨学科成果的影响力。事实上，研究人员很难基于研究主题的多元性直接对引用链接进行赋权，因为跨学科成果的影响力并不完全等价于较高的学术影响力。因此，本章从网络结构变化和科学范式转变的视角识别影响多个主题的知识扩散链接。

创新一般可以划分为发展性创新和颠覆性创新。基于现有研究并对之进行补充的创新可视为发展性创新，而颠覆了现有结论或者在现有研究框架中实现根本性突破的创新则视作颠覆性创新。从主题演化的角度来看，发展性创新主要是对现有研究的有益补充，扩大领域内已存在的研究社区。发展性创新是在现有框架下进行拓展和深化，因此其影响力也难以突破现有的社区边界。颠覆性创新则可能更正甚至颠覆现有的研究结论，进而定义新的科学范式和研究框架。从主题演化的视角来看，颠覆性创新能够创造、分化或者融合不同的科学社区，从而将影响力拓展到多元主题中。因此，链接的颠覆性创新水平在一定程度上反映了它在主题演化中的影响力。

本节拟在遍历权值的基础上，通过考虑间接影响力的颠覆性测度对链接进行加权集结，从而识别影响主题演化的关键链接，进而增强创新演化路径识别方法对区块链等具有多元主题特征的领域的探测能力。因此，拟基于影响力颠覆性而非影响力广度进行链接赋权，将在经典的颠覆性测度方法基础上提出考虑间接影响力的链接赋权方法。

一　基于节点的节点颠覆性测度

Funk 和 Owen-Smith（2017）提出了对专利创新性进行测度的颠覆性指标，其基本思想是：给定目标节点 v_i，将它所有的参考文献视作集合 V_{R_i}，将后续节点中引用 v_i 而不引用 V_{R_i} 的节点占比作为该节点的创新颠覆性，表达公式为：

$$D_i = \frac{o(i) - o(R_i)}{o(i) + o(R_i) + o(i, R_i)} \qquad (5-1)$$

其中 $o(i)$ 为仅引用 v_i 的节点数量，$o(R_i)$ 是仅引用 v_i 的参考文献而不引用 v_i 的节点数量，$o(i, R_i)$ 代表既引用 v_i 也引用其参考文献的节点数量。

如图 5-2 所示，后续的节点将 v_i 而非 v_i 的后向节点 R_i 作为知识基础。同理，影响力遍布多个主题的关键知识节点，能够融合多个先前理论或者影响后续多个理论，从而在网络结构上融合现有主题或者分化研究社区，因此它们在引用关系上也具有一定的颠覆性和超越性。节点的颠覆性指标是通过测度后续引用是否以当前节点为知识基础来判断当前节点的创新性，而这种知识基础的延续和变更也意味研究主题的演化。

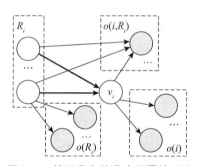

图 5-2 基于节点的节点颠覆性测度

二 基于节点的链接颠覆性测度

然而，D_i 指标对于引用文献较多的节点 v_i 存在降权问题。当节点 v_i 的参考文献增多时，$o(R_i)$ 和 $o(i, R_i)$ 将上升，$o(i)$ 将下降，进而导致 $o(i) - o(R_i)$ 下降，而 $o(i) + o(R_i) + o(i, R_i)$ 呈非下降趋势，因此节点 v_i 的颠覆性水平将随参考文献数量的增加而下降。诚然，像 Shannon（1948）这样开创了信息论的重要成果少有先前文献可供参考，因此在基于节点的节点颠覆性测度上具有较好的表现。但是随着科学技术的发展，引文数量逐渐增加，较少的引文并不等同于较高的学术价值，基于节点的节点颠覆性测度指标存在一定的缺陷。

因此，对于后向引用链接较多的节点，避免其颠覆性测度不受参考文献数量的影响是目前需要改进的方向。本章提出一种基于节点的链接颠覆性测度方法，不仅有利于解决颠覆性受参考文献数量影响的问题，而且可以将节点颠覆性测度转为链接颠覆性测度，从而便于与主路径分析方法相结合。对于特定节点 v_i 来说，v_j 是 v_i 的参考文献之一，即网络中存在链接 E_{ji}，DL_{ji} 是链接 E_{ji} 基于节点的颠覆性测度：

$$DL_{ji} = \frac{o(i) - o(j)}{o(i) + o(j) + o(i,j)} \quad\quad (5-2)$$

其中，$o(j)$ 代表仅引用 v_j 而不引用 v_i 的节点数量，$o(i, j)$ 代表既引用 v_i 也引用 v_j 的节点数量（如图 5-3 所示）。其核心思想是测度目标节点 v_i 对特定节点 v_j 的颠覆性。该指标较易与现有的遍历权值相结合，获得考虑链接颠覆性的遍历权值：

$$WL_{ji} = \frac{o(i) - o(j)}{o(i) + o(j) + o(i,j)} \cdot w_{ji} \quad\quad (5-3)$$

其中 w_{ji} 代表基于传统 SPX 算法得出的链接 E_{ji} 的遍历权值。

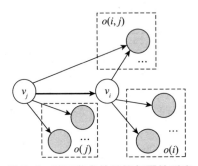

图 5-3 基于节点的链接颠覆性测度

考虑到链接权值在路径搜索中面临非负性要求，通过下式将 DL_{ji} 和 WL_{ji} 进行标准化：

$$DL_{ji} = \frac{o(i) + 0.5o(i,j)}{1 + o(i) + o(j) + o(i,j)} \qu\quad (5-4)$$

$$WL_{ji} = \frac{o(i) + 0.5o(i,j)}{1 + o(i) + o(j) + o(i,j)} \cdot w_{ji} \quad\quad (5-5)$$

三　基于路径的链接颠覆性测度

上述指标考虑的节点测度，其实可归纳为一阶链接的颠覆性测度。

这种测度与传统的 h 指数类似，仅仅考虑了一阶级联扩展，因而无法测度间接影响力。而基于多阶级联扩展的链接颠覆性测度与主路径分析方法一样，可以考虑目标成果在网络中的间接影响力。结合图 5-4 来看，目标成果在深灰圆节点中的影响力难以被测度，但考虑到从被引量视角出发引用 v_i 的文章具有较高的影响力，因此应当对这部分 $o(i)$ 赋予更高的权值。基于主路径思想，本章提出一种基于扩散路径数量的链接颠覆性测度方法：

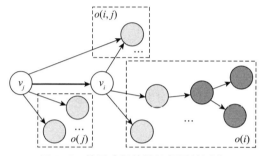

图 5-4　基于路径的链接颠覆性测度

$$DP_{ji} = \frac{o(i) - o(j)}{o(i) + o(j) + d(i,j) + e(i,j)} \quad (5-6)$$

其中，$o(i)$ 代表网络中仅通过 v_i 的路径数量，$o(j)$ 代表仅通过 v_j 而不经过 v_i 的路径数量，$d(i,j)$ 代表连续通过节点 v_i 和 v_j 的路径数量，$e(i,j)$ 代表非连续通过节点 v_i 和 v_j 的路径数量。进一步地可以构造基于路径颠覆性的链接权值指标：

$$WP_{ji} = \frac{o(i) - o(j)}{o(i) + o(j) + d(i,j) + e(i,j)} \cdot d(i,j) \quad (5-7)$$

当 $DP_{ji} = 1$ 时，WP_{ji} 退化为传统 SPX 算法下的链接权值。

类似地，基于路径的链接颠覆性测度同样因为路径搜索的非负性而需要进行标准化：

$$DP_{ji} = \frac{o(i) + 0.5d(i,j) + 0.5e(i,j)}{o(i) + o(j) + d(i,j) + e(i,j)} \quad (5-8)$$

$$WP_{ji} = \frac{o(i) + 0.5d(i,j) + 0.5e(i,j)}{o(i) + o(j) + d(i,j) + e(i,j)} \cdot d(i,j) \quad (5-9)$$

现有主路径分析方法中的链接赋权算法具有无向性的特点，即对于

任意节点 v_i 和节点 v_j 而言，若存在链接 v_j-v_i，则 v_j-v_i 的权值由节点 v_i 和节点 v_j 共同组成，即对于受认可度较低的引用节点 v_i 而言，它可以继承高被引节点 v_i 的权值，从而获得较高的链接权值。这对识别节点贡献和知识传播的主体关系造成了困难。从后续的相关性分析可以看出，即使 DL 指标、DP 指标与原始权重之间都存在显著相关性，但是两种颠覆性指标之间具有高度相关性，而它们与原始权重之间仅存在较弱的相关性。

　　第一，这种无向性使得遍历权值算法在一定程度上侧重综述性论文。综述性论文较多的参考文献数量使得它们在权重赋值中较易继承先前成果的权值，并在路径排序和选择中占有更高的排名。图 5-5 呈现了包含综述性论文的小型网络，链接方向代表知识的流动方向。从中不难发现，上方的阴影圆节点从先前的论文中继承了过多的权值，因此在全局主路径的选择中上面的路径更易被选择，即使上方仅被引用 3 次，而下方的节点被引用 4 次。因此，需要在权重赋值上考虑引用节点对被引节点的超越程度，从而识别在主题演化中发挥重要作用的关键节点。

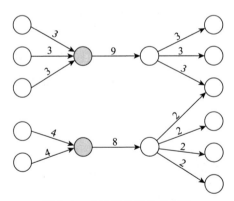

图 5-5　主路径选择的偏好性

　　第二，路径搜索阶段的贪婪性使得主路径分析方法更倾向于选择较长的创新演化路径。主路径赋权方法的无向性使得超长路径因为其中的某一重要链接存在权值共同提升的现象，从而导致识别的技术路径易困囿于单一技术主题中。因此，本节基于路径的链接颠覆性测度实现了对影响主题演化和科学进步的关键链接的加权。

　　在基于 DL 和 DP 指标对链接中创新的颠覆性进行测度时，考虑到一些

通过节点 v_j 的路径在到达节点 v_i 前即停止扩散，将这些路径纳入指标计算中会低估目标节点和链接的颠覆性水平，因此从 23740422176 条路径中删除了 2397404025 条路径（约占文献引用网络链接的 10.10%）。在考虑知识扩散的时间因素后，所有扩散链接的颠覆性水平将轻微提高。

表 5-1 展示了原始权重、DL、DP、WL、WP 基于整体网络的相关性分析结果，从表中可以看出后期节点的影响力（终点出度）与这五类指标具有显著的关联性。其中，起点入度和起点出度是被引文献的局部参考文献数量和引证文献数量，而终点入度和终点出度是引证文献的局部参考文献数量和引证文献数量。原始权重代表 SPC 算法下的链接权值。本章先前提出主路径分析方法的权重赋值具有无向性特征，然而表 5-1 中的相关性分析结果与该假设并不一致。起始节点的参考文献献量（起点入度）虽然与被引量（起点出度）存在显著的相关性，但是它与链接权值仅具有较弱的相关性。

表 5-1　基于整体网络的主路径指标相关性分析

指标	起点入度	起点出度	终点入度	终点出度	原始权重	DL	DP	WL	WP
起点入度									
起点出度	0.23 ***								
终点入度	0.13 ***	-0.17 ***							
终点出度	-0.10 ***	0.05 ***	-0.02 **						
原始权重	0.06 ***	0.01 **	-0.02 **	0.36 ***					
DL	0.03 ***	-0.31 ***	0.14 ***	0.30 ***	0.09 ***				
DP	0.00	-0.33 ***	0.39 ***	0.04 ***	0.02 **	0.60 ***			
WL	0.04 ***	-0.02 ***	-0.01	0.37 ***	0.81 ***	0.14 ***	0.04 ***		
WP	0.06 ***	-0.02 ***	0.00	0.35 ***	0.81 ***	0.14 ***	0.06 ***	0.93 ***	

注：* 、** 和 *** 分别代表 10%、5% 和 1% 的显著性水平，余同。

然而事实上，考虑到创新演化路径识别时（尤其是对于全局主路径来说）主要在高权值链接中进行选择，因此考虑指标在高权值链接上的相关性更具有实际意义。此外，引证文献或参考文献数量为 0 的链接可能会干扰对这五类指标相关性的判断。因此在此抽取了 SPC 值排名前 1000 的链接进行相关性分析，结果如表 5-2 所示。SPC 值与节点 v_j 的被引量存在显著相关性，即对于链接 E_{ji} 而言，其起点 v_j 被广泛引用可提升 E_{ji} 的 SPC 值，而 DL 和 DP 存在矫枉过正的现象。引用高质量的文章反而会降低链接权值，这一点与主路径的思想相矛盾。然而，集结之后的新权值 WL 和 WP 既可以保证链接权值与后续节点的被引量正相关，同时又不受前向节点 v_j 被引量的显著影响，从而避免前向节点 v_j 影响力的过度传递。

表 5-2　基于头部链接的主路径指标相关性分析

指标	起点入度	起点出度	终点入度	终点出度	原始权重	DL	DP	WL	WP
起点入度									
起点出度	-0.25 ***								
终点入度	0.31 ***	-0.26 ***							
终点出度	-0.48 ***	0.36 ***	-0.27 ***						
原始权重	-0.18 ***	0.31 ***	-0.2 ***	0.39 ***					
DL	-0.25 ***	-0.26 ***	0.1 **	0.35 ***	0.12 ***				
DP	-0.04	-0.27 ***	0.33 ***	0.06 *	0.01	0.64 ***			
WL	-0.18 ***	-0.02	-0.11 ***	0.42 ***	0.78 ***	0.38 ***	0.18 ***		
WP	-0.17 ***	-0.01	-0.08 *	0.38 ***	0.77 ***	0.34 ***	0.3 ***	1 ***	

图 5-6 展示了被引量较高文章中相关链接的颠覆性测度。图中同一节点的颠覆性测度分布呈现分散而非集中的特征，表明它相对前人的超越性会依据不同的参考文献而变动。基于节点的节点颠覆性测度可以识别知识节点对现有研究的颠覆性，而基于节点和路径的链接颠覆性测度可以识别目标知识节点对特定研究的超越性。相比直接基于节点颠覆性进行权重分配的，依据节点和路径对链接颠覆性直接进行测度和赋权可以提供更高的测量细粒度。

表 5-3 给出了在传统 SPC 算法中排名前 20 的关键链接在不同指标下的排名信息，从中可以发现源自中本聪（节点序号为 1）的知识扩散链接在 SPC 算法下具有较高的权值，但是新算法集成的权值及其排名普遍下滑，而下滑程度取决于目标成果对中本聪研究成果的超越性。从成果价值来说，中本聪对该领域做出了开创性的贡献。然而，引用中本聪研究本身并不存在难度，这样的极端权值分布可能过度影响路径选择。

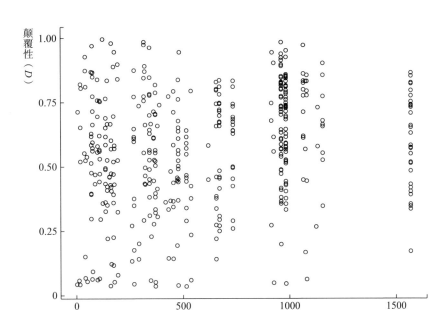

图 5-6 颠覆性指标的分布情况

如表 5-3 所示，扩散自中本聪的链接在考虑颠覆性后在权值上显著下降。网络中原始权重最高的扩散链接 1→4 在基于节点的颠覆性权值排名中位列第 81 名，而在基于路径的颠覆性权值排名中位列第 39 名。1→14、1→5、1→3、1-18 的链接权值亦存在明显的下降。然而，由于创新演化路径的时序特征，故而降权后，中本聪的《比特币：一种点对点的电子现金系统》依然会出现在主路径上，而其影响力也不会被过度传递到后续成果上，进而对路径选择形成干扰。

表 5-3 SPC 值排名前 20 的链接（文献）

序号	起点	终点	原始权重	DL（排名）	DP（排名）	WL（排名）	WP（排名）
1	1	4	1620413	0.04（20937）	0.10（17150）	69787（81）	156591（39）
2	137	178	1344395	0.57（1316）	0.42（10984）	766827（1）	564607（2）
3	137	156	1237239	0.46（4219）	0.36（11819）	571590（2）	443773（7
4	1	14	1132220	0.06（19128）	0.07（18347）	65621（84）	76450（88
5	71	137	940740	0.59（1195）	0.79（6439）	551170（3）	740232（1）
6	1	5	847641	0.01（25899）	0.05（19200）	9996（412）	42849（165）
7	1	3	786697	0.02（25228）	0.05（19421）	12032（356）	36909（187）
8	1	18	784630	0.04（21001）	0.05（19433）	33146（179）	36715（189）

序号	起点	终点	原始权重	DL（排名）	DP（排名）	WL（排名）	WP（排名）
9	110	137	705555	0.77 (387)	0.77 (6740)	539856 (5)	541083 (4)
10	3	23	683832	0.81 (295)	0.43 (10786)	550636 (4)	297209 (13)
11	100	178	656565	0.45 (4305)	0.71 (7490)	295454 (13)	469087 (5)
12	145	156	633006	0.34 (5531)	0.64 (8438)	217596 (17)	403131 (9)
13	1	8	628162	0.03 (23259)	0.11 (16599)	16886 (283)	70596 (99)
14	4	8	628162	0.37 (5224)	0.55 (9463)	230714 (15)	342912 (11)
15	5	8	628162	0.71 (682)	0.75 (7033)	448252 (8)	468862 (6)
16	44	137	627160	0.69 (782)	0.88 (5046)	431995 (9)	549161 (3)
17	1	52	622724	0.05 (19677)	0.04 (20080)	33894 (172)	23126 (269)
18	14	51	620269	0.54 (1458)	0.27 (13066)	333856 (11)	169902 (29)
19	77	145	559044	0.35 (5413)	0.37 (11649)	196109 (22)	206935 (17)
20	110	145	559044	0.84 (192)	0.52 (9749)	466929 (6)	292482 (14)

因为编号100、编号137和编号178这三篇文章具有大致相同的被引量和出版年份，因此下面详细讨论链接137→178和链接100→178。两条扩散链接都在考虑颠覆性测度后有较好的表现，但是前者在DL指标下表现良好，而后者在DP指标下表现良好。在编号为137的研究中，Balcilar等（2017）发现比特币的交易量在一定程度上可以预测回报率，但对于揭示比特币市场价格的波动性没有显著帮助。在编号为100的研究中，Nadarajah和Chu（2017）关注了比特币市场的回报效率。在编号为178的研究中，Bariviera等（2017）在Balcilar等（2017）的基础上深入分析了比特币的回报率和波动性，并发现它存在长期依赖和远程记忆。从主题上看，Balcilar等（2017）和Bariviera等（2017）具有更强的一致性，表明DL指标更倾向于主题高度一致的知识扩散，而DP指标更倾向于主题相对一致但后续影响更深远的知识扩散。

第二节　基于多元主题的主路径分析方法

上一节讨论了基于多元主题和颠覆性创新对演化链接进行赋权。本节将研究如何基于定量方法确定路径数量，并基于最优化理论提出一种不受少数节点支配的多路径识别方法。

作为高新技术，区块链具有跨学科、复杂化以及交叉性等特点。为了增强创新演化路径识别方法的准确性，应当在传统的单一路径识别方法的基础上结合多路径分析方法为科研人员提供更多的技术细节。目前，创新演化路径识别中考虑目标领域多主题并存的研究方法大致可以分为两种（Liu et al.，2019）。第一种是通过将整体网络聚类成多个子网络，运用主路径分析方法分别探测它们的技术路线。Lu 等（2016）使用 Edge-betweenness 聚类方法对网络进行划分，并分别挖掘出不同主题的创新演化路径。Yu 和 Pan（2021b）将 Louvain 聚类算法与主路径分析方法相结合，从而在大规模网络上实现快速、准确、高效的创新演化路径探测。上述研究借助社区检测算法确定技术主题，针对各目标子领域分别探测创新演化路径，有助于专家和企业更深入地了解技术扩散过程。然而，该方法存在以下不足。首先，所使用的社区聚类算法多是基于静态网络，难以考虑技术发展中的动态主题演化。其次，技术主题探测方法是定量分析，但是主题数量是主观评估。最后，进行社区聚类过度强调了技术主题的边界，难以适用于技术融合现象显著的区块链等高新技术领域。

第二种是通过控制创新演化路径数量，实现对多个技术主题的扩散路径识别。在通过路径搜索确定链接关系时，Liu 和 Lu（2012）基于 Tolerance 方法从局部最优扩展到局部 Top-n 最优，从而避免扩散路径囿于单一主题中。Yu 和 Sheng（2020）使用 Key-route 方法通过增加高权值链接数量，探测多个主题的技术扩散。上述研究基于链接权值调增链接数量，进而控制路径数量实现技术多路径识别。余德建等（2022）使用 Multiple 方法，通过直接控制路径而非链接数量，更加直观、有效地确定了创新演化路径，但没有研究如何通过技术主题聚类规模来确定技术多路径数量。基于路径数量控制的创新演化多路径分析方法较为有效地考虑了技术主题间的交叉融合。然而，由于马太效应，这种创新演化多路径往往由少数节点决定，结果的稳健性面临挑战。

由此可见，上述研究多是从静态网络的视角探测主题分类，对于技术发展和产业升级过程中因技术融合、分化、转化导致的主题演化难以探测。此外，已有多路径研究主要是从链接权值或路径权值的角度进行扩展，较少探索节点对网络结构的影响。因此，本节拟研究一种基于多元主题的主路径分析方法，以识别和分析区块链等多元主题领域的创新演化路径。

一 路径抽取方法

现有的主路径分析方法多是基于链接以局部或全局视角进行前向或后向搜索，基于链接的路径搜索在单一路径识别时具有良好的表现和较强的可解释性。然而，在技术演化多路径识别中，基于链接权值的路径选择导致路径权值排序和路径识别结果容易依赖少数链接。当将多路径分析方法推广到区块链等多元主题领域时，少数链接的权值优势和头部路径的高相似度易造成所识别的主路径困囿于少数主题中，难以客观、全面地表征目标领域的发展现状。因此，本节在链接权值的基础上提出一种考虑间接影响力的节点权值测量指标。

Liu 等（2012）提出一种考虑节点间接影响力的指标 t（total influence index），用以衡量研究者的学术影响力。对于研究者 i 来说，其成果可以表示为集合 I：i_1，i_2，$\cdots$，$i_{|I|}$，其中 $|I|$ 代表研究者 i 在该领域的成果数量。t 指标通过测度后续出版物中直接或间接引用 I 的出版物数量来确定研究者的学术影响力：

$$t_i = \frac{\left| C_{i_1} \cup C_{i_2} \cdots \cup C_{i_{|I|}} \right|}{|I|} \tag{5-10}$$

其中，C_{i_1} 代表直接或间接引用成果 i_1 的出版物集合，$|C_{i_1}|$ 代表直接或间接引用成果 i_1 的出版物数量。该指标主要挖掘研究者在目标领域的影响力，通过考虑间接引用的后续成果测度了研究者的间接影响力。t 指标与 h 指数相似，都存在时间偏好，即难以客观评价新兴研究者。因此，该指标要求被评价者具有足够的时间窗口以获得认可或引用（Liu et al.，2012）。

在此基础上，Liu 等（2012）提出一种用以判断研究者与研究主流亲近度的指标 m（mainstream index）：

$$m_i = \frac{\left| P_{i_1} \cup P_{i_2} \cdots \cup P_{i_{|I|}} \right|}{|P|} \tag{5-11}$$

其中，$|P_i|$ 代表经过节点 i 的路径数，$|P|$ 代表网络中的所有路径数。该指标在考虑研究者与研究主流亲近度时，借助路径数量测度了间接影响

力。然而，该指标无法判定是该名研究者塑造了主流，还是其研究内容受该领域主要研究方向影响。

在某种程度上，用于测度研究者 i 的 t 指标和 m 指标，可以退化为用于出版物 i 的 t 指标：

$$t_i = \frac{|C_i|}{|I|} \tag{5-12}$$

和 m 指标：

$$m_i = \frac{|P_i|}{|P|} \tag{5-13}$$

考虑到领域规模差异，可以获得目标节点的遍历权值：

$$SPC_i = m_i \cdot |P| = |P_i| \tag{5-14}$$

传统方法搜索网络中的高权值链接，并根据这些链接确定路径。然而，网络的马太效应决定了高权值链接有时依附于少数节点，从而导致基于链接权值进行路径抽取存在头部少数节点决定演化路径，而中部节点缺失话语权的问题。结合节点权值进行路径抽取可以在一定程度上提高权值处于中间位置的节点和链接对于路径识别的影响力。

节点的 SPC 值不仅可以基于路径遍历次数直接获得，亦可通过现有的链接权值间接计算：

$$w_i = SPC_i = \max\left(\sum_j^{j,i=1} w_{ji}, \sum_j^{i,j=1} w_{ij}\right) \tag{5-15}$$

其中，i，$j=1$ 表示存在从 i 到 j 的链接，i，$j=0$ 表示不存在从 i 到 j 的链接。值得注意的是，此处对链接的表述是有向的，当从 i 到 j 不存在链接但存在从 j 到 i 的链接时，i，$j=0$，j，$i=1$。

该方法在权值集结上考虑入度链接和出度链接的最大值，这种一阶链接权值极值存在对综述性论文的偏好。因此，本章考虑仅对出度进行链接，即进行一阶出度链接权值集结，以避免对综述性论文的偏好：

$$w_i = \sum_j^{i,j=1} w_{ij} \tag{5-16}$$

本章将用一阶链接权值极值和一阶出度链接权值进行节点权值计算

和排序。因此，相应的路径选择规则变更如下。

首先，选择集结权值最高的节点 i_1，并将它从节点列表中删除。然后，按照传统的主路径分析方法，从包含该节点的路径 P_{i_1} 进行路径搜索，在此基础上，从节点列表中剩下的节点中选择权值最高的节点 i_2，并从相应的路径 P_{i_2} 中按照现有主路径分析方法进行搜索。循环该过程，直至满足路径数量确定要求。

这种节点权值辅助排序下的路径识别可以保证引用网络中处于知识流动中的关键节点和链接都保留在主路径中。

由于 $d(i, j)$ 可以退化为传统的 SPX 算法下的遍历权值，在此计算其余三项路径指标 $o(i)$、$o(j)$ 和 $e(i, j)$ 相对 SPX 值的倍数，并以自然底数进行了相应的对数变换。从中不难发现对于大多数链接来说，很少存在替代路径即 $e(i, j)$ 较小，而仅通过 v_i 不通过 v_j 的路径也相对较少，大多数链接存在高 j 低 i 现象即 $o(j)$ 较高。虽然主路径的遍历权值并不会完全继承后向节点 v_j 带来的路径权值，但是可以发现后向节点 v_j 普遍具有较高的影响力，使得难以根据权值确定贡献来源。

图 5-7 展示了头部链接起点和终点的时间分布。节点聚集在左上方

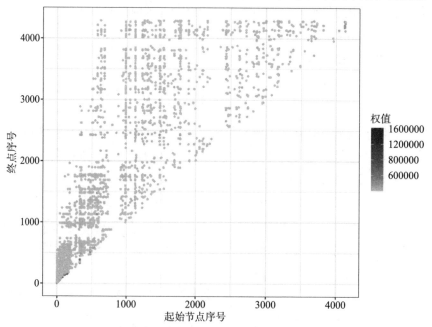

图 5-7　头部链接的起点和终点分布

意味着遥远的引用易获得较高的权值，而越靠近对角线越说明及时引用才更易出现在主路径上。从图中可以看出经典主路径的另一个缺陷，即高权值集结在时间差较短的链接上，尤其是早期的及时引用。

集结一阶出度链接的权值可以视为节点的 SPX 值，此时关键路径搜索方法转为关键节点搜索方法，即寻找包含最高颠覆性知识遍历权值节点的路径。

二　路径数量确定

现有的多路径分析方法已经受到了学者们的广泛关注。通过控制呈现的创新演化路径数量，多路径分析方法可以简洁、有序地挖掘出目标领域的知识扩散过程，从而为更深入地理解目标领域的知识结构提供科学指导。

多路径分析方法主要分为三种。第一种方法是 Liu 和 Lu（2012）提出的 Tolerance 方法。Hummon 和 Dereian（1989）提出的主路径分析方法是以源自当前节点的链接为搜索空间，选择其中遍历权值最大的链接作为路径的最优选择。Liu 和 Lu（2012）指出该方法提供的局部最优解仅能返回有限路径，在搜索时应在局部最优的基础上考虑局部 Top-n 最优。该方法由于被内置在网络分析软件 pajek 中，并且其参数处于 [0, 1] 区间，易于理解和控制，而被早期主路径研究广泛采用。然而，该方法仅适用于局部主路径规则下的多路径识别，无法用于全局主路径。第二种方法是 Liu 和 Lu（2012）提出的 Key-route-n 方法，它通过调整呈现的关键链接数量实现对多路径的控制效果。相对于 Tolerance 方法，该方法可以同时适用于局部主路径和全局主路径，具有更为广泛的应用场景，并且同样易于理解和控制。因此，这些优良特性使得它成为目前学术研究的主要方法。第三种方法是 Liu 和 Lu（2012）提出的 Multiple 方法，主要适用于全局主路径。相较于传统的全局主路径分析方法仅选择总权值最大的路径，Multiple 方法选择总权值排名较高的所有路径。该方法在网络简洁性、路径解释性等方面具有显著优势，因此是目前学术界的研究热点。

通过控制路径数量，可以较为清晰地展示目标领域的知识结构，同时不遗漏关键成果。然而，现有方法较少基于定量方法确定路径数量，仍以研究人员主观判断为主。例如，Liang 等（2016）基于专家意见确定路径数量并进行减枝，依据专家的经验、知识和视野进行独立判断，以保证结论的独立性和有效性。Yu 等（2023）则基于帕累托法确定路径数量。然而，这种定量分析方法仅适用于小型网络，难以呈现具有复杂网络特征的研究领域的知识结构。因此，亟须提出一种基于网络特征，以定量分析为手段的路径数量确定方法，从而更好地判断路径识别的有效性，保证路径抽取的客观性。

本章提出两种基于网络结构的路径数量确定方法，它们以权值增长梯度为评价手段，即基于权值增长趋势的拐点确定创新演化路径的数量。具体而言，本节提出基于网络模块度的路径数量确定方法和基于网络连通性的路径数量确定方法。此外，作为基准，还分别提出基于社区检测数量和知识遍历权值的路径数量确定方法。

（一）基于网络模块度的路径数量确定方法

从某种程度来看，判断目标路径能否正确反映该领域的知识结构的问题可以转化为判断目标路径是否包含关键知识节点的问题，即路径数量确定问题可转换为目标路径的知识节点效益测度问题。如何判断、寻找、测度目标领域的关键知识节点，是主路径分析方法在区块链领域应用中的重点和难点。

主路径分析方法是基于网络结构对目标领域发展路径进行识别和探测的定量分析方法。相对传统的 h 指数等统计指标，主路径分析方法的优势在于借助网络传播特征探测网络中各个知识节点和扩散链接的间接影响力，因此在识别关键节点时需要基于网络特征进行测度和评估。然而，传统的主路径分析方法侧重考虑影响力的辐射深度，对影响力的广度缺乏探测，难以表征链接对主题演化的影响。因此，在识别主路径时需要考虑链接影响力的分布特征，以增强对影响多元主题的知识节点的识别。

目前，广泛使用的网络社区检测算法，大多是以模块度为评价指标，寻求模块度最优值下的网络聚类划分方法。不同的网络社区对应不同的研究方向或技术主题，因此可以基于知识节点的影响范围与对应主题的相关性来研究影响力分布特征。然而，仅通过影响力是否遍及更多元的技术主题来评判路径上节点对目标领域各主题的表征程度缺乏客观依据和公认标准。例如，对于目标节点 v_i 来说，影响遍及 k_i 个领域，并且分别在各领域被引用 C_1，C_2，…，C_{k_i} 次。相似地，对于目标节点 v_j 来说，影响遍及 k_j 个领域，并且分别在各领域被引用 C'_1，C'_2，…，C'_{k_j} 次。其中，$k_i = 4$、$C_1 = C_2 = C_3 = C_4 = 3$、$k_j = 3$、$C'_1 = C'_2 = C'_3 = 4$。不难发现，通过直接比较得出哪一节点对多元主题具有较为深远的影响比较困难，尤其是还需要结合主路径分析方法考虑节点在网络中的间接影响。因此，本章拟基于节点对网络结构变化的影响进行节点评估。

现有研究已从网络结构变化角度探测影响主题演化的关键节点，Chen（2012）假设对技术进展起到关键作用的节点易造成网络中研究社区的分化、合并和转化。图 5-8 展示了新增节点后主题演化如何在网络结构中体现。对现有主题有重大影响的节点可能创造出新的研究主题和社区，也有可能对现有社区进行融合或转化。但无论是对现有研究社区产生何种影响，关键的知识节点和扩散链接都必然造成网络结构的明显变化。模块度指标是用于反映网络中社区划分的评价指标，在较高的模块度下网络呈现较为清晰的社区结构。新的知识节点加入目标领域的知识网络后，社区的分化、合并和转化将在模块度指标的变化上得以体现。

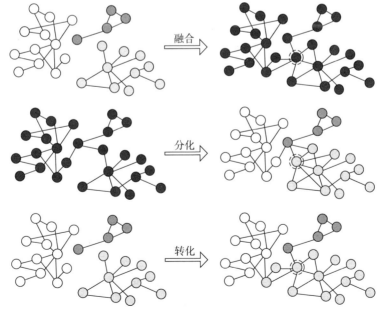

图 5-8　新增节点后的主题演化

因此，在此利用时间网络切片对不同时间段的网络模块度进行测量，并利用模块度变化的绝对值表征关键节点对网络中主题的影响力。

现给出该方法的数学表达，首先将网络 G 依据不同的时间节点进行切片。假设时间跨度为 t_1-t_n，则将网络切割为 n 次，形成 t_1-t_1，t_1-t_2，$\cdots$，t_1-t_n 时间段的子网络 G_1，G_2，$\cdots$，G_n。然后，计算在特定切片下网络 G_t（$1\leq t\leq n$）的模块度指标 M_t。将当前网络视为分析模块度变化的基准网络 G_t（$1\leq t\leq n-1$），将新增节点后的网络视为更新网络 G_{t+1}，相应的模块度分别为 M_t 和 M_{t+1}。由此，可以测度 $t+1$ 时刻新增节点对网络结构变化的影响为：

$$MCR_{t+1} = \frac{M_{t+1}-M_t}{M_t} \tag{5-17}$$

然而，该指标仅能测度特定年份研究产出的影响力，对于目标年份中发表的不同出版物难以做进一步区分，因此本章提出一种基于网络生成思想的模块度变化率测度指标。对于含有 $|V|$ 个节点的目标网络 G，首先按发表或申请先后顺序分配节点标签 v_1，v_2，$\cdots$，$v_{|V|}$，进而在此基础上获得网络切片 G_1，G_2，$\cdots$，$G_{|V|}$。然后计算在新增节点 v_i（$2\leq i\leq |V|$）前网络 G_{i-1} 的模块度 M_{i-1} 和新增节点 v_i 后网络 G_i 的模块度指标 M_i。进而得到目标节点 v_i 的模块度变化率为：

$$MCR_i = 100 \cdot \frac{M_i-M_{i-1}}{M_i} \tag{5-18}$$

进一步，对于网络中的所有路径 P_k：p_1，p_2，$\cdots$，$p_{|P|}$ 而言，各自路径上节点的模块度变化率总和为 MCR_{p1}，MCR_{p2}，$\cdots$，MCR_{pk}。当抽取前 n 条路径作为目标领域创新演化多路径 P_n 时，每条路径对应的模块度变化率总和为 MCR_{p1}，MCR_{p2}，$\cdots$，MCR_{pn}。且考虑到路径间的相似度和链接权值的马太效应，该多路径的模块度变化率总和 MCR_{Pn} 总是满足条件 $MCR_{Pn} \leq \sum_{i=1}^{n} MCR_{pi}$。进而依据 MCR_{Pn} 在路径数量 n 取不同参数时的梯度上升趋势，运用爬山算法等最优化理论方法确定最优的路径数量 n_0。当 n 取 n_0 时表示，多路径能够较为完整地追踪该领域的主要知识扩散轨迹，并涵盖影响该领域主题变迁的重要节点。

从文献引用网络随时间的模块度变化情况中不难看出，区块链领域的主题演化具有明显的时间特征，整体上以社区建构为主，但是在中期随着模块度的下降出现了明显的研究主题融合现象。近期，随着区块链在不同领域应用场景的逐渐落地，模块度的逐渐上升又意味着出现了明显的社区分化现象。

然而，对于专利来说却出现完全不同的演化特征，从基于专利数据进行网络生成模拟的模块度变化情况来看，区块链领域的研究主题演化呈现主题边界模糊化趋势，这或许是区块链落地实际应用的征兆。与科学研究不同的是，技术落地需要考虑多种因素，包括安全、性能、隐私等。研究主题的融合意味着现有的区块链技术呈现较为明显的系统化特征，这将为相关问题提供系统化的解决方案。

（二）基于网络连通性的路径数量确定方法

除了通过识别、判断和评估路径上节点对多元主题网络的社区结构变化的影响以确定路径数量之外，亦可通过网络连通性变化确定最优多路径。基于网络模块度的路径数量确定方法是将目标路径视作节点的集合，而基于网络连通性的路径数量确定方法是将目标路径视作网络的子组件。能够合理表征目标领域知识扩散的多路径应该能以简洁的结构表征网络的各个关键节点，且网络中各节点应当处于各子网络的核心位置。所识别的演化多路径不仅可以便于研究人员理解该领域的知识扩散结构，还可以作为进一步研究的探索起点。因此，测度区块链创新演化多路径的网络连通性不仅可以评估所抽取的网络骨干对原始网络的表征程度，还可以用于确定路径抽取的最优数量。

在此基于结构洞理论测量各节点的网络约束系数，进而判断路径上各节点是否处于网络中的核心位置。受网络约束越大的节点，它在网络中的信息传递能力越差。当创新演化多路径覆盖处于结构洞位置的几个关键节点时，基于现有路径对剩余节点的探索能力增强，即网络中的科学理论、技术信息等要素可以通过识别的演化多路径快速传播。因此，基于结构洞理论可以构建节点的网络连通性指标：

$$Sh_i = \sum_{j}^{j \in V, j \neq i} \left[p(i,j) + \sum_{q}^{q \in V, q \neq i,j} p(i,q) \cdot p(q,j) \right]^2 \qquad (5-19)$$

其中，$p(i,j) = \dfrac{a(i,j) + a(j,i)}{\sum\limits_{k}^{k \in V, j \neq i} \left[a(i,k) + a(k,i) \right]}$ 表示标准化后的权值，$a(i,j)$

表示节点之间链接 i-j 的权值。

在此基础上，本章提出一种基于网络连通性的路径数量确定方法。对于含有 $|V|$ 个节点的目标网络 G，各节点 v_1，v_2，$\cdots$，$v_{|V|}$ 的网络连通性分别为 Sh_1，Sh_2，$\cdots$，$Sh_{|V|}$，且满足 $\sum\limits_{i=1}^{|V|} Sh_i \leq |V|$。进一步，对于网络中的所有路径 P_k: p_1，p_2，$\cdots$，$p_{|P|}$ 而言，各自路径上节点的连通性总和为 Sh_{p_1}，Sh_{p_2}，$\cdots$，$Sh_{p_{|P|}}$。当抽取前 n 条路径作为目标领域知识演化多路径 P_n 时，每条路径对应的连通性总和为 Sh_{p1}，Sh_{p2}，$\cdots$，Sh_{pn}。且考虑到路径间的相似度和链接权值的马太效应，该多路径的连通性总和 Sh_{P_n} 总是满足以下条件 $Sh_{P_n} \leq \sum\limits_{i=1}^{n} Sh_{pi} \leq \sum\limits_{i=1}^{n} |V_{pi}| \leq n|V|$，且 $Sh_{P_n} \leq |V|$。进而依据 Sh_{P_n} 在路径数量 n 取不同参数时的梯度上升趋势，运用爬山算法等最优化理论方法确定最优的路径数量 n_0。当 n 取 n_0 时表示，多路径能够较为完整地追踪该领域的主要知识扩散轨迹，并表征原有的网络结构。

（三）基于社区检测数量的路径数量确定方法

为了更好地体现上述模型在进行路径数量确定时的优良性能，本章提出一种基于社区检测数量的路径数量确定方法，并将之作为基准用于进一步的比较与讨论。对于目标网络 G 而言，利用社区检测算法识别节点 v_i 所属的研究方向和技术主题 c_i。对于目标路径 p_i 而言，它所代表的技术主题可表示为集合 C_{p_i}。而对于在不同参数下的多路径 P_n 而言，所有路径代表的技术主题可表示为 T_{P_n}。对于技术主题 c_i 而言，领域规模可表示为 $CS_{c_i} = \dfrac{|V(c_i)|}{|V(G)|}$。类似地，对于多路径 P_n 而言，所有路径代表的技术主题规模可表示为 $CS_{C_{P_n}} = \dfrac{|V(P_n)|}{|V(G)|}$。通过分析 $CS_{C_{P_n}}$ 随路径数量 n 的增长趋势可得最优路径数量。然而，该方法仅考虑时间节点为 t_n 时刻的技术主题划分，基于静态的网络聚类方法难以对在发展历程中具有重要影响但走向衰落的研究主题进行识别。因此，在此基础上提出的基

于社区检测数量的路径数量确定方法仅能判断路径是否有效表征对当前技术主题划分有显著影响的节点。

（四）基于知识遍历权值的路径数量确定方法

SPX 算法本身作用于链接的权重赋值，但是第一小节已经表明基于知识遍历量的 SPX 算法可以较为容易地被转为用于赋予节点权值。在第一小节中，这种转化的节点权值用于确定路径抽取。此外，通过分析路径上节点的 SPX 值的累计分布亦可确定路径数量。

对于目标网络 G，各节点 v_1, v_2, $\cdots$, $v_{|V|}$ 的网络连通性分别为 SPC_1, SPC_2, $\cdots$, $SPC_{|V|}$，且满足 $\sum_{i=1}^{|V|} SPC_i \leqslant |V|$。进一步，对于网络中的所有路径 P_k: p_1, p_2, $\cdots$, $p_{|P|}$ 而言，各自路径上节点的知识遍历权值总和为 SPC_{p_1}, SPC_{p_2}, $\cdots$, $SPC_{p_{|P|}}$。当抽取前 n 条路径作为目标领域知识演化的多路径 P_n 时，每条路径对应的知识遍历权值总和为 SPC_{p1}, SPC_{p2}, $\cdots$, SPC_{pn}。且考虑到路径间的相似度和链接权值的马太效应，该多路径的连通性总和为 $\sum_{i=1}^{n} SPC_{pi}$。

基于知识遍历权值的路径数量确定方法是基于传统主路径分析方法中的遍历权值算法进行的路径权值梯度上升评价方法，与传统主路径分析方法有较强的结合性。然而，如前述所言，链接权值在少数节点上的依附性可能会抑制该方法在特定领域演化路径数量确定的效果。

三　领域演化评估

现有研究主要是从复杂网络中研究主路径，而较少从主路径视角通过随机网络生成对知识网络中节点序列的扩散关系进行深入的讨论。

为了测度考虑多元主题的创新演化路径识别方法的适用范围，本章拟研究一种目标领域研究主题多元性的测度方法，用于识别目标领域的研究主题演化趋势和转移范式。研究主题多元化的识别和评估主要是对知识和技术扩散链接，在微观层面从网络结构和主题演化的视角进行测度，在宏观层面凝练为科学和技术的转移范式。本章首先通过随机网络生成模型对该领域的技术演化过程进行表征，进而识别随技术发展而消失或产生的技术边界，从动态网络生成而非静态网络聚类的视角对技术主题演化过程进行建模。其次通过计算节点的转移概率，获得技术主题演化参数。最后依据量化的演化参数判断所提出的创新演化路径识别方法对目标领域的适用性。

以当前为 t 时刻，从知识流动的视角探讨 $t+1$ 时刻节点与 t 时刻节点的关系。初步分析不难发现，知识网络中下一时刻 $t+1$ 时刻的文献可能是 t 时刻研究主题的延续，亦有可能跳脱现有主题探究新的研究主题，从而形成工商管理研究中的"利用—探索"现象，即基于现有知识进行深入挖掘和脱离现有知识进行跳跃性探索。然而，对于整个领域来说，单一主题的延续和跳跃并不完全符合技术迭代规律。过往的技术主题随着时代发展可能重新登上历史舞台，从而形成一种"睡美人"现象。因此，考虑回顾式创新不仅有助于解释技术唤醒现象，也有助于表征区块链等多技术主题并行领域的知识扩散过程。因此，技术创新中知识扩散行为可分为三类：延续性创新、回顾性创新和跳跃性创新，即基于最新的研究主题进行进一步探索，基于过往的技术主题进行知识重组，基于外部知识开创新的研究主题、领域甚至是学科。

下面结合图 5-9 给出该模型的数学表达。令 t 时刻的中心节点为 v_t，下一阶段的扩散节点为 v_{t+1}，当 v_{t+1} 和 v_t 扩散自同一中介点时，则认为 v_{t+1} 与 v_t 在研究主题上具有一致性，在知识扩散上具有延续性（continuity）。当 v_{t+1} 与 v_t 扩散自不同节点并且 v_{t+1} 和 v_t 之前的任意节点 v_n（$0<n<t$）扩散自同一中介点，则认为 v_{t+1} 与 v_n 在研究主题上具有一致性，在知识扩散上具有回顾性（recall）。当 v_{t+1} 为源点或仅从源点扩散而来，则认为该节点与现存任意节点 v_n（$0<n<t$，且 v_n 非源点）在研究主题上具有较弱的一致性，在知识扩散上具有跳跃性（jump）。

值得注意的是，知识扩散的延续性和回顾性并非完全取决于 v_{t+1} 与先前节点的耦合关系。当 v_{t+1} 与 v_t 的耦合关系仅存在于源点集合中时，可能具有较弱的主题一致性。以管理学领域为例，即使两篇文章仅同时引用 Maslow（1943），它们也可能属于不同的研究领域。因此本模型中对于仅扩散自同一源点的邻接节点，视为主题非延续。同理，对于与先前 $t-2$ 个节点的同源关系仅分布于源点集合中，视为主题非回顾。

从图论的视角来看，所谓延续性创新是对当前节点群进行广度优先搜索，而回顾性创新是对过往节点群进行广度优先搜索，而跳跃性创新

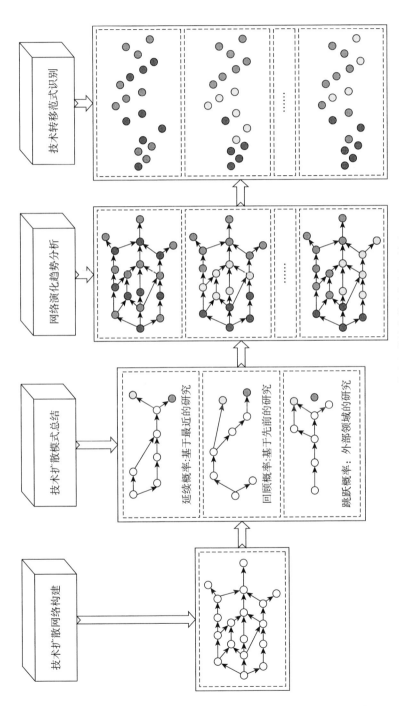

图 5 - 9 基于网络结构变化的技术转移范式识别框架

则是对外部知识节点群进行深度优先搜索。从全局视角而非局部视角来看，延续性创新是对当前研究主题的深度优先搜索，回顾性创新是对过往研究主题的深度优先搜索，跳跃性创新是对内部知识空间的广度优先搜索。由此可见，基于主路径的转移范式识别模型从知识扩散、主题演化和网络生成三个角度具有解释性，并且这些解释互为补充。

通过分析当前节点 v_{t+1} 与先前节点的关系进行节点分类，进而将区块链领域的主题演化趋势转为定量参数。表 5-4 展示了不同参数下的主题演化趋势与学科转移范式的对应关系。其中 a、b、c 和 d 分别代表不同的研究主题。

表 5-4　演化参数与相应的转移范式

延续性参数	回顾性参数	跳跃性参数	转移范式
高	低	低	强转移（a-b-c）
中	高	低	弱转移（ab-bc）
高	低	低	反复式（a-b-a）
中	高	低	分化式（a-bc）
高	中	低	合流式（ab-c）
中	高	低	交错式（ab-cd）
高	低	低	恒定式（a-a）

倘若目标领域属于强转移范式，在出现新的技术方案和研究成果后，学者们的研究重心将迅速转移。一般而言，工科易出现此类转移范式，在 5G 技术诞生后，研究者们迅速围绕 5G 对物联网等场景展开了研究。而社会科学领域则普遍存在弱转移范式，在新的定量方法诞生后，人文学者开始尝试新的研究方法，但依然会保留一定的定性分析。反复式则可能出现在计算机科学领域，比如在支持向量机获得认可后，神经网络的研究迅速减少，而在 AlexNet 获得 Imagnet 数据集识别方面的冠军后，神经网络重返历史舞台并受到热烈追捧。分化式和合流式亦是较为常见的主题演化趋势。以模糊数学为例，该领域随着研究的深入逐渐分化为直觉模糊集、犹豫模糊集和对偶模糊集等。当数据集限定在特定阶段的研究中时则可能出现交错式和恒定式的转移范式。

从表 5-4 中可以发现，当网络呈现高延续性参数、低回顾性参数和低跳跃性参数时，目标领域的转移范式可能存在强转移、反复式和恒定式三种。然而，这种低的回顾性参数是相对的。当强转移和反复式进行比较时，具有强转移特性的研究领域相比反复式具有更低的回顾性参数和更高的跳跃性参数。而对于具有恒定科学范式的研究领域，通过比较当前聚类情况和早期聚类结果即可发现恒定式研究领域的聚类结果较少发生变化。

此外，当网络呈现中延续性参数、高回顾性参数和低跳跃性参数的特征时，目标领域的转移范式可能是弱转移或者分化式①。在这种情况下，研究人员难以结合聚类等方法判断该领域的技术转移范式。因此，笔者建议，在进行扩散节点类型判断时放宽比较尺度，由 $t\rightarrow t+1$ 拓展到 $t\rightarrow t+5\%$ 或 $t\rightarrow t+10\%$，其中 5% 代表目标领域的网络节点数量的 5%。换言之，在判断延续性时不是考虑是否与前一节点具有同源关系，而是考虑与最近的节点群是否具有同源关系，这将增强演化参数估计的稳健性。在时间尺度放宽后，弱转移的演化参数应该继续保持中延续性、高回顾性和低跳跃性的特征，而科学范式转移存在分化特征的领域的演化参数应当估计为高延续性、高回顾性和低跳跃性。

相较于基于聚类的主题演化识别，本章提出的模型具有两大优势。第一，不依赖任何聚类算法，仅仅依赖当前节点和先前节点的同源关系。第二，传统的聚类方法往往基于特定时间点的网络进行分析，随着节点的加入或退出，网络结构和聚类结果可能显著变化。而基于网络生成思想的演化参数估计具有稳健性，后续节点的加入不影响先前节点的属性，少量节点的加入不会改变对区块链领域转移范式的判断。

本章分别对文献引用网络和专利引用网络进行了演化主题分析，前者的演化参数为（0.14，0.71，0.15），后者的演化参数为（0.01，0.26，0.72）。需要注意的是，由于专利的引用行为与文献并不完全相同，因此不能直接比较。（0.14，0.71，0.15）意味着每篇区块链领域论文有 14% 的概率延续当前的研究主题，71% 的概率回顾先前的研究主题，而 15% 的概率跳跃到新的研究方向。整体上，区块链领域的创新倾向较为明显，并且跳跃性参数表明存在多元主题共同演化的趋势，因此使用考虑多元

---

① 这里不讨论交错式，因为这一模式相对明显。

主题的主路径分析方法较为合适。

专利方面，由于较少的引用数量和本身的经济价值，从引用结构上可以看出，现阶段各公司独立开发技术，较少进行大型的研发合作。但是，即使考虑到专利引用网络本身的特性，区块链领域技术演化的跳跃性明显强于文献引用网络中的。其中，1%的技术研发遵循现有研究进行推进，26%的研究重新整合了先前的知识元素，而72%的研究进行开辟性的探索。考虑到区块链的技术领域存在较明显的技术并行演化趋势，因此应当采用多路径分析方法以更好地识别区块链技术领域的技术扩散轨迹。

从转移范式的视角来看，区块链领域的科学研究存在明显的弱转移特征，比特币的价格组成、区块链的信用机制等话题被持续关注。虽然不少学者将研究目标从单一的比特币拓展到多元的加密货币市场，但是基于比特币的研究还在持续进行中。这种弱转移范式与金融、经济的社会科学属性紧密相关。而在专利角度，却难以判断相应的技术转移范式，这是因为基于区块链的技术研究尚处于萌芽阶段。虽然不少企业已经尝试将区块链落地，但整体上区块链还未走进现实生活。然而，这并不意味着区块链的普及还需要相当长的时间，区块链研究的高速增长可能会大大加快落地速度。

四　演化特征识别

上述演化特征在缩放时间窗口后依旧适用。在10%的水平时，文献引用网络的演化参数为（0.81，0.04，0.15），专利引用网络的演化参数为（0.11，0.17，0.72）。换言之，论文有4%的概率讨论一个最近没有探索的话题，15%的概率研究整个领域从未讨论的话题。本小节进一步研究在这一简化模型下的区块链创新行为。

区块链领域是一个相对多元的社区，它集聚了经济学、物理学、计算机科学等多个领域学者和专家的知识。整体的演化特征可能并不存在于特定的微观社区之中。为了进一步探索子领域的演化特征，本小节使用Louvain算法识别出7个科学社区和44个技术社区。图5-10展示了不同社区中的创新行为差异，其中左侧代表文献，右侧代表专利。文献引用网络展现了明显的延续性特征，表明倾向与最近的研究共享相似的主题和相同的知识基础。而专利引用网络呈现了相反的特性，大多数社区都是开拓性质的，而在科学研究中只有社区 1 具有这一特征。

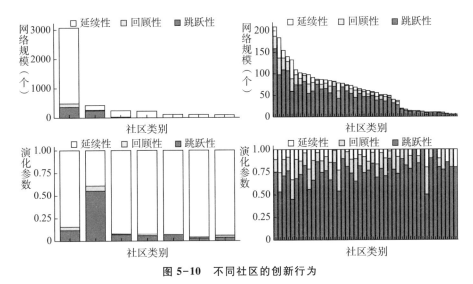

图 5-10　不同社区的创新行为

图 5-11 展示了创新行为随时间的变化。与图 5-10 相似，左侧和右侧分别取自文献和专利数据。从上半部分中我们可以观测到，创新行为（对应的节点数量）随着时间呈近线性变化趋势。为了印证这一猜想，我们基于当时的网络规模占比对创新规模进行了标准化（结果见下半部分）。创新的跳跃性行为在社区成长阶段快速衰减，但延续性和回顾性行为在文献引用网络和专利引用网络中都呈现近似线性变化趋势。尤其是考虑到时间窗口在网络早期的扭曲问题，网络规模占比从 25% 成长到 100%。

为了进一步探索社区发展阶段和创新行为的关联，本小节计算了节点在社区中的相对位置。这里没有使用年份信息的原因是我们借助引用信息和出版顺序，可以估算出一个更为准确的时序信息，并且相比年份信息，它更易于比较和不受分布特征的影响。表 5-5 展现了文献引用网络中不同创新模式的时序特征。其中最明显的现象是跳跃性行为大多发生在网络的早期阶段，具体表现为 $t_w<t_u$ 且 $t_w<t_v$[①]。这跟跳跃性特征的测

---

① u 代表延续性创新，v 代表回顾性创新，w 代表跳跃性创新，t 表示创新行为发生（相对研究起点）的平均时间。在此，对时间进行了标准化，故取值在 [0, 1] 区间。

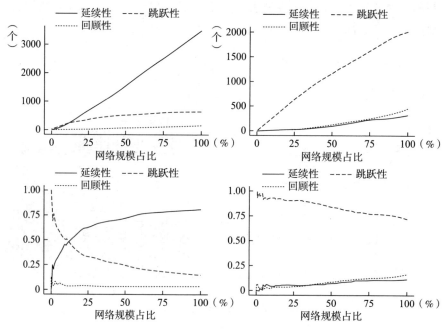

图 5-11　创新行为的时间趋势

量方式存在一定关联，当处于网络早期阶段时，时间窗口无法取到规定阈值从而会在一定程度上高估实际的跳跃性行为比例。然而，即使抹除前 10% 的样本，$t_w < t_u$ 且 $t_w < t_v$ 这一特征依然在大多数社区中存在。表 5-6 展示了控制时间窗口一致后的结果。为了便于比较，表 5-6 中的社区顺序与图 5-10 和表 5-5 中一致。

表 5-5　文献引用网络中创新行为的时序信息

社区	规模（个）	t_u	t_v	t_w
2	3083	0.554	0.521	0.240
1	431	0.383	0.595	0.373
3	239	0.600	0.572	0.138
6	232	0.535	0.648	0.125
5	112	0.343	—	0.035
7	105	0.597	0.755	0.363
4	88	0.398	0.843	0.259

表 5-6 控制时间窗口一致后文献引用网络中创新行为的时序信息

社区	规模（个）	t_u	t_v	t_w
2	2833	0.574	0.579	0.352
1	332	0.474	0.678	0.486
3	227	0.607	0.572	0.274
6	216	0.553	0.648	0.265
5	78	0.443	—	0.136
7	104	0.602	0.755	0.363
4	71	0.476	0.843	0.676

受限于篇幅，表 5-7 仅披露了专利引用网络中 20 个主要社区的创新时序特征。专利引用网络中的跳跃性行为不局限于早期，但相比其他类型行为依然满足 $t_w < t_u$ 且 $t_w < t_v$ 这一特征。结合表 5-5、表 5-6 和表 5-7 可以发现，回顾性行为虽然在部分社区的时序位置相对靠后，但平均位置与延续性行为较为相似。在某种程度上可以认为学者或专家选择回顾性创新的概率保持在一个相对稳定的数值上（如图 5-11 所示）。因此，是对延续性创新和回顾性创新整体偏好的差异导致了科学和技术社区不同的创新模式，而非延续性创新或回顾性创新的时序变化。相似地，对专利引用网络控制时间窗口一致后，跳跃性行为是最早发生的这一结论再次得到了验证。后续的研究可以考虑探索社区不同阶段的研究质量是否影响学者和专家对跳跃性创新的选择，而非仅仅取决于网络规模。因为随着社区的扩张，高质量研究涌现，研究人员无须再借助外部理论阐释研究结论。

表 5-7 专利引用网络中创新行为的时序信息

社区	规模（个）	t_u	t_v	t_w
14	210	0.702	0.655	0.453
3	184	0.532	0.660	0.348
4	154	0.644	0.667	0.411
21	140	0.701	0.727	0.498
2	132	0.557	0.591	0.271
12	109	0.542	0.681	0.359
9	102	0.723	0.748	0.481

续表

社区	规模（个）	t_u	t_v	t_w
27	100	0.737	0.766	0.510
1	97	0.391	0.557	0.356
5	91	0.508	0.632	0.330
10	87	0.719	0.740	0.527
15	86	0.815	0.817	0.494
17	85	0.584	0.616	0.436
19	83	0.542	0.548	0.433
20	82	0.976	0.756	0.544
11	78	0.569	0.624	0.403
16	77	—	0.732	0.471
25	74	0.682	0.662	0.495
23	72	0.669	0.723	0.459
7	68	0.679	0.668	0.410

区块链社区最主要的机构分别是阿里巴巴、支付宝、腾讯、IBM、Nchain、平安科技、美国银行、百度、万事达和埃森哲，这种分布与 Yu 和 Pan（2021b）的观察一致。图 5-12 展示了最主要的 10 家机构的创新类型。从中不难看出，随着机构规模的扩大，在创新战略上呈现远离跳跃性创新的模式，更多地进行延续性和回顾性创新。这可能是由于企业规模导致对风险的厌恶，或跳跃性创新的边际收益降低。

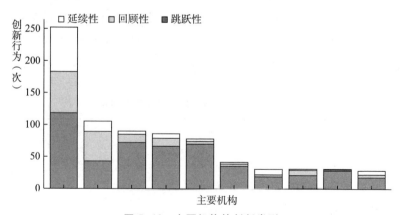

图 5-12　主要机构的创新类型

为了验证这一猜想，本小节将网络中的所有专利分为两类，分别是隶属于这 10 家主要机构的 773 项专利和归属于小企业的 2020 项专利。

图 5-13 表明小企业具有更强的跳跃性创新意愿。值得注意的是，这里的创新行为分类是基于全领域的知识基础，倘若考虑每个企业自身的知识基础，其跳跃性行为的比例可能会更高。结合图 5-12 可以看出，整个领域创新的开拓性减弱与这些主要机构对风险的厌恶存在一定关联。

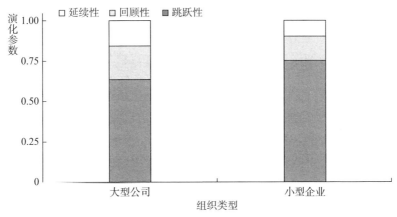

图 5-13　组织规模与创新类型的关系

第三节　科学视角下基于多元主题的区块链创新演化路径

一　全局主路径

图 5-14 所示是关键节点搜索方法下路径数量为 1 条时的区块链创新演化主路径，此时等价于经典的全局主路径。其中浅灰色节点代表与图 2-3 中全局主路径相比的新增节点。

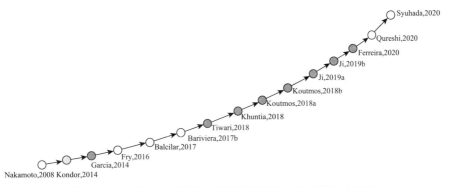

图 5-14　考虑多元主题的文献引用网络中的关键节点主路径

可以看出关键节点主路径有效控制了创新演化路径的长度，在一定程度上避免了主路径分析方法在路径搜索时的贪婪性。从具体内容来看，相比图 2-3 中的经典全局主路径仅主要变更了一篇文章 Kondor 等（2014）。该项研究指出现有对日常货币交易的随机网络研究，受限于数据的敏感性，以仿真实验而非真实数据为主进行分析。然而，比特币的公开性和匿名性使得完整详细地研究日常货币交易系统成为可能。该研究发现网络中的链接依附特性在财富积累中具有显著的推动作用，Fry 和 Cheah（2016）在此基础上对交易网络的泡沫性展开了研究。

二　关键节点主路径

图 5-15 展示了不同路径数量下创新演化多路径的聚类数量、网络连通性、SPC 值（遍历权值）和网络模块度变化率。从中可以发现随着路径数量的增加，网络连通性和网络模块度变化率呈现线性增长趋势。根据基于 SPC 值增长趋势确定路径数量的方法，则从约第 125 条路径开始增速放缓，但其累计权值增长的速度下降较慢，约在第 600 条路径时呈现平稳趋势。相对于网络中的所有路径，600 条路径大大降低了研究人员的理解难度，但是整体上依然过于复杂，难以捕捉网络演化趋势，难以实现快速识别和准确判断的平衡。从增长幅度来看，聚类数量是较为合适的选择，103 条路径即可对网络中主要的七大研究社区进行表征。然而，第 103 条路径仅对第 7 个研究社区进行了概括性的表征，从某种程度来说，这种对主要研究社区的表征是有偏好的。

此外，上述研究没有考虑到节点增长带来的权值增加，因此本节在此基础上考虑路径节点的平均效益。区块链创新演化路径分析的首要目标是提取代表该领域发展的主要节点，因此各个节点应当具有较高的网络连通性和较高的模块度变化率。图 5-16 展示了路径数量增加后所有节点的平均效益。从该图中的平均聚类数量变化中不难看出，随着路径的增加，更多的节点并没有迅速覆盖更多的研究社区。而基于 SPC 值的路径数量确定方法亦面临相似的问题，头部链接和节点占据了较高的权值，后续节点的重要性水平在这一指标下显著降低。这两种方法下，平均值变化在全阶段呈现快速下降趋势。而平均网络连通性和平均网络模块度

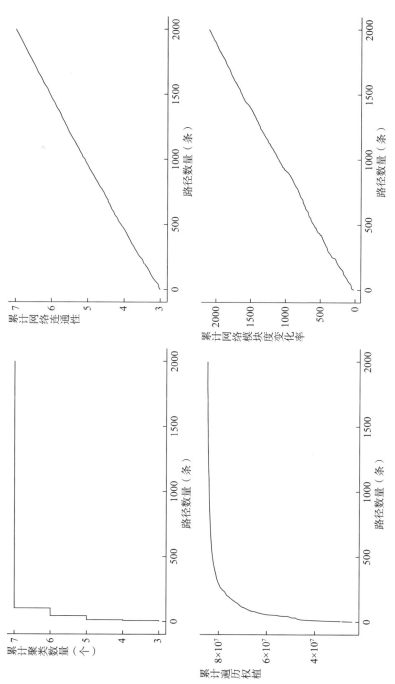

图 5 – 15　整体路径抽取的累计效益增长（文献）

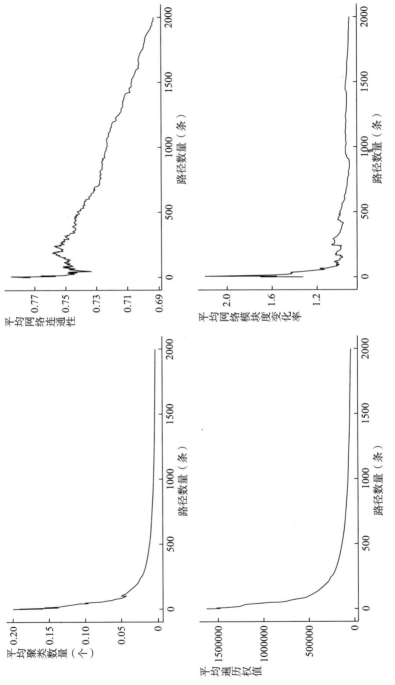

图 5 - 16　整体路径抽取的平均效益变动（文献）

变化率虽然整体上呈现下降趋势，但在早期的路径抽取时，节点的平均效益存在明显的波动特征。

为了进一步观察不同路径数量下的节点平均效益及其变化趋势，本小节控制了前 100 条路径的指标用于判断路径数量。与前 2000 条路径下的变化趋势相一致的是，前 100 条路径下，基于网络聚类数量和 SPC 值的节点平均效益在快速下降（如图 5-17 所示）。但是在网络连通性和模块度变化率测度下的节点平均效应早期呈现一定的增长趋势。两种测量方法一致认为当路径数量确定为 8 条时，节点平均效益达到最高值。在此之后，累计抽取 36 条路径时，平均节点效益有所回升。

因此，本节拟抽取路径数量为 8 条和 36 条时的演化路径做补充分析。当关键节点主路径数量为 8 条时，区块链领域的科学知识扩散多路径如图 5-18 所示，其中深色圆节点代表与图 2-3 中全局主路径相比的新增节点。

与经典创新演化路径相比，在保留其尾部提供的多样性外，考虑多元主题的创新演化多路径在区块链发展的早期和中期提供了更多的演化细节。先前路径在 2015~2017 年识别的创新演化过程过于简短，并且在不同方法下出现多种选择。而图 5-18 中的区块链创新演化多路径解释了为何前述方法在结果上存在差异，这些路径都具有较高的权值，在不同计算方式下有轻微的排名波动。而仅采用先前的任意一种方法，虽然正确地捕捉到了整体演变，但是容易忽视排名略低的部分细节。通过定量的路径数量分析，发现当路径数量为 8 条时，可以对重要路径在不同方法下的排名波动具有更高的容忍度，从而保证结果的稳健性。此外，不难发现主路径分析方法的贪婪性在一定程度上得到了遏制。新增路径相比原有的单一路径在路径长度上有所缩减。存在作者自引的文章在先前的方法尤其是基于叠加网络的主路径分析方法中具有一定优势，这也在一定程度上拉长了路径长度。而新增路径在路径长度上明显存在一定的克制，显示了它基于节点权值进行路径搜索的无偏性。

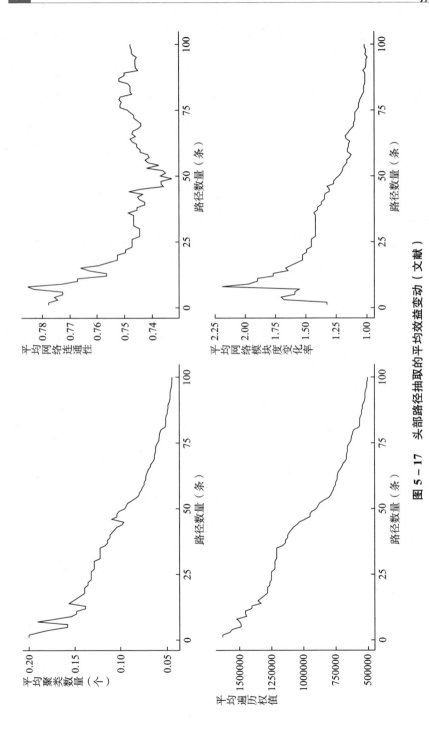

图 5 - 17　头部路径抽取的平均效益变动（文献）

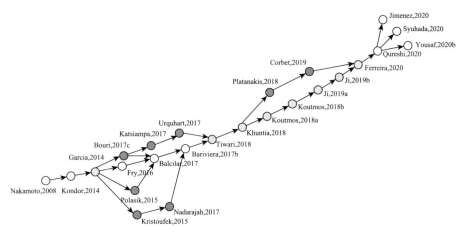

图 5-18 文献引用网络中关键节点-8 主路径

由于关键节点-8 主路径是关键节点-1 主路径（如图 5-14 所示）的扩增版本，因此下面主要介绍新增节点。Bouri 等（2017c）研究了比特币市场回报和价格波动间的关系，并指出除了需要考虑波动传递和杠杆效应外，还需要考虑投资者在不同市场间的避险偏好。Katsiampa（2017）在此基础上对比特币的价格波动进行解释，发现 AR-CGARCH 模型具有较强的解释性。Urquhart（2017）对 Harris（1991）的谈判假设进行了验证，发现交易量、价格与交易尾数显著相关，但不存在明显的回报差异。

Polasik 等（2015）研究了比特币价格的形成机制，并着重对相关报道的情感色彩进行研究。该项研究有助于指导并帮助交易员和投资人把握最佳交易时点。Kristoufek（2015）讨论了比特币价格的动态变化，认为现有的交易算法能够快速寻找套利机会，因此不同区域的比特币市场在面对突发事件时在较短时间内即可做出较为一致的反应。除了对比特币波动性、交易量的研究，一些学者对比特币属于资产还是货币、比特币市场的有效性等主题进行了讨论。Nadarajah 和 Chu（2017）是之前路径上未曾捕捉到的关键研究，它确认了比特币市场的无效性。

Platanakis 等（2018）同样被先前的创新演化路径所忽视，该研究认为加密货币平均组合和加密货币优化组合在投资回报等方面没有显著差异。Corbet 等（2019）则对加密货币市场的发展进行了讨论，并指出应该把比特币的监管问题和其底层的区块链相区分，后者是未来金融发展的基石。

图 5-19 呈现了关键节点搜索方法下路径数量设置为 8 条（左）和 36 条（右）时的主路径网络，可以看出后者在节点数量未大幅增加的情况下显著增加了链接数量。不难发现，当路径数量为 8 条时，区块链领域的演化路径依旧较为明显，同时对早中晚三个研究时期的研究主题分化都能做到较为全面的表达。当关键节点搜索方法下路径数量为 36 条时，节点平均效益有所回升，但低于路径数量为 8 条时的平均效益。

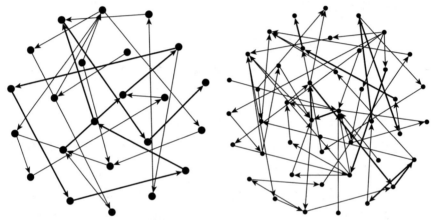

图 5-19　关键节点主路径为 8 条和 36 条时的创新演化主路径（文献）

图 5-17 显示，相比路径数量为 8 条时，路径数量为 36 条时节点的平均网络连通性显著下降。但是相对于其他路径数量下的创新演化路径，此时节点所提供的信息效率可能更高。因此，笔者建议对于目标数据集，优先抽取路径数量为 8 条的演化多路径，在此基础上对于需要进一步探索区块链领域的专家学者而言，抽取路径数量为 36 条的演化多路径是次优选择。相比路径数量为 50 条时节点信息传递的低效率，路径数量为 36 条时具有更高的信息效率。

第四节　技术视角下基于多元主题的区块链创新演化路径

一　全局主路径

图 5-20 所示是技术视角下考虑多元主题的区块链创新演化路径，从

节点组成来看它与经典主路径具有较大的差异。这是因为传统主路径分析方法在路径搜索中会优先选择权值最高的创新演化路径，使路径上的节点在主题上具有较强的一致性。然而，在考虑影响力的颠覆性后，影响力扩散到多元主题的节点更易被选择，因此所识别的演化路径更倾向解读为塑造区块链领域研究社区的关键链接和节点的集合。

WO2017011601-A1 CN110222086-A

WO2015077378-A1 CN109413136-A CN110609839-A

图5-20 考虑多元主题的区块链创新演化主路径（专利）

WO2015077378-A1提出了一种区块挖掘方法，结合默克尔树（Merkle tree）用于对区块链中的信息进行快速搜索、识别和提取。WO2017011601-A1将区块链与审计相结合。京东在CN109413136-A中将区块链应用到酒店业，该专利提出设置具有担保性质的次要约金，以作为惩罚措施避免交易双方的违约行为，借助区块链数据的不可更改特性规避对后台数据的恶意篡改。智能合约是区块链的重要应用，也是区块链进一步推广的重要基础。然而，现有智能合约只能对链上数据和状态进行读取和判断，CN110222086-A提出一种对外部实体资产转移状态的读取和判断方法，从而通过外部验证拓展智能合约应用范围。CN110609839-A进一步对分布式系统的数据查询速度进行了优化，基于字典结构设置key和value，以提高查询速度。

这条考虑多元主题的创新演化主路径与传统方法的结果有较大不同，主要分为三点。首先，是参与国家的差别。这条考虑多元主题的创新演化主路径早期以美国企业为主导，之后国内企业开始登上历史舞台。相比先前的路径主要由单一国家构成，该路径较好地表征了国内企业近年来在区块链领域的发力追赶甚至并跑。其次，是研究内容的差异。传统主路径分析方法识别的创新演化路径以区块链交易的加密、读写和管理为主，而考虑多元主题的路径以商业化的区块链系统为主。即使传统方法下也有部分区块链的软件项目研究，但以实验性质为主。最后，在研究主题一致性上亦有所不同。传统主路径分析方法的结果相对一致，相关研究主要围绕区块链的不可篡改性展开，而创新演化路径涉及系统优化、数据读写、智能合约等多个方面。

二　关键节点主路径

从图 5-20 中不难发现，在主题一致性方面，基于多元主题的演化路径识别方法逊色于基于叠加网络的演化路径识别方法，但这可能是由于考虑创新颠覆性的主路径偏好跨主题的节点和链接而造成的。此外，在控制路径数量上，相比叠加主路径，多元主题主路径更加克制和保守，其长度与经典主路径趋同。

图 5-21 呈现了专利引用网络中不同路径数量下的节点效益增长趋势。由于专利引用网络相对稀疏，因此较少的路径就可覆盖大多数节点。然而，与科学视角下的创新演化路径的累计效应分布不同，技术视角下创新演化路径的累计 SPC 值增长较慢，没有出现较为明显的拐点。同时，基于网络聚类数量的累计效应也面临类似问题。整体上不难发现，由于专利引用网络的碎片化特征，网络中聚类数量显著增加、聚类规模明显减小。

图 5-22 所示是考虑路径上节点规模后获得的相应的节点平均效应。其中的平均聚类数量分布特征显示早期节点中平均每 4 个节点代表 1 个聚类，然而随着路径数量的增加，网络中未被表示的聚类逐渐减少，从而出现上百个节点代表相似的研究主题。在路径数量达到 1000 条时，大多数路径表示相同主题。在这种情况下，即使部分路径能够表示小众主题，也被藏匿在多路径中从而易被研究人员忽视。

相似地，为了进一步观察不同路径数量下节点对网络的表征程度，图 5-23 展示了数量小于 100 条时不同路径的节点平均效益。与科学创新演化路径上节点平均效益相似，平均网络连通性指标在早期存在攀升现象，随后进入波动状态，随着节点数量的进一步增长最终逐渐下降。

从图 5-23 中不难发现，如果研究人员使用目前常用的 25 条路径确定路径数量，那么很可能遗漏一条关键的创新演化路径。因为当路径数量为 28 条时，基于网络连通性测度的节点平均效应达到峰值，而在基于网络模块度变化率测度的节点平均效应中，在关键节点搜索方法下路径数量达到 25 条后继续抽取路径，节点平均效应也会出现短期上升趋势。这条排名较后的创新演化路径包含大量的新链接，并将累计网络模

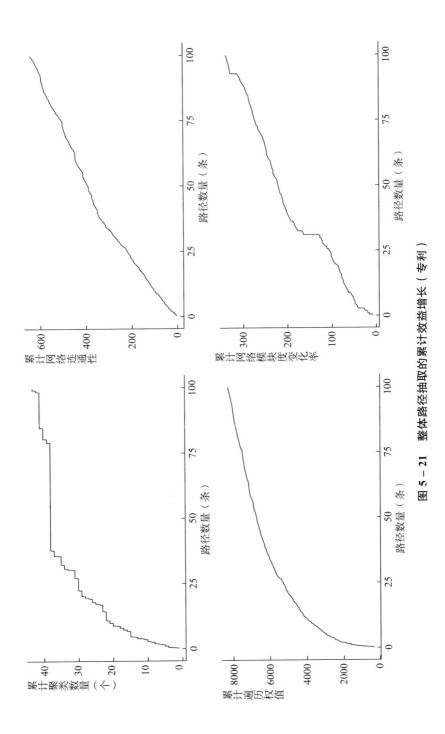

图 5 - 21 整体路径抽取的累计效益增长（专利）

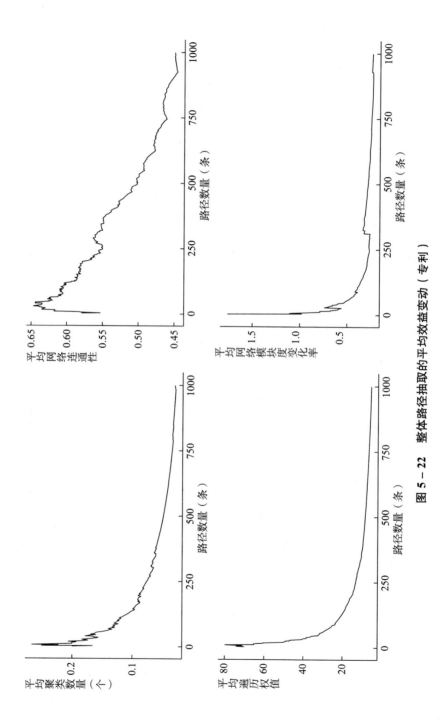

图 5 - 22　整体路径抽取的平均效益变动（专利）

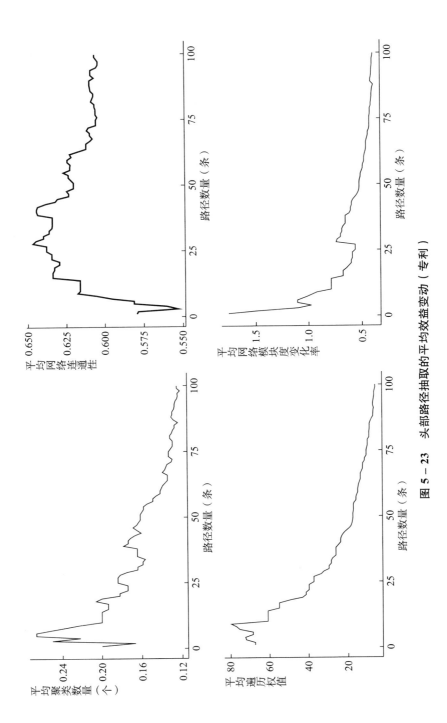

图 5 - 23 头部路径抽取的平均效益变动（专利）

块度变化率大幅提升。当然，基于定性的专家评估也许能在单一路径外识别多条重要路径，但是当路径数量达到近百条时，评估专家的技术视野和工作精力将面临较大的挑战。以专利引用网络的多路径为例，增加至第 89 条路径时由于新节点的加入而显著增强了创新演化多路径对网络中结构变化的表征能力，具体表现为平均网络模块度变化率有所回升。因此，下面拟分别抽取路径数量为 27 条和 89 条时的区块链技术演化主路径。

图 5-24 所示是关键节点搜索方法下路径数量为 27 条时的区块链创新演化主路径，总计可分为 5 个部分，是目前相较于经典主路径、基于影响力差异的主路径、叠加主路径，划分社区最多且最为明显的路径识别结果。

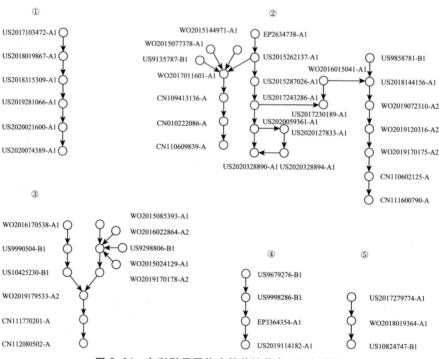

图 5-24　专利引用网络中的关键节点-27 主路径

第一条路径可被视为美国的区块链技术发展路径。US2017103472-A1 提出了一种基于区块链的电子文档审核系统，可用于外包服务中的权限控制、信用评级和信息分发。现有的区块链系统大多要求打包的区块具有相同的数据格式，然而对于具有不同交易事项的企业来说，这可能迫使它们加入或构造多个相应的区块链系统。万事达在 US2018019867-A1 里提出一种可以打包不同格式交易信息的区块链配套技术，以避免冗余的区块链系统建设。事实上，区块链的高度安全性在于随着网络规模的增大，半数算力的绝对控制难以实现。然而，倘若企业进行多个区块链系统建设，各个区块链系统的半数算力要求将显著降低。因此，实现多种格式数据打包的区块链系统不仅避免了企业需要重复建设的资源浪费问题，还保证了区块链系统的安全性。万事达进一步在 US2018315309-A1 中提出了一种基于区块链的停车验证系统，该系统考虑到停车交易与停车场所的不一致性，运用区块链的不可更改特性对相关信息进行记录。US2019281066-A1 则考虑了分布式系统中的节点请求问题。区块链系统中的区块可以被所有节点自由下载并且公开，使得任意节点可以记录交易。然而，部分信息可能不适合直接被交易节点访问，比如用户的生物信息、企业的税务信息、商品的物流信息等，因此 US2019281066-A1 和 US2020021600-A1 提出了一种控制信息访问权限的区块链辅助系统。US2020074389-A1 则将交易请求和服务外包结合起来，实现了一种基于区块链的自动库存管理方法，通过区块链的分发能力将交易信息和契约副本转发给相关缔约方，从而实现高效的服务外包和商品交易。

在第二条路径中，US9135787-B1 设计了一种比特币的交易设备，通过友好的用户界面进行密码验证、交易记录、身份识别等，这与区块链发展早期比特币的火爆是密切相关的。WO2015144971-A1 将区块链技术与自动设备的授权相结合。相较于一般的许可协议，基于区块链的授权许可具有更高的可信度和更强稳健性。

EP2634738-A1 提出了一种分布式的电子信息传输系统，该专利在一定程度上借鉴了区块链的思想。比特币在交易市场的火热使得其价值的波动性对非即时的线下交易提出了挑战，US2015262137-A1 锁定交易价格通过第三方进行延期交易，以避免类似困扰。US2015287026-A1 设计了一种热钱包系统，即通过个人账户标识符记录交易信息并完成批准。事实上，区块链采用公私钥对数据进行加密保证了安全性，但是私钥在实际使用时可能存在隐患。例如，在初始化私钥时的环境可能存在的伪随机问题，使用私钥时存在的数据泄露问题，因此通过热钱包对私钥进行管理并保证安全性是区块链应用的"最后一公里"。US2017243286-A1基于多维数据查询提高分布式系统中的检索效率。安永在US2020059361-A1中通过DNS借助零知识证明验证知识的存在和有效，在避免信息泄露的同时向分布式网络传递了实际业务中的必要数据。US2020127833-A1基于零知识证明和令牌进行操作验证。US2020328894-A1在此基础上基于零知识证明验证匿名参与者的身份信息，而US2020328890-A1进一步研究如何在保证资产信息私密性的同时进行被盗资产追踪。

WO2016015041-A1基于滑链对多条区块链进行合并，从而保证在高并发环境下的即时交易。US2017230189-A1提出一种基于区块链的数据共享和交易系统。

由于与个人相关的隐私信息和机器控制的专有数据的敏感性，US9858781-B1提出了一种访问控制框架。而US2018144156-A1同样关注安全问题，对机器交互间的数据共享进行了研究，通过统一标准协议避免不必要的交互和信息泄露。电商巨头阿里巴巴则在WO2019072310-A2中研究了如何将本地合约转为智能合约，以便于区块链系统下进行监管和执行，并在WO2019120316-A2和WO2019170175-A2中进一步研究了对不同类型合约的适用性。腾讯则在CN110602125-A研究如何在单一区块链系统上支持不同计算机语言环境下的智能合约，通过部署多台虚拟机对合约进行调用、验证和执行。百度则在CN111600790-A中探索了基于区块链的消息处理方法，与其余互联网公司一样关注智能合约与区块链的结合。

第三条路径主要关注区块链的应用领域。与其他路径侧重区块链性能、共识一致性等泛化问题不同，该路径上的专利节点将区块链技术推广到多个领域。WO2016170538-A1提出了一种电子产权文件的管理方法，通过区块链记录文件所有权的转移及验证。US9990504-B1则借助智能合约将区块链技术运用到数字会议筹备中，借助区块链完成参会人员的资格验证、文件收集、信息保密和会议记录。US10425230-B1则与WO2016170538-A1和US9990504-B1一致，提出了一种通过电子签名进行文档访问的身份验证和权限管理方法。

WO2015024129-A1基于区块链构建了一种数字艺术品的所有权确认

系统。得益于区块链的不可更改和时间戳特性，艺术品所有权的归属和转让在区块链系统中易于确认和追踪。WO2015085393-A1提出一种进行交易评级和信用评级的区块链系统。得益于区块链所使用的公私钥对，该系统可以基于更私密的信息进行信用评级。WO2016022864-A2将区块链技术运用到选举中，通过分布式系统对投票信息进行记录，以检测、纠正、避免和防止可能存在的选举欺诈。US9298806-B1则是研究如何从海量的分布式数据中分析交易信息。由于比特币的匿名性，如何基于区块链信息将潜在关联地址进行匹配是进行商务分析的要点。US9298806-B1和WO2019170178-A2对区块链地址的映射与关联进行了探索，以实现个人账户和交易地址的匹配。这两类技术在2019年开始合流。

阿里巴巴是中国最大的互联网公司之一，它不仅经营电商、支付、云计算等多个行业，同时也投资了大量的初创公司。它在WO2019179533-A2中提出一种基于区块链的风投索赔系统，借助智能合约为其每年巨大的风险投资提供保障。CN111770201-A和CN112070502-A则是阿里巴巴集团的支付宝提出的基于区块链的数据核验系统。

第四条路径和第五条路径相对较短。US9679276-B1基于区块链对文件的存在性、完整性和所有权进行验证，从而在实现数据访问的同时保证文件的私密性。分布式系统在并行中的冲突问题一直是学界和工业界的研究重点，尤其是考虑到实际运用中的性能要求。US9998286-B1提出一种方法以在区块链执行账本记录功能时提供硬件加速，在达成共识后可按一致顺序进行区块的生成和记录。EP3364354-A1在此基础上考虑区块链系统中信息更正和校正的一致性问题。US2019114182-A1提出一种通过API与区块链进行安全交互的方法，这为智能合约的确定和执行奠定了基础。

最后一条路径以控制访问为主题对区块链展开了研究。如前所述，比特币等区块链应用虽然使用公私钥对，但原数据可被任意节点下载。US2017279774-A1则将区块链和边缘计算相结合，主要将高流量数据转为低流量数据，从而分发给小型计算节点。WO2018019364-A1研究了如何对共享资源的访问进行权限控制。通过该方法，首次访问通过本地现有规则，之后则调用已被转为智能合约的先前规则。US10824747-B1同样对共享资源的控制访问进行了研究，以响应特定节点的数据访问请求和智能合约执行。

图 5-25 借助网络展现了数量为 27 条（左）和 89 条（右）时的多路径。从中可以明显发现，路径数量为 27 条时网络结构依然清晰可辨，而基于次优选择确定的创新演化路径数量为 89 条时的网络结构已经较为凌乱。随着路径数量的增长，网络结构的复杂化程度直线上升，也难以基于主观判断确定最优路径数量。根据量化指标，27 条和 89 条分别是邻近数值抽取的极值，因此以主观判断的路径数量为标准识别出的演化多路径将更难被研究人员解读和追踪。从技术视角来看，当路径数量超过 50 条时，具有较高的辨识难度，而此时通过主观经验判断路径数量是难以实现的。因此，本章提出的基于网络模块度和网络连通性的路径数量确定方法在分析上具有客观性，在实践中具有普适性，对于识别多元主题下的创新演化路径起到关键作用。

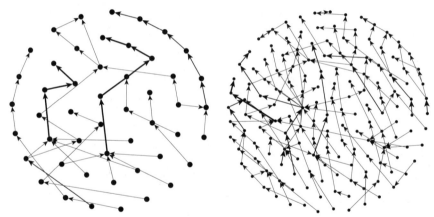

图 5-25　关键节点主路径为 27 条和 89 条时的创新演化主路径（专利）

第五节　科学与技术视角下基于多元主题的区块链
创新演化路径对比分析

本节基于创新演化多路径对区块链在科学和技术中的发展进行比较和分析。

第一，科学视角下学者们对数字货币资产回报组合进行了研究，这是对加密货币市场研究的延续。黄金是常用于比较和组合的投资资产，用于确定加密货币的波动性、投资回报和抗风险能力。从路径扩散的视角来看，关键节点主路径发现在区块链科学研究的早期存在多个研究分支，这不仅解释了先前创新演化路径间的差异，也与区块链早期的多元探索趋势相一致。

第二，技术视角下，以腾讯、网易、百度、京东和阿里巴巴为代表的中国互联网公司开始在区块链技术发展中起到引领作用。这些互联网公司在区块链技术创新演化中注重对智能合约的采用，比如腾讯考虑不同计算机语言下的智能合约执行问题，而阿里巴巴则考虑了如何转化本地合约。区块链对数字艺术品进行版权认证仅仅是其应用的初级阶段，与真实世界的交互、与其他区块链系统的对接以及与智能设备的信息共享将进一步拓展区块链的应用场景。因此，技术演化路径上对标准协议的研究数量逐渐增加，这不仅避免了信息交换中的隐私泄露问题，也减少了区块链系统重复建设中存在的资源浪费。

因此，对于政府部门而言，现阶段不仅需要推动区块链和智能合约的结合，还需要考虑不同区块链系统和智能设备的统一接口。在激发市场活力和企业研发主动性的前提下，通过政策指导和行业倡议打造区块链时代的新基建。事实上，从20世纪90年代以来，由于互联网通信接口的统一和政府对信息产业的长期支持，我国互联网行业发展迅速并且对社会资源调配、信息分发、便民生活等方面起到了促进作用。在区块链时代继续享受类似互联网时代的高速发展红利，有助于推动社会治理现代化。

对于研究人员尤其是经济学者而言，目前的研究重点仍然以加密货币为主。在未来的研究中，需要结合社会实验研究基于区块链的经济系统。这不仅对如何设计区块链系统起到指导作用，还有利于政府部门确定区块链和加密货币在现实经济社会中的地位和属性。而对于高新企业和研发人员，应当注意到目前限制区块链进一步推广的瓶颈发生了变化，即从之前的系统性能开始转变为实际的应用场景，因此需要考虑结合实际商业模式对区块链系统进行优化和升级。

小　结

区块链具有的交叉性、融合性、动态性，使得相应的创新演化路径识别需要考虑多元主题和主题演化在权重赋值、路径选择、路径数量确定等方面的影响，而现有假定技术主题单一、恒定、静态的识别方法面临搜索空间局部化、研究主题同质化的困境。本章首先从演化链接探测视角研究如何通过衡量链接的颠覆性测度特定技术扩散链接对主题演化的影响。其次，在路径数量确定中提出一种基于节点权值而非链接权值的创新演化多路径抽取方法，并借助对网络连通性的测度提供路径数量的量化确定方法，以实现跨维度视角下考虑多元主题动态演化的创新演化路径识别研究。最后，在领域演化评估中研究区块链领域技术主题多元且动态演化的特征，并基于技术主题演化趋势识别相应的技术转移范式。

从研究结果来看，学者与专家注意到不同区块链系统之间通信接口的统一。这不是计算机语言的选择和统一，而是对智能合约在不同系统中通信、交互、执行协议的标准化。从科学的视角来看，随着市场对比特币狂热的消退，学者们开始减少对加密货币的关注，开始关注区块链在社会平台中的广泛应用。从技术的视角来看，链上和链下的信息共享阻碍了对区块链应用的推广。同时，重复建设带来的资源浪费也引起开发人员的重视。因此，促进统一、开放、共享的区块链大平台打造的产业政策值得考虑。

在技术方法层面，本章提出了分别基于节点测度和路径测度的链接颠覆性指标，从而避免早期权值的过度传递。由于基于路径测度的链接颠覆性指标存在较高的时间复杂度和空间复杂度，笔者建议在大型网络中采用基于节点测度的链接颠覆性指标，它在性能上与基于路径测度的链接颠覆性指标具有相似性，尤其是进行权值集结后，与权值分布高度相关。正如 SPC 算法作为 SPLC 和 SPNP 算法在大型网络上的快速版本一样，基于路径测度的链接颠覆性指标考虑了间接影响力，而基于节点测度的链接颠覆性指标在性能上具有优势。随着算力的提升，基于路径测度的链接颠覆性指标将为研发人员提供更精确的影响力测度。因此，建议后续的研究人员在分析粒度上对于整个领域使用基于节点测度的链接颠覆性指标，对于特定的子领域使用基于路径测度的链接颠覆性指标，在分析对象上面向具有多元主题的领域。结合本章提出的路径数量确定方法可以进一步增强所识别的创新演化路径的客观性，从而保障研究结论的可靠性。

整体上，基于网络连通性的路径数量确定方法在文献和专利引用网络上都具有较好的表现。具体而言，从应用方向来看，基于网络模块度的路径数量确定方法适用于专利引用网络，而基于网络连通性的路径数量确定方法适用于文献引用网络。这主要是因为前一方法存在冷启动的问题，即早期的少数节点难以分配到模块度变化率。虽然缺少相应的模块度变化率并不阻碍中本聪的研究出现在主路径上，但是对于文献引用网络而言，早期的节点缺少排序信息可能会影响社区数量的确定。然而，专利引用网络中的节点较为稀疏，少量的信息丢失并不影响社区数量的确定。两种方法得出的结果在趋势上大致相同，基于网络模块度的路径数量确定方法可以作为基于网络连通性的路径数量确定方法的补充，前者具有更小的时间复杂度和空间复杂度，并且不依赖聚类方法。因此，笔者建议后续的研究者优先使用基于网络连通性的路径数量确定方法。

本章研究丰富了创新演化路径识别的方法体系，所提出的关键节点主路径分析方法是目前较少的路径搜索优化方法。该方法针对区块链领域的主题演化特征，以定量分析为基础识别创新演化多路径，从而更加完整地表征区块链领域的发展历史。对于后续的研究学者和研发专家，可以基于此方法进行更详尽的多路径识别。

参考文献

[1] 蔡晓晴，邓尧，张亮，等. 2021. 区块链原理及其核心技术 [J]. 计算机学报，44（1）：84-131.

[2] 曹雪莲，张建辉，刘波. 2021. 区块链安全、隐私与性能问题研究综述 [J]. 计算机集成制造系统，27（7）：2078-2094.

[3] 陈虹枢. 2015. 基于主题模型的专利文本挖掘方法及应用研究 [D]. 北京理工大学博士学位论文.

[4] 陈亮，杨冠灿，张静，等. 2015. 面向技术演化分析的多主路径方法研究 [J]. 图书情报工作，59（10）：124-130+115.

[5] 程洁琼. 2019. 基于影响力流识别引文网络中的主路径研究 [D]. 华中师范大学硕士学位论文.

[6] 程洁琼，万小萍，刘向. 2019. 技术主路径分析：基于边链接影响力流的路径搜索 [J]. 现代情报，39（5）：24-29+37.

[7] 崔红蕊. 2019. 我国商业银行引入区块链技术的动因、场景及风险研究 [D]. 中国社会科学院研究生院博士学位论文.

[8] 董克，刘德洪. 2011. 基于 HITS 与 MPA 算法结合的关键文献确定方法研究 [J]. 图书情报知识，（3）：77-82.

[9] 丰米宁，魏凤，李健，等. 2020. 产业链视角下的主题识别与技术演化研究——以 3D 打印领域为例 [J]. 情报杂志，39（8）：46-52+62.

[10] 付豪. 2020. 农产品供应链治理优化 [D]. 河南农业大学博士学位论文.

[11] 付金华. 2020. 高效能区块链关键技术及应用研究 [D]. 战略支援部队信息工程大学博士学位论文.

[12] 高楠，傅俊英，赵蕴华. 2016. 融合专利共被引和耦合方法的研究前沿识别——以脑机接口领域为例 [J]. 情报学报，35（9）：971-979.

［13］高旭. 2016. 科研领域合作网络与引文网络分析的研究［D］. 陕西师范大学硕士学位论文.

［14］关鹏. 2018. 整合主题的学科知识网络建模与演化机理研究［D］. 南京理工大学博士学位论文.

［15］郭俊芳. 2016. 基于语义挖掘的技术创新路径分析与评价方法研究［D］. 北京理工大学博士学位论文.

［16］郭苏琳. 2020. 区块链环境下网络舆情传播及风险管理研究［D］. 吉林大学博士学位论文.

［17］郝心宁. 2013. 生物育种领域知识结构与知识演化研究［D］. 中国农业科学院博士学位论文.

［18］胡东滨, 杨志慧, 陈晓红. 2021. "区块链+"商业模式的文献计量分析［J］. 系统工程理论与实践, 41（1）：247-264.

［19］胡嵘. 2014. 我国传统文化中的数字偏好与股票价格聚类［D］. 西南财经大学硕士学位论文.

［20］康宇航. 2017. 基于"耦合-共引"混合网络的技术机会分析［J］. 情报学报, 36（2）：170-179.

［21］赖院根, 曾建勋. 2010. 期刊论文与专利文献的整合框架研究［J］. 图书情报工作, 54（4）：109-112.

［22］李健, 韩毅. 2014. 基于主路径的领域知识扩散演变研究——以太阳能领域为例［J］. 情报学报, 33（8）：883-891.

［23］李文静. 2020. 国内外电子商务研究的演化路径分析［J］. 华中师范大学研究生学报, （2）：133-140.

［24］李晓曼. 2020. 基于专利要素特征的技术演化分析［D］. 中国农业科学院博士学位论文.

［25］李子彪, 张莉. 2020. 基于LDA模型的钢铁材料专利技术主题演化研究［J］. 科技管理研究, 40（24）：175-183.

［26］刘凤仪, 叶继元. 2022. 21世纪前20年我国图情学科发展现状与国际影响力的比较研究［J］. 图书馆建设, 314（2）：41-49.

［27］卢云龙. 2020. 数据隐私安全防护及共享方法研究［D］. 北京邮电大学博士学位论文.

［28］闵超, 张帅, 孙建军. 2020. 科学文献网络中的引文扩散——以

2011 年诺贝尔化学奖获奖论文为例 [J]. 情报学报, 39 (3): 259-273.

[29] 彭泽, 叶光辉, 毕崇武, 等. 2020. 引文内容视角下的引文网络知识流动路径分析 [J]. 情报理论与实践, 43 (12): 19-25+10.

[30] 谌微微, 许茂增, 马在亮, 等. 2019. 图书馆学领域科研合作网络及复杂网络特性研究 [J]. 高校图书馆工作, 39 (3): 11-17.

[31] 孙冰, 徐晓菲, 苏晓. 2019. 技术扩散主路径及核心企业的识别研究——以手机芯片专利引文网络为例 [J]. 情报学报, 38 (2): 201-208.

[32] 谭春辉, 熊梦媛. 2021. 基于 LDA 模型的国内外数据挖掘研究热点主题演化对比分析 [J]. 情报科学, 39 (4): 174-185.

[33] 万小萍, 汪锦霞, 刘向. 2019. 科技主路径分析: 提升路径多样性的组合路径 [J]. 情报理论与实践, 42 (6): 83-87.

[34] 王群, 李馥娟, 王振力, 等. 2020. 区块链原理及关键技术 [J]. 计算机科学与探索, 14 (10): 1621-1643.

[35] 王婷, 黄玉凤, 刘心蕊, 等. 2020. 基于主路径—衍生路径的技术轨迹识别——以中药产业为例 [J]. 情报理论与实践, 43 (8): 128-133.

[36] 王婉茹. 2018. 电子政务领域的文献计量分析与研究 [D]. 浙江财经大学硕士学位论文.

[37] 王馨平. 2020. 科学—技术主题关联识别及演化研究 [D]. 武汉大学硕士学位论文.

[38] 王燕鹏. 2016. 国内基于主题模型的科技文献主题发现及演化研究进展 [J]. 图书情报工作, 60 (3): 130-137.

[39] 武华维, 罗瑞, 许海云, 等. 2018. 科学技术关联视角下的创新演化路径识别研究述评 [J]. 情报理论与实践, 41 (8): 137-143.

[40] 武岳, 李军祥. 2019. 区块链 P2P 网络协议演进过程 [J]. 计算机应用研究, 36 (10): 2881-2886+2929.

[41] 谢世敏, 丁敬达. 2019. 科学信息交流领域的研究主题和发展演化探析 [J]. 图书馆学研究, (9): 2-9+53.

[42] 薛腾飞. 2019. 区块链应用若干问题研究 [D]. 北京邮电大学博士

学位论文.

[43] 杨雨华. 2018. 基于节点重要性的领域主路径发现研究 [D]. 山西大学硕士学位论文.

[44] 余德建, 潘天行, 李登峰. 2022. 直觉模糊研究的知识结构及知识流动分析 [J]. 控制与决策, 37 (4): 1015-1024.

[45] 袁勇, 倪晓春, 曾帅, 等. 2018. 区块链共识算法的发展现状与展望 [J]. 自动化学报, 44 (11): 2011-2022.

[46] 曾娟. 2018. 国际 ISLS 领域期刊论文合著网络研究 [D]. 华中师范大学硕士学位论文.

[47] 张斌. 2020. 国内共享科研数据热点主题及演化分析: 从主题模型视角 [J]. 图书馆学研究, (14): 11-18.

[48] 张丰, 刘啦, 缪小明. 2017. 燃料电池研发的热点领域与关键技术: 基于专利数据的实证研究 [J]. 情报杂志, 36 (1): 54-58.

[49] 张娴, 方曙. 2016. 专利引用网络主路径方法研究述评与展望 [J]. 图书情报工作, 60 (20): 140-148.

[50] 赵杰, 李海峰, 李纯果. 2019. 基于概率主题模型的京津冀协同发展研究主题演化分析 [J]. 科学技术与工程, 19 (36): 225-234.

[51] 周李京. 2019. 区块链隐私关键技术研究 [D]. 北京邮电大学博士学位论文.

[52] 邹乐乐, 吴怡, 陈佩佩. 2019. 清洁技术研发选择及其演化规律研究 [J]. 科研管理, 40 (6): 100-110.

[53] Abu-Elezz I, Hassan A, Nazeemudeen A, et al. 2020. The benefits and threats of blockchain technology in healthcare: A scoping review [J]. *International Journal of Medical Informatics*, 142: 104246.

[54] Alexander C, Heck D F. 2020. Price discovery in Bitcoin: The impact of unregulated markets [J]. *Journal of Financial Stability*, 50: 100776.

[55] Alonso S G, Arambarri J, López-Coronado M, et al. 2019. Proposing new blockchain challenges in eHealth [J]. *Journal of Medical Systems*, 43 (3): 64.

[56] Ante L, Steinmetz F, Fiedler I. 2021. Blockchain and energy: A bib-

liometric analysis and review ［J］. *Renewable and Sustainable Energy Reviews*, 137: 110597.

［57］ Balcilar M, Bouri E, Gupta R, et al. 2017. Can volume predict Bitcoin returns and volatility? A quantiles-based approach ［J］. *Economic Modelling*, 64: 74-81.

［58］ Bariviera A F, Basgall M J, Hasperué W, et al. 2017. Some stylized facts of the Bitcoin market ［J］. *Physica A: Statistical Mechanics and Its Applications*, 484: 82-90.

［59］ Bariviera A F. 2017. The inefficiency of Bitcoin revisited: A dynamic approach ［J］. *Economics Letters*, 161: 1-4.

［60］ Batagelj V. 2003. Efficient algorithms for citation network analysis ［EB/OL］. https://arxiv. org/pdf/cs/0309023. pdf.

［61］ Baur D G, Hong K, Lee A D. 2018a. Bitcoin: Medium of exchange or speculative assets? ［J］. *Journal of International Financial Markets, Institutions and Money*, 54: 177-189.

［62］ Baur D G, Dimpfl T, Kuck K. 2018b. Bitcoin, gold and the US dollar: A replication and extension ［J］. *Finance Research Letters*, 25: 103-110.

［63］ Bedi P, Nashier T. 2020. On the investment credentials of Bitcoin: A cross-currency perspective ［J］. *Research in International Business and Finance*, 51: 101087.

［64］ Bekkers R, Martinelli A. 2012. Knowledge positions in high-tech markets: Trajectories, standards, strategies and true innovators ［J］. *Technological Forecasting and Social Change*, 79 (7): 1192-1216.

［65］ Bhushan B, Khamparia A, Sagayam K M, et al. 2020. Blockchain for smart cities: A review of architectures, integration trends and future research directions ［J］. *Sustainable Cities and Society*, 61: 102360.

［66］ BitShares. 2018. Delegated proof of stake ［EB/OL］. http://docs. bitshares. org/bitshares/dpos. html, April 10.

［67］ Blau B M. 2017. Price dynamics and speculative trading in Bitcoin ［J］. *Research in International Business and Finance*, 41: 493-499.

[68] Blau B M. 2018. Price dynamics and speculative trading in Bitcoin [J]. *Research in International Business and Finance*, 43: 15-21.

[69] Blei D M, Ng A Y, Jordan M I. 2003. Latent dirichlet allocation [J]. *The Journal of Machine Learning Research*, (3): 993-1022.

[70] Böhme R, Christin N, Edelman B, et al. 2015. Bitcoin: Economics, technology, and governance [J]. *Journal of Economic Perspectives*, 29 (2): 213-38.

[71] Borioli G S, Couturier J. 2018. How blockchain technology can improve the outcomes of clinical trials [J]. *British Journal of Healthcare Management*, 24 (3): 156-162.

[72] Bouri E, Jalkh N, Molnár P, et al. 2017a. Bitcoin for energy commodities before and after the December 2013 crash: Diversifier, hedge or safe haven? [J]. *Applied Economics*, 49 (50): 5063-5073.

[73] Bouri E, Molnár P, Azzi G, et al. 2017b. On the hedge and safe haven properties of Bitcoin: Is it really more than a diversifier? [J]. *Finance Research Letters*, 20: 192-198.

[74] Bouri E, Azzi G, Dyhrberg A H. 2017c. On the return-volatility relationship in the Bitcoin market around the price crash of 2013 [J]. *Economics*, 11 (2): 1-16.

[75] Bouri E, Lucey B, Roubaud D. 2020. Cryptocurrencies and the downside risk in equity investments [J]. *Finance Research Letters*, 33: 101211.

[76] Brandvold M, Molnár P, Vagstad K, et al. 2015. Price discovery on Bitcoin exchanges [J]. *Journal of International Financial Markets, Institutions and Money*, 36: 18-35.

[77] Brin S, Page L. 1998. The anatomy of a large-scale hypertextual web search engine [J]. *Computer Networks and ISDN Systems*, 30: 107-117.

[78] Burt R S. 2004. Structural holes and good ideas [J]. *American Journal of Sociology*, 110 (2): 349-399.

[79] Casino F, Dasaklis T K, Patsakis C. 2019. A systematic literature re-

view of blockchain-based applications: Current status, classification and open issues [J]. *Telematics and Informatics*, 36: 55-81.

[80] Chang S E, Chen Y. 2020. When blockchain meets supply chain: A systematic literature review on current development and potential applications [J]. *IEEE Access*, 8: 62478-62494.

[81] Chai S, Menon A. 2019. Breakthrough recognition: Bias against novelty and competition for attention [J]. *Research Policy*, 48 (3): 733-747.

[82] Cheah E T, Fry J. 2015. Speculative bubbles in Bitcoin markets? An empirical investigation into the fundamental value of Bitcoin [J]. *Economics Letters*, 130: 32-36.

[83] Chen C. 2012. Predictive effects of structural variation on citation counts [J]. *Journal of the American Society for Information Science and Technology*, 63 (3): 431-449.

[84] Chen S H, Huang M H, Chen D Z. 2013. Exploring technology evolution and transition characteristics of leading countries: A case of fuel cell field [J]. *Advanced Engineering Informatics*, 27 (3): 366-377.

[85] Chen C, Song M. 2019. Visualizing a field of research: A methodology of systematic scientometric reviews [J]. *PLoS ONE*, 14 (10): e0223994.

[86] Chen F, Xiao Z, Cui L, et al. 2020. Blockchain for Internet of things applications: A review and open issues [J]. *Journal of Network and Computer Applications*, 172: 102839.

[87] Choi C, Park Y. 2009. Monitoring the organic structure of technology based on the patent development paths [J]. *Technological Forecasting and Social Change*, 76 (6): 754-768.

[88] Christidis K, Devetsikiotis M. 2016. Blockchains and smart contracts for the Internet of things [J]. *IEEE Access*, 4: 2292-2303.

[89] Ciaian P, Rajcaniova M, Kancs A. 2016. The economics of Bitcoin price formation [J]. *Applied Economics*, 48 (19): 1799-1815.

[90] Cobo M J, López-Herrera A G, Herrera-Viedma E, et al. 2012. SciMAT: A new science mapping analysis software tool [J]. *Journal of the*

American Society for Information Science and Technology, 63 (8): 1609-1630.

[91] Cong X, Zi L. 2020. Blockchain applications, challenges and evaluation: A survey [J]. *Discrete Mathematics, Algorithms and Applications*, 12 (4): 2030001.

[92] Corbet S, Meegan A, Larkin C, et al. 2018. Exploring the dynamic relationships between cryptocurrencies and other financial assets [J]. *Economics Letters*, 165: 28-34.

[93] Corbet S, Lucey B, Urquhart A, et al. 2019. Cryptocurrencies as a financial asset: A systematic analysis [J]. *International Review of Financial Analysis*, 62: 182-199.

[94] Corbet S, Larkin C, Lucey B. 2020. The contagion effects of the COVID-19 pandemic: Evidence from gold and cryptocurrencies [J]. *Finance Research Letters*, 35: 101554.

[95] Dabbagh M, Sookhak M, Safa N S. 2019. The evolution of blockchain: A bibliometric study [J]. *IEEE Access*, 7: 19212-19221.

[96] Deerwester S, Dumais S T, Furnas G W, et al. 1990. Indexing by latent semantic analysis [J]. *Journal of the American Society for Information Science*, 41 (6): 391-407.

[97] Dwyer G P. 2015. The economics of Bitcoin and similar private digital currencies [J]. *Journal of Financial Stability*, 17: 81-91.

[98] Dyhrberg A H. 2016a. Bitcoin, gold and the dollar: A GARCH volatility analysis [J]. *Finance Research Letters*, 16: 85-92.

[99] Dyhrberg A H. 2016b. Hedging capabilities of Bitcoin: Is it the virtual gold? [J]. *Finance Research Letters*, 16: 139-144.

[100] Fang Y S, Lee L S. 2022. Research front and evolution of technology education in Taiwan and abroad: Bibliometric co-citation analysis and maps [J]. *International Journal of Technology and Design Education*, 32 (2): 1337-1368.

[101] Ferreira P, Kristoufek L, Pereira E J A L. 2020. DCCA and DMCA correlations of cryptocurrency markets [J]. *Physica A: Statistical Me-*

chanics and Its Applications, 545: 123803.

[102] Flori A. 2019. News and subjective beliefs: A Bayesian approach to Bitcoin investments [J]. *Research in International Business and Finance*, 50: 336-356.

[103] Fontana R, Nuvolari A, Verspagen B. 2009. Mapping technological trajectories as patent citation networks: An application to data communication standards [J]. *Economics of Innovation and New Technology*, 18 (4): 311-336.

[104] Fry J, Cheah E T. 2016. Negative bubbles and shocks in cryptocurrency markets [J]. *International Review of Financial Analysis*, 47: 343-352.

[105] Fry J. 2018. Booms, busts and heavy-tails: The story of Bitcoin and cryptocurrency markets? [J]. *Economics Letters*, 171: 225-229.

[106] Fu H, Wang M, Li P, et al. 2019. Tracing knowledge development trajectories of the Internet of things domain: A main path analysis [J]. *IEEE Transactions on Industrial Informatics*, 15 (12): 6531-6540.

[107] Funk R J, Owen-Smith J. 2017. A dynamic network measure of technological change [J]. *Management Science*, 63 (3): 791-817.

[108] Garcia D, Tessone C J, Mavrodiev P, et al. 2014. The digital traces of bubbles: Feedback cycles between socio-economic signals in the Bitcoin economy [J]. *Journal of the Royal Society Interface*, 11: 20140623.

[109] Garfield E, Sher I H, Torpie R J. 1965. The use of citation data in writing the history of science [R]. Institute for Scientific Information Inc Philadelphia PA.

[110] Gervais A, Karame G O, Capkun V, et al. 2014. Is Bitcoin a decentralized currency? [J]. *IEEE Security & Privacy*, 12 (3): 54-60.

[111] Ghazani M M, Khosravi R. 2020. Multifractal detrended cross-correlation analysis on benchmark cryptocurrencies and crude oil prices [J]. *Physica A: Statistical Mechanics and Its Applications*, 560: 125172.

[112] Gilding M, Brennecke J, Bunton V, et al. 2020. Network failure: Biotechnology firms, clusters and collaborations far from the world super-clusters [J]. *Research Policy*, 49 (2): 103902.

[113] Giuffrida C, Abramo G, D'Angelo C A. 2019. Are all citations worth the same? Valuing citations by the value of the citing items [J]. *Journal of Informetrics*, 13 (2): 500-514.

[114] Gkillas K, Katsiampa P. 2018. An application of extreme value theory to cryptocurrencies [J]. *Economics Letters*, 164: 109-111.

[115] Gould R V, Fernandez R M. 1989. Structures of mediation: A formal approach to brokerage in transaction networks [J]. *Sociological Methodology*, 19: 89-126.

[116] Gu D, Li K, Wang X, et al. 2019. Discovering and visualizing knowledge evolution of chronic disease research driven by emerging technologies [J]. *IEEE Access*, 7: 72994-73003.

[117] Gu D, Yang X, Deng S, et al. 2020. Tracking knowledge evolution in cloud health care research: Knowledge map and common word analysis [J]. *Journal of Medical Internet Research*, 22 (2): e15142.

[118] Guan J, He Y. 2007. Patent-bibliometric analysis on the Chinese science-technology linkages [J]. *Scientometrics*, 72 (3): 403-425.

[119] Guesmi K, Saadi S, Abid I, et al. 2019. Portfolio diversification with virtual currency: Evidence from Bitcoin [J]. *International Review of Financial Analysis*, 63: 431-437.

[120] Guo Y M, Huang Z L, Guo J, et al. 2021. A bibliometric analysis and visualization of blockchain [J]. *Future Generation Computer Systems*, 116: 316-332.

[121] Harris L. 1991. Stock price clustering and discreteness [J]. *The Review of Financial Studies*, 4 (3): 389-415.

[122] Hawlitschek F, Notheisen B, Teubner T. 2018. The limits of trust-free systems: A literature review on blockchain technology and trust in the sharing economy [J]. *Electronic Commerce Research and Applications*, 29: 50-63.

[123] Hofmann T. 1999. Probabilistic latent semantic analysis [M] // In *Proceedings of the Fifteenth Conference on Uncertainty in Artificial Intelligence*. Morgan Kaufmann Publishers Inc. , San Francisco, pp. 289-296.

[124] Hou W, Guo L, Ning Z. 2019. Local electricity storage for blockchain-based energy trading in industrial Internet of things [J]. *IEEE Transactions on Industrial Informatics*, 15 (6): 3610-3619.

[125] Huang M H, Yang H W, Chen D Z. 2015a. Increasing science and technology linkage in fuel cells: A cross citation analysis of papers and patents [J]. *Journal of Informetrics*, 9 (2): 237-249.

[126] Huang Y, Zhang Y, Ma J, et al. 2015b. Tracing technology evolution pathways by combining tech mining and patent citation analysis [C] //2015 Portland International Conference on Management of Engineering & Technology.

[127] Huang Y, Zhu F, Guo Y, et al. 2016. Exploring technology evolution pathways to facilitate technology management: A study of Dye-sensitized solar cells (DSSCs) [C] //2016 Portland International Conference on Management of Engineering and Technology.

[128] Huang Y, Zhu F, Porter A L, et al. 2020. Exploring technology evolution pathways to facilitate technology management: From a technology life cycle perspective [J]. *IEEE Transactions on Engineering Management*, 68 (5): 1347-1359.

[129] Hummon N P, Dereian P. 1989. Connectivity in a citation network: The development of DNA theory [J]. *Social Networks*, 11 (1): 39-63.

[130] Hwang S, Shin J. 2019. Extending technological trajectories to latest technological changes by overcoming time lags [J]. *Technological Forecasting and Social Change*, 143: 142-153.

[131] Ji Q, Bouri E, Lau C K M, et al. 2019a. Dynamic connectedness and integration in cryptocurrency markets [J]. *International Review of Financial Analysis*, 63: 257-272.

[132] Ji Q, Bouri E, Roubaud D, et al. 2019b. Information interdependence among energy, cryptocurrency and major commodity markets [J]. *Energy Economics*, 81: 1042-1055.

[133] Jiang X, Sun X, Yang Z, et al. 2016. Exploiting heterogeneous scientific literature networks to combat ranking bias: Evidence from the computational linguistics area [J]. *Journal of the Association for Information Science and Technology*, 67 (7): 1679-1702.

[134] Jiang X, Zhu X, Chen J. 2020. Main path analysis on cyclic citation networks [J]. *Journal of the Association for Information Science and Technology*, 71 (5): 578-595.

[135] Jiménez I, Mora-Valencia A, Ñíguez T M, et al. 2020. Portfolio risk assessment under dynamic (equi) correlation and semi-nonparametric estimation: An application to cryptocurrencies [J]. *Mathematics*, 8 (12): 2110.

[136] Jung H, Lee B G. 2020. Research trends in text mining: Semantic network and main path analysis of selected journals [J]. *Expert Systems with Applications*, 162: 113851.

[137] Kamran M, Khan H U, Nisar W, et al. 2020. Blockchain and Internet of things: A bibliometric study [J]. *Computers & Electrical Engineering*, 81: 106525.

[138] Katsiampa P. 2017. Volatility estimation for Bitcoin: A comparison of GARCH models [J]. *Economics Letters*, 158: 3-6.

[139] Katsiampa P, Corbet S, Lucey B. 2019. High frequency volatility comovements in cryptocurrency markets [J]. *Journal of International Financial Markets, Institutions and Money*, 62: 35-52.

[140] Katsiampa P. 2019. An empirical investigation of volatility dynamics in the cryptocurrency market [J]. *Research in International Business and Finance*, 50: 322-335.

[141] Khuntia S, Pattanayak J K. 2018. Adaptive market hypothesis and evolving predictability of Bitcoin [J]. *Economics Letters*, 167: 26-28.

[142] Kim S, Yoon S, Raghavan N, et al. 2021. Developmental trajectories

in blockchain technology using patent-based knowledge network analysis [J]. *IEEE Access*, 9: 44704-44717.

[143] Kim Y G, Suh J H, Park S C. 2008. Visualization of patent analysis for emerging technology [J]. *Expert Systems with Applications*, 34 (3): 1804-1812.

[144] King S, Nadal S. 2012. Ppcoin: Peer-to-peer crypto-currency with proof-of-stake [J]. *Self-published Paper*, 19 (1): 1-6.

[145] Klein T, Thu H P, Walther T. 2018. Bitcoin is not the new gold: A comparison of volatility, correlation, and portfolio performance [J]. *International Review of Financial Analysis*, 59: 105-116.

[146] Kliber A, Marszałek P, Musiałkowska I, et al. 2019. Bitcoin: Safe haven, hedge or diversifier? Perception of Bitcoin in the context of a country's economic situation—A stochastic volatility approach [J]. *Physica A: Statistical Mechanics and Its Applications*, 524: 246-257.

[147] Kondor D, Pósfai M, Csabai I, et al. 2014. Do the rich get richer? An empirical analysis of the Bitcoin transaction network [J]. *PLoS One*, 9 (2): e86197.

[148] Kong X, Shi Y, Wang W, et al. 2019. The evolution of Turning Award collaboration network: Bibliometric-level and network-level metrics [J]. *IEEE Transactions on Computational Social Systems*, 6 (6): 1318-1328.

[149] Koutmos D. 2018a. Liquidity uncertainty and Bitcoin's market microstructure [J]. *Economics Letters*, 172: 97-101.

[150] Koutmos D. 2018b. Return and volatility spillovers among cryptocurrencies [J]. *Economics Letters*, 173: 122-127.

[151] Kristoufek L. 2013. Bitcoin meets Google trends and Wikipedia: Quantifying the relationship between phenomena of the Internet era [J]. *Scientific Reports*, 3 (1): 3415.

[152] Kristoufek L. 2015. What are the main drivers of the Bitcoin price? Evidence from wavelet coherence analysis [J]. *PLoS One*, 10 (4): e0123923.

[153] Kuan C H, Huang M H, Chen D Z. 2018. Missing links: Timing characteristics and their implications for capturing contemporaneous technological developments [J]. *Journal of Informetrics*, 12 (1): 259-270.

[154] Kuan C H, Chen D Z, Huang M H. 2019. Bibliographically coupled patents: Their temporal pattern and combined relevance [J]. *Journal of Informetrics*, 13 (4): 100978.

[155] Kuan C H. 2020. Regarding weight assignment algorithms of main path analysis and the conversion of arc weights to node weights [J]. *Scientometrics*, 124 (1): 775-782.

[156] Kuan C H, Chen D Z, Huang M H. 2020. The overlooked citations: Investigating the impact of ignoring citations to published patent applications [J]. *Journal of Informetrics*, 14 (1): 100997.

[157] Kuan C H, Lin J T, Chen D Z. 2021. Characterizing patent assignees by their structural positions relative to a field's evolutionary trajectory [J]. *Journal of Informetrics*, 15 (4): 101187.

[158] Kummer S, Herold D M, Dobrovnik M, et al. 2020. A systematic review of blockchain literature in logistics and supply chain management: Identifying research questions and future directions [J]. *Future Internet*, 12 (3): 12030060.

[159] Lathabai H H, George S, Prabhakaran T, et al. 2018. An integrated approach to path analysis for weighted citation networks [J]. *Scientometrics*, 117 (3): 1871-1904.

[160] Lefebvre M. 2007. *Applied Stochastic Processes* [M]. Springer Science & Business Media.

[161] Liang H, Wang J J, Xue Y, et al. 2016. IT outsourcing research from 1992 to 2013: A literature review based on main path analysis [J]. *Information & Management*, 53 (2): 227-251.

[162] Liu J S, Lu L Y Y. 2012. An integrated approach for main path analysis: Development of the Hirsch index as an example [J]. *Journal of the American Society for Information Science and Technology*, 63 (3):

528-542.

[163] Liu J S, Lu L Y Y, Ho M H C. 2012. Total influence and mainstream measures for scientific researchers [J]. *Journal of Informetrics*, 6 (4): 496-504.

[164] Liu J S, Lu L Y Y, Lu W M, et al. 2013a. Data envelopment analysis 1978-2010: A citation-based literature survey [J]. *Omega*, 41 (1): 3-15.

[165] Liu X, Jiang T, Ma F. 2013b. Collective dynamics in knowledge networks: Emerging trends analysis [J]. *Journal of Informetrics*, 7 (2): 425-438.

[166] Liu J S, Chen H H, Ho M H C, et al. 2014. Citations with different levels of relevancy: Tracing the main paths of legal opinions [J]. *Journal of the Association for Information Science and Technology*, 65 (12): 2479-2488.

[167] Liu J S, Kuan C H. 2016. A new approach for main path analysis: Decay in knowledge diffusion [J]. *Journal of the Association for Information Science and Technology*, 67 (2): 465-476.

[168] Liu J S, Lu L Y Y, Ho M H C. 2019. A few notes on main path analysis [J]. *Scientometrics*, 119 (1): 379-391.

[169] Lu L Y Y, Hsieh C H, Liu J S. 2016. Development trajectory and research themes of foresight [J]. *Technological Forecasting and Social Change*, 112: 347-356.

[170] Lucio-Arias D, Leydesdorff L. 2008. Main-path analysis and path-dependent transitions in HistCite™-based historiograms [J]. *Journal of the American Society for Information Science and Technology*, 59 (12): 1948-1962.

[171] Ma J, Porter A L. 2015. Analyzing patent topical information to identify technology pathways and potential opportunities [J]. *Scientometrics*, 102 (1): 811-827.

[172] Ma V C, Liu J S. 2016. Exploring the research fronts and main paths of literature: A case study of shareholder activism research [J]. *Scien-*

tometrics, 109（1）: 33-52.

［173］ Mamoshina P, Ojomoko L, Yanovich Y, et al. 2018. Converging blockchain and next-generation artificial intelligence technologies to decentralize and accelerate biomedical research and healthcare［J］. *Oncotarget*, 9（5）: 5665-5690.

［174］ Martinelli A. 2012. An emerging paradigm or just another trajectory? Understanding the nature of technological changes using engineering heuristics in the telecommunications switching industry［J］. *Research Policy*, 41（2）: 414-429.

［175］ Maslow A H. 1943. A theory of human motivation［J］. *Psychological Review*, 50（4）: 370-396.

［176］ Maurer B, Nelms T C, Swartz L. 2013. "When perhaps the real problem is money itself!": The practical materiality of Bitcoin［J］. *Social Semiotics*, 23（2）: 261-277.

［177］ Meng S, Chen Y, Zhou W, et al. 2021. Multidimensional development and π-type trend of the blockchain research: A collaborative network analysis［J］. *Mathematical Problems in Engineering*, 2021: 6648012.

［178］ Miau S, Yang J M. 2018. Bibliometrics-based evaluation of the blockchain research trend: 2008-March 2017［J］. *Technology Analysis & Strategic Management*, 30（9）: 1029-1045.

［179］ Moosavi J, Naeni L M, Fathollahi-Fard A M, et al. 2021. Blockchain in supply chain management: A review, bibliometric, and network analysis［J］. *Environmental Science and Pollution Research*. https://doi. org/10. 1007/s11356-021-13094-3.

［180］ Nadarajah S, Chu J. 2017. On the inefficiency of Bitcoin［J］. *Economics Letters*, 150: 6-9.

［181］ Naeem M A, Hasan M, Arif M, et al. 2020. Can Bitcoin glitter more than gold for investment styles?［J］. *Sage Open*, 10（2）: 2158244020926508.

［182］ Nakamoto S. 2008. Bitcoin: A peer-to-peer electronic cash system［EB/OL］. https://bitcoin. org/bitcoin. Pdf.

[183] Narin F, Noma E. 1985. Is technology becoming science? [J]. *Scientometrics*, 7 (3-6): 369-381.

[184] Nijeholt H L A, Oudejans J, Erkin Z. 2017. Decreg: A framework for preventing double-financing using blockchain technology [C] //Proceedings of the ACM Workshop on Blockchain, Cryptocurrencies and Contracts.

[185] Niknejad N, Ismail W, Bahari M, et al. 2020. Mapping the research trends on blockchain technology in food and agriculture industry: A bibliometric analysis [J]. *Environmental Technology & Innovation*, 21: 101272.

[186] Novo O. 2018. Blockchain meets IoT: An architecture for scalable access management in IoT [J]. *IEEE Internet of Things Journal*, 5 (2): 1184-1195.

[187] Paech P. 2017. The governance of blockchain financial networks [J]. *The Modern Law Review*, 80 (6): 1073-1110.

[188] Pal A, Tiwari C K, Behl A. 2021. Blockchain technology in financial services: A comprehensive review of the literature [J]. *Journal of Global Operations and Strategic Sourcing*, 14 (1): 61-80.

[189] Paliwal V, Chandra S, Sharma S. 2020. Blockchain technology for sustainable supply chain management: A systematic literature review and a classification framework [J]. *Sustainability*, 12 (18): 12187638.

[190] Panarello A, Tapas N, Merlino G, et al. 2018. Blockchain and IoT integration: A systematic survey [J]. *Sensors*, 18 (8): 2575.

[191] Park I, Yoon B. 2018. Technological opportunity discovery for technological convergence based on the prediction of technology knowledge flow in a citation network [J]. *Journal of Informetrics*, 12 (4): 1199-1222.

[192] Peng Y, Shi J, Fantinato M, et al. 2017. A study on the author collaboration network in big data [J]. *Information Systems Frontiers*, 19 (6): 1329-1342.

[193] Peters G W, Panayi E. 2016. Understanding modern banking ledgers

through blockchain technologies: Future of transaction processing and smart contracts on the Internet of money [M] // In *Banking Beyond Banks and Money*. Springer, Cham. , pp. 239-278.

[194] Phillip A, Chan J S K, Peiris S. 2018. A new look at cryptocurrencies [J]. *Economics Letters*, 163: 6-9.

[195] Platanakis E, Sutcliffe C, Urquhart A. 2018. Optimal vs naive diversification in cryptocurrencies [J]. *Economics Letters*, 171: 93-96.

[196] Polasik M, Piotrowska A I, Wisniewski T P, et al. 2015. Price fluctuations and the use of Bitcoin: An empirical inquiry [J]. *International Journal of Electronic Commerce*, 20 (1): 9-49.

[197] Qureshi S, Aftab M, Bouri E, et al. 2020. Dynamic interdependence of cryptocurrency markets: An analysis across time and frequency [J]. *Physica A: Statistical Mechanics and Its Applications*, 559: 125077.

[198] Rana R L, Tricase C, De Cesare L. 2021. Blockchain technology for a sustainable agri-food supply chain [J]. *British Food Journal*, 123 (11): 3471-3485.

[199] Salton G, Buckley C. 1988. Term-weighting approaches in automatic text retrieval [J]. *Information Processing & Management*, 24 (5): 513-523.

[200] Salton G, Wong A, Yang C S. 1975. A vector space model for automatic indexing [J]. *Communications of the ACM*, 18 (11): 613-620.

[201] Schuetz S, Venkatesh V. 2020. Blockchain, adoption, and financial inclusion in India: Research opportunities [J]. *International Journal of Information Management*, 52: 101936.

[202] Shahzad S J H, Bouri E, Roubaud D, et al. 2019. Is Bitcoin a better safe-haven investment than gold and commodities? [J]. *International Review of Financial Analysis*, 63: 322-330.

[203] Shahzad S J H, Bouri E, Roubaud D, et al. 2020. Safe haven, hedge and diversification for G7 stock markets: Gold versus Bitcoin [J].

Economic Modelling, 87: 212-224.

[204] Shannon C E. 1948. A mathematical theory of communication [J]. *The Bell System Technical Journal*, 27 (3): 379-423.

[205] Shen H, Xie J, Li J, et al. 2021. The correlation between scientific collaboration and citation count at the paper level: A meta-analysis [J]. *Scientometrics*, 126 (4): 3443-3470.

[206] Shi Q, Sun X. 2020. A scientometric review of digital currency and electronic payment research: A network perspective [J]. *Complexity*, 2020: 8876017.

[207] Singh S, Ra I H, Meng W, et al. 2019. SH-BlockCC: A secure and efficient Internet of things smart home architecture based on cloud computing and blockchain technology [J]. *International Journal of Distributed Sensor Networks*, 15 (4): 1550147719844159.

[208] Smojver V, Štorga M, Zovak G. 2020. Exploring knowledge flow within a technology domain by conducting a dynamic analysis of a patent co-citation network [J]. *Journal of Knowledge Management*, 25 (2): 433-453.

[209] Song J C, Demir M A, Prevost J J, et al. 2018. Blockchain design for trusted decentralized IoT networks [C] //2018 13th Annual Conference on System of Systems Engineering (SoSE).

[210] Syuhada K, Hakim A. 2020. Modeling risk dependence and portfolio VaR forecast through vine copula for cryptocurrencies [J]. *PLoS One*, 15 (12): e0242102.

[211] Szabo N. 1997. Formalizing and securing relationships on public networks [J]. *First Monday*, 2 (9).

[212] Tan A W K, Zhao Y F, Halliday T. 2018. A blockchain model for less container load operations in China [J]. *International Journal of Information Systems and Supply Chain Management*, 11 (2): 39-53.

[213] Tandon A, Dhir A, Islam N, et al. 2020. Blockchain in healthcare: A systematic literature review, synthesizing framework and future research agenda [J]. *Computers in Industry*, 122: 103290.

[214] Tiwari A K, Jana R K, Das D, et al. 2018. Informational efficiency of Bitcoin—An extension [J]. *Economics Letters*, 163: 106−109.

[215] Tiwari A K, Raheem I D, Kang S H. 2019. Time-varying dynamic conditional correlation between stock and cryptocurrency markets using the copula-ADCC-EGARCH model [J]. *Physica A: Statistical Mechanics and Its Applications*, 535: 122295.

[216] Tschorsch F, Scheuermann B. 2016. Bitcoin and beyond: A technical survey on decentralized digital currencies [J]. *IEEE Communications Surveys & Tutorials*, 18 (3): 2084−2123.

[217] Urquhart A. 2016. The inefficiency of Bitcoin [J]. *Economics Letters*, 148: 80−82.

[218] Urquhart A. 2017. Price clustering in Bitcoin [J]. *Economics Letters*, 159: 145−148.

[219] Vacca A, Di Sorbo A, Visaggio C A, et al. 2020. A systematic literature review of blockchain and smart contract development: Techniques, tools, and open challenges [J]. *Journal of Systems and Software*, 174: 110891.

[220] Verspagen B. 2007. Mapping technological trajectories as patent citation networks: A study on the history of fuel cell research [J]. *Advances in Complex Systems*, 10 (1): 93−115.

[221] Wang C, Lim M K, Zhao L, et al. 2020. The evolution of Omega—*The International Journal of Management Science* over the past 40 years: A bibliometric overview [J]. *Omega*, 93: 102098.

[222] Wuchty S, Jones B F, Uzzi B. 2007. The increasing dominance of teams in production of knowledge [J]. *Science*, 316: 1036−1039.

[223] Xiao Y, Lu L Y Y, Liu J S, et al. 2014. Knowledge diffusion path analysis of data quality literature: A main path analysis [J]. *Journal of Informetrics*, 8 (3): 594−605.

[224] Yang C, Huang C, Su J. 2018. An improved SAO network-based method for technology trend analysis: A case study of graphene [J]. *Journal of Informetrics*, 12 (1): 271−286.

[225] Yoon B, Park Y. 2004. A text-mining-based patent network: Analytical tool for high-technology trend [J]. *The Journal of High Technology Management Research*, 15 (1): 37-50.

[226] Yousaf I, Ali S. 2020a. Discovering interlinkages between major cryptocurrencies using high-frequency data: New evidence from COVID-19 pandemic [J]. *Financial Innovation*, 6 (1): 45.

[227] Yousaf I, Ali S. 2020b. The COVID-19 outbreak and high frequency information transmission between major cryptocurrencies: Evidence from the VAR-DCC-GARCH approach [J]. *Borsa Istanbul Review*, 20: S1-S10.

[228] Yu D, Chen Y. 2021. The analysis of the characteristics and evolution of the collaboration network in blockchain domain [J]. *Informatica*, 32 (2): 397-424.

[229] Yu D, Pan T. 2021a. Tracing the main path of interdisciplinary research considering citation preference: A case from blockchain domain [J]. *Journal of Informetrics*, 15 (2): 101136.

[230] Yu D, Pan T. 2021b. Tracing knowledge diffusion of TOPSIS: A historical perspective from citation network [J]. *Expert Systems with Applications*, 168: 114238.

[231] Yu D, Pan T. 2021c. Identifying technological development trajectories in blockchain domain: A patent citation network analysis [J]. *Technology Analysis & Strategic Management*, 33 (12): 1484-1497.

[232] Yu D, Sheng L. 2020. Knowledge diffusion paths of blockchain domain: The main path analysis [J]. *Scientometrics*, 125 (1): 471-497.

[233] Yu D, Pan T, Xu Z, et al. 2023. Exploring the knowledge diffusion and research front of OWA operator: A main path analysis [J]. *Artificial Intelligence Review*, 56 (10): 12233-12255.

[234] Zhang W, Wang P, Li X, et al. 2018a. Multifractal detrended cross-correlation analysis of the return-volume relationship of Bitcoin market [J]. *Complexity*, 2018: 8691420.

［235］ Zhang W, Wang P, Li X, et al. 2018b. Quantifying the cross-correlations between online searches and Bitcoin market ［J］. *Physica A*: *Statistical Mechanics and Its Applications*, 509: 657-672.

［236］ Zhang W, Wang P, Li X, et al. 2018c. The inefficiency of cryptocurrency and its cross-correlation with Dow Jones Industrial Average ［J］. *Physica A*: *Statistical Mechanics and Its Applications*, 510: 658-670.

［237］ Zhang Y, Xu X, Liu A, et al. 2019. Blockchain-based trust mechanism for IoT-based smart manufacturing system ［J］. *IEEE Transactions on Computational Social Systems*, 6 (6): 1386-1394.

附　录

专利号	所有权人	专利标题
EP2634738-A1	Alcatel Lucent	Method for performing decentralized electronic transfer of fund between customer and merchant, involves retrieving digital code, and publishing digital codes by processor via Internet connection of digital code to validate transactions.
WO2015024129-A1	Mcconaghy T L	Method for e. g. Transferring ownership of digital artworks that are created by artists for designer furniture items, involves effecting transfer of cryptocurrency to public address and artwork digest address in single transaction.
WO2015077378-A1	Sunrise Tech Group Ltd	Method adapted for use in mining block e. g. In block chain to create root of Merkle tree, involves performing compression operation on mid-state and message schedule for each of mid-states to produce respective results.
WO2015085393-A1	Tang L J	Rating system for rating transaction history of peer-to-peer coin, has processor that identifies transactions of account and assesses amount, date and destination of identified transactions to generate rating for account.
US9135787-B1	Russell M	Bitcoin kiosk device facilitated for buying and selling of Bitcoin, has processor that is caused to facilitate connection with database of known corrupt and deny customer access to transaction on device if customer is in database.
US2015262137-A1	Coinbase Inc	Host computer system for transacting Bitcoin, has wallet establishment module that establishes two wallets in the data store, and which stores a value representative of an amount of Bitcoin held by the former wallet.
WO2015144971-A1	Nokia Technologies Oy	Method for automatic inter-device authorization, involves receiving a request for a resource and informing a cryptocurrency network for the cryptocurrency transaction message after granting of the requested resource to the node.
US2015287026-A1	Modernity Financial Holdings Ltd	Computer-implemented method for operating hot wallet service system, involves aggregating approval messages via server, where messages have cryptographic signatures of request from servers to publish request into cryptocurrency network.

专利号	所有权人	专利标题
US2015332283-A1	Nant Holdings Ip Llc	Method for validating healthcare transactions, involves causing healthcare historical block chain to be updated with validity block calculated for healthcare transaction according to validity requirement as function of healthcare parameter.
US2015332395-A1	Goldman Sachs & Co	Computer-readable storage device for settling securities in financial markets executes market trade of currency based on sending electronic transaction messages for delivery to recipient address and verifies ownership of market trade.
WO2016015041-A1	Blockchain Technologies Corp	Method for collecting business reviews in central database accessed by external business review providers, involves creating root block payload of root block, where root data hash is computed from element of root block payload.
WO2016022864-A2	Blockchain Technologies Corp	Voting system for securely receiving and counting votes in election, has non-volatile computer-readable memory configured with computer instructions configured to receive private key and public key pair from voter.
US9298806-B1	Coinlab Inc	System for analyzing transactions in a distributed ledger, comprises multiple physical computer processors that are configured by machine-readable instructions to identify the compound transactions included in the distributed ledge.
US9397985-B1	Manifold Technology Inc	System for providing cryptographic platform for exchanging information from one party to multiple parties in various applications, has processor for generating information transaction including information payload and party.
WO2016170538-A1	Garbash O	Method for computerized managing electronic documents of title in decentralized system, involves connecting processor-based holding nodes in a peer-to-peer fashion and transferring electronic documents to recipient holding node.
WO2017004527-A1	Nasdaq Inc	Electronic resource tracking and storage computer system for distributed blockchain computing system, has processing system has processor which generates blockchain transaction to participant identifier of participant.
WO2017011601-A1	Fmr Llc	Crypto asset digitizer apparatus, has processor for obtaining secondary encrypted token and facilitating providing another encrypted token to secondary party and providing secondary encrypted token to another party.

专利号	所有权人	专利标题
EP3125489-A1	British Telecom Plc	Method for detecting malicious events occurring with respect to blockchain data structure in computer system, involves comparing identified profile transactions with transaction creation profile to detect deviation from profile.
US2017103472-A1	Netspective Communications Llc	Blockchain distributed architecture-based system for performing crowdsourced electronic document review and scoring, has facial expression validation device for processing facial expressions received from respective facial expression sensor.
WO2017066002-A1	Banqu Inc	Computing device for implementing blockchain-based identity and transaction platforms, has processor to authorize transactions between user and one or more of other users and store records of transactions in blockchain.
US2017111175-A1	Cambridge Blockchain Llc	Computer-implemented method for managing digital identities for organizations, involves generating electronic signature over digital identity representation, and publishing representation and signature to distributed ledger system.
US9679276-B1	Stampery Inc	System for using block chain to certify e. g. Existence of files, has hardware processor for reconstructing cryptographic structures and verifying certification by proving that hashes belong to roots of cryptographic structures.
US2017230189-A1	Nasdaq Technology Ab	Desktop computer system for being communicated with distributed blockchain computer system, has processing system for transmitting blockchain transaction to distributed blockchain computer system for storage into blockchain.
US2017243286-A1	Bank of America Corp	System for allowing external validation of data in process data network, has processing device for receiving information associated with transfer and updating block chain of transaction information with transaction activity by entity.
US2017279774-A1	Int Business Machines Corp	Method for managing smart contracts of e. g. Desktop, on blockchain database of decentralized network, involves transmitting low volume data stream generated from high volume data stream by software module to entity device by host device.
WO2017187397-A1	Nchain Holdings Ltd	Control system for controlling washing machine device, has control component for accessing instructions from stored location, which is separate to device, where instructions are executed by component to control functionality of device.

专利号	所有权人	专利标题
CN107341702-A	Alibaba Group Holding Ltd	Service processing method involves sending service request to consensus network, so that third block chain node in consensus network obtains corresponding service result according to service request.
US9858781-B1	Tyco Integrated Security Llc	Method for performing operation of networks for dissemination of information, involves initiating transaction with security server in response to message, and sending user public key that is stored in digital wallet in response to message.
US2018019867-A1	Mastercard Int Inc	Method for generation of blocks for partitioned blockchain, involves electronically transmitting generated new block to multiple nodes associated with partitioned blockchain by transmitting device of processing server.
WO2018019364-A1	Nec Lab Euro Gmbh	Method for controlling access to shared resource for collaborative users, involves performing access decisions for resource by evaluating smart contract with regard to included access control rules, if user requests access to resource.
US2018144156-A1	Marin G M D	System for securely recording, storing and reconciling interactions between the devices in a distributed public ledger blockchain environment, comprises a network-connected block reconciliation computer having a memory and a processor.
US9990504-B1	Northern Trust Corp	Computer-based method for generating immutable digital meeting record, involves encrypting portion of digital meeting record using encryption keys to generate encrypted digital meeting record.
CN108124502-A	Univ Peking Shenzhen Graduate School	Blockchain based top-level domain (TDL) name management method for use in Internet, involves layering system architecture in federated network that allows separation of operations and data, and making nodes in alliance network consistent.
US9998286-B1	Accenture Global Solutions Ltd	Method for blockchain-based record entry, involves generating new block responsive to previous accumulated value stored within selected block of blockchain, and generating new block for blockchain.
WO2018125989-A2	Intel Corp	Apparatus for forming composite object in Internet of things (IoT) network, has sub-object list that forms composite object and several sub-objects form composite object, and blockchain records sub-objects forming composite object.

专利号	所有权人	专利标题
US2018227116-A1	Northern Trust Corp	Method for generating and deploying code block in blockchain in distributed database environment, involves generating block address for code block, and appending code block at generated block address in first latest valid blockchain.
EP3364354-A1	Accenture Global Services Ltd	Method for enforcing blockchain corrective consensus operating procedure in hardware, involves generating corrective block for blockchain responsive to corrective indicator and hash value generated using content of previous blockchain.
US10114969-B1	Chaney J W	System for secure data file encryption, has decryption module that decrypts blockchain structure and reconstructing multiple data files for delivery to user.
US2018315309-A1	Mastercard Int Inc	Method for distributing parking availability data through blockchain, involves transmitting generated block to node of blockchain network for causing blockchain network to add generated block to blockchain by transmitting device.
CN109299217-A	Fu A	Blockchain-based secure storage and retrieval method, involves scoring used data, and recording user score into distributed database of data service node, after receiving data.
CN109413136-A	Beijing JD Financial Technology Co Ltd	Hotel data management method, involves obtaining hotel data, where hotel data is check-in user of first client side generates data of check-in hotel, and sending hotel data to second client such that second client side can store hotel data.
US2019114182-A1	American Express Travel Related Services	Method for balancing and control for application programming interface (API) requests, involves making block chain execute smart contract to compare API request or response hashes to identify out-of-balance events.
WO2019072310-A2	Alibaba Group Holding Ltd	Method for implementing native contract on blockchain using computer system, involves determining type of blockchain contract based on indicator of combined bytecode and executing blockchain contract based on determined type.
US10268817-B1	Capital One Services Llc	Method for establishing and utilizing security question at e. g. Banking website, by computing device, involves authorizing site request in response to received hashed response matching hashed version of response stored in blockchain.

专利号	所有权人	专利标题
WO2019120316-A2	Alibaba Group Holding Ltd	Method for implementing different types of e. g. Solidity contract to provide data storage, involves determining virtual machine corresponding to type based indicator, and triggering determined virtual machine to execute blockchain contract.
US2019205884-A1	Int Business Machines Corp	Method for converting processes into blockchain smart contract, involves identifying workflow specification comprising entities, selecting entities designated as subset of entities among entities, and creating contract identifying elements.
CN110222086-A	Shenzhen Oneconnect Intelligent Technology	Blockchain based data managing method, involves judging whether user exists with operation authority of target data, and processing target data when terminal detects that user exists with operation authority of target data.
CN110223172-A	Alibaba Group Holding Ltd	Conditional combination code labeling and type dimension receipt storage method, involves storing receipt data by primary blockchain node, and storing remaining content of receipt data in ciphertext form.
US2019281066-A1	Simons J	Computer apparatus for generating customized view of blockchain transactions, has processors for evaluating access code in request with blockchain of block entries to identify data portions associated with access level.
WO2019170175-A2	Alibaba Group Holding Ltd	Method for executing computer protocol to digitally verify negotiation or performance of contract, involves obtaining bytecode of blockchain contract from client device by obtaining raw source code for executing blockchain contract.
WO2019170178-A2	Alibaba Group Holding Ltd	Method for blockchain address mapping, involves obtaining requests for creating blockchain addresses in association with local accounts, where public-private key pairs are generated respectively for to-be-created blockchain addresses.
CN110245945-A	Alibaba Group Holding Ltd	User type combined code label and receipt storing method, involves storing receipt content in plaintext form when transaction initiator belongs to preset user type, and storing remaining receipt contents in encrypted format.
CN110245503-A	Alibaba Group Holding Ltd	Code labeling and judgment conditions based receipt storage method, involves storing receipt content part in plaintext form when identifier satisfies preset condition, and storing residual receipt contents of data in encrypted format.

续表

专利号	所有权人	专利标题
CN110245490-A	Alibaba Group Holding Ltd	Conditional combination code marking and type dimension receipt storage method, involves storing exposed field in receipt data marked by exposed identifier in plaintext form, and storing remaining exposed field in encrypted format.
CN110264195-A	Alibaba Group Holding Ltd	Code label, transaction and user type combined receipt storage method, involves storing exposure field indicated by exposing identifier in receipt data in plaintext form, and storing residual receipt field in encrypted format.
CN110264194-A	Alibaba Group Holding Ltd	Event function type based receipt storage method, involves storing receipt data by blockchain node to store log fields corresponding to event function in plaintext form, and storing remaining content of receipt data in encrypted format.
CN110264198-A	Alibaba Group Holding Ltd	Code marking transaction types combined conditional receipt data storing method, involves determining exposure field, and storing receipt data by using blockchain node, and storing remaining receipt fields in encrypted format.
CN110263091-A	Alibaba Group Holding Ltd	Code label, user and event type combined receipt storage method, involves storing portion of receipt content in plaintext, and storing remaining content of data in encrypted format, and matching portion of receipt content with object.
CN110263088-A	Alibaba Group Holding Ltd	Code marking and event type combining conditional receipt storage method, involves receiving encrypted transaction corresponding to intelligent contract by first blockchain node, decrypting transaction in trusted execution environment.
CN110263087-A	Alibaba Group Holding Ltd	Multi-dimensional information and condition based receipt storage method, involves executing intelligent contract in trusted execution environment by first blockchain node, obtaining receipt data, and operating first blockchain node.
US10425230-B1	Capital One Services Llc	Method for facilitating identity and electronic signature verification in blockchain, involves storing refreshed hash value as subsequent transaction, and storing executed document hash value as subsequent transaction at wallet address.

专利号	所有权人	专利标题
CN110278193-A	Alibaba Group Holding Ltd	Receipt store and event type combined code marking method, involves storing remaining content of receipt data in encrypted format, where receipt content comprises exposed field indicated by exposure identifier.
WO2019179533-A2	Alibaba Group Holding Ltd	Method for managing decentralized identifiers and verifiable claims (VCS) based on blockchain technology, involves generating vc based on request for creating vc and on digital signature associated with first entity.
US2019334905-A1	Radware Ltd	Method for blockchain-based anti-bot protection, involves determining bias of client based on completion results, utilizing determined bias for cyber-security assessment of client, and granting or denying access to protected entity.
WO2019228574-A2	Alibaba Group Holding Ltd	Log-structured storage system for use in network node of blackchain network, has tier storage devices which are provided with performance characteristics and storing data log files including blockchain datas generated by blockchain network.
WO2019228569-A2	Alibaba Group Holding Ltd	Log-structured storage system for storing data in universal auditable ledger service system, has back-end data management subsystem comprising processors that perform management operation of data log file stored in tiers.
CN110602125-A	Tencent Technology Shenzhen Co Ltd	Method for processing data in different nodes of blockchain network by terminal, involves performing verification of client identity and transaction data, and storing transaction data in node in response to transaction uplink request.
CN110609839-A	Beijing Haiyi Tongzhan Information Techn	Method for processing blockchain data, involves analyzing value in key-value data to determine data type of value, and writing key-value data into target table according to data category table.
US2020021600-A1	Americorp Investments Llc	System for generating customized view of blockchain transaction in various applications, has access platform or decentralized application for generating customized view of segments within entries maintained in distributed ledger.
US2020059361-A1	Ernst & Young Global Ltd	Method for providing actions conducted on zero knowledge proof-enabled distributed ledger-based network (ZKP-enabled DLNs), involves receiving confirmation confirming addition of token commitment onto commitments data structure of DLN.

专利号	所有权人	专利标题
US2020074389-A1	Ncr Corp	Method for automated inventory management, involves maintaining a database of products available for purchase from vendors, where data representation of a purchase request is received for a desired product from a buying entity.
US2020110855-A1	Mythical Inc	System for facilitating tokenization of modified versions of modifiable game assets on a distributed blockchain, comprises multiple hardware processors configured by machine-readable instructions to generate a smart contract.
US2020127833-A1	Eygs Llp	Method for verifying the identities of parties to a transaction, particularly a sale or transfer of asset between the parties, involves receiving a request that is configured to cause transfer of combined asset from sender to recipient.
US2020142682-A1	Dell Prod Lp	Blockchain-based secure customized catalog system, comprises catalog customization system used to receive a request to customize a first software catalog, and retrieve the first software catalog from a catalog storage system.
US2020179810-A1	Mythical Inc	System for transferring rights pertaining to game assets between users of online gaming platform, has hardware processor that transfers second share resulting from second sale to second beneficiary with beneficiary right.
CN111339536-A	Alipay Hangzhou Information Technology	Verifying data based on secure execution environment useful for trusted computing device using computer device, comprises comparing first decrypted data with plaintext data and outputting proof result to prove that user owns plaintext data.
WO2020145591-A1	Hfr Inc	Device for generating smart contract, comprises storage unit that is provided for storing predefined template, and document template editor that is used for generating document template by combining templates according to user selection.
CN111600790-A	Baidu Online Network Technology Beijing	Message processing method based on block chain for electronic device e. g. Laptop computer, involves writing message data into message queue smart contract and invoking message queue smart contract to send message data to consumer node.
CN111770201-A	Alipay Hangzhou Information Technology	Method for verifying user basic data in privacy computing unit, involves performing verification process on user's basic data to obtain verification result based on trigger instruction.

专利号	所有权人	专利标题
US2020328894-A1	Eygs Llp	Method for identifying anonymized participants of distributed ledger-based networks (DLN), involves generating confirmation confirming second user has access to account after self-executing code segment.
US2020328890-A1	Eygs Llp	Method for tracking and recovering assets stolen on distributed ledger-based networks, involves receiving a request for recovery for a first token commitment representing an asset on the distributed ledger-based network at computing node.
US10824747-B1	State Farm Mutual Automobile Insurance	Computer-based method for providing access to confidential data stored in blockchain relating to smart contracts, involves distributing second block to nodes to form consensus on second update to blockchain by processors.
CN112070502-A	Alipay Hangzhou Information Technology	Method for performing data verification based on blockchain, involves writting verification result into target blockchain, and returning address of verification result in target blockchain to verification requester.
WO2020249572-A1	Nec Lab Euro Gmbh	Method for supporting smart contracts in a blockchain network, involves using a blockchain network which is a distributed blockchain network having nodes, where every node that validates transactions runs a virtual machine.
US10871948-B1	Wells Fargo Bank Na	Method for creating and managing smart contract on blockchain used in financial transaction, involves receiving address of smart contract, assigning name to address and storing assigned name and address in smart contract naming directory.